JESUS CHRISTUS

JESUS CHRISTUS

J. R. Porter

evergreen

EVERGREEN is an imprint of
TASCHEN GmbH

Hohenzollernring 53, D–50672 Köln
www.taschen.com

Bildlegenden für die Seiten 1–3: siehe Seite 239

Originaltitel: Jesus Christ. The Jesus of History. The Christ of Faith

Übersetzung: Martina Bauer
Produktion: Print Company
Verlagsgesellschaft mbH, Wien

Printed in Thailand

ISBN 978-3-8365-0255-9

INHALT

EINLEITUNG

Jesus ist seit jeher – nicht nur für gläubige Christen – eine faszinierende Gestalt. Im Laufe der Jahrhunderte ist eine Unmenge von Literatur über ihn entstanden, und dieser Trend hält nach wie vor an. Die gegenwärtige Forschung über Jesus ist von den Entwicklungen der letzten zwei Jahrhunderte geprägt, in denen versuchte wurde, den historischen Jesus – jenen Mann, der im Palästina des 1. Jahrhunderts lebte und wirkte – vom Christus des christlichen Glaubens zu trennen. Die Frage „Wer war Jesus wirklich?“ brachte eine verwirrende Vielfalt von Antworten hervor. Jesus wurde, um nur einige Beispiele zu zitieren, als pharisäischer Rabbi, charismatischer jüdischer Wundertäter, Prophet der Apokalypse, kynischer Philosoph, Sozialreformer oder politischer Revolutionär dargestellt.

Im vorliegenden Werk werden mehrere der plausibleren Theorien über den „wahren“ Jesus berücksichtigt. Das Anliegen ist nicht, eine weitere Biographie Jesu vorzulegen, sondern einige jener Faktoren hervorzuheben,

Brot und Fische, *ein Mosaik aus dem 6. Jh. aus der Kirche Sant' Appolinare Nuovo in Ravenna. Alle Evangelien berichten davon, wie Jesus eine winzige Menge von Nahrungsmitteln an eine riesige Menschenmenge verteilte (siehe S. 98–99). Dies deutet darauf hin, daß die Überlieferung dieses Wunders sehr früh begann, vielleicht sogar im Kreise der ersten Anhänger Jesu.*

die die heutige neutestamentliche Forschung und andere Wissenschaften bei ihrer Suche nach dem wahren Jesus von Nazaret inspirierten.

Unser wachsendes Verständnis der Welt und der Gesellschaft, in der Jesus lebte, ist hier ein hilfreicher Faktor. Vor allem archäologische und soziologische Studien sowie Historiker, die auf das römische Reich spezialisiert sind, haben uns gezeigt, wie stark das Leben und die Lehre Jesu von seiner Umwelt geprägt waren. Der erste Teil dieses Buches (Der Schauplatz) behandelt daher den geographischen, politischen, religiösen, ökonomischen und sozialen Kontext, in dem Jesus wirkte. Dabei wird besonderes Augenmerk auf das Judentum der Zeit Jesu gelegt, der heute als viel bedeutsamer eingeschätzt wird als in der Vergangenheit.

Der nächste Abschnitt (Das Leben) behandelt den Werdegang Jesu von der Geburt bis zur Himmelfaht, wie er in den vier kanonischen Evangelien von Matthäus, Markus, Lukas und Johannes dargestellt wird. Auch hier soll nicht eine Biographie Jesu in modernem Sinne rekonstruiert, sondern eine Einschätzung seines Leben und seines Wirkens, getreu der Überlieferung der Evangelisten, versucht werden. Wie die Erzählungen von der Geburt, der Versuchung, der Auferstehung und anderer Episoden zu bewerten sind, ist ebenso Thema dieses Abschnitts wie der Wert der Evangelien als Quellenmaterial. Dennoch scheint es möglich zu sein, zumindest einen Abriß vom Verlauf des irdischen Lebens Jesu zu geben, den die meisten heutigen Historiker akzeptieren würden.

Der Lehre Jesu ist der dritte Abschnitt (Die Lehre) gewidmet. Er beginnt mit einem Überblick über die verschiedenen Lehrmethoden Jesu, wie sie aus seinen Gleichnissen ersichtlich sind, die von seinem galiläischen Umfeld zeugen, sowie dem Gebrauch, den er von Quellen wie der Hebräischen Bibel und dem jüdischen Gesetz machte. Auch hier ist der Hintergrund Jesu, das Judentum, von großer Bedeutung. Der Rest dieses Abschnittes ist den Hauptthemen der Botschaft Jesu, wie sie in den vier Evangelien dargestellt wird, gewidmet. Dabei behandelt dieser dritte Abschnitt einen der Hauptstreitpunkte der Forschungen zum Neuen Testament: Es geht um die Frage, in welchem Ausmaß es möglich ist, die tatsächlichen Worte Jesu festzustellen und sie von jenen Äußerungen, die ihm zwar in den Evangelien zugeschrieben werden, aber eigentlich von der frühen Kirche stammen, zu unterscheiden.

Der vierte Abschnitt (Interpretationen) handelt davon, wie die Person Jesu im Laufe der Jahrhunderte verstanden worden ist. Er beginnt mit einem Überblick über die belegbaren wesentlichen Hauptmerkmale des Selbstverständnisses Jesu. Anschließend werden – unvermeidlich selektiv – einige der vielen Interpretationen des Charakters und der Mission Jesu beschrieben, die bis heute vorgenommen worden sind.

Der fünfte und letzte Abschnitt (Jesus in der Kunst) bietet einen illustrierten Überblick über die vielfältigen Traditionen der Darstellung Jesu in der Geschichte der christlichen Kunst.

Der Eingang der franziskanischen Geißelungskapelle in Jerusalem, die an jenem Ort steht, an dem der christlichen Überlieferung zufolge Jesus von römischen Soldaten vor der Kreuzigung ausgepeitscht wurde. Der katholische Franziskanerorden verwaltet zahlreiche heilige Stätten der Christen in Palästina und verwaltet viele archäologische Entdeckungen, die die Bibelforschung voranbringen. Die Kapelle der Geißelung wurde in den späten zwanziger Jahren am Standort einer Kirche aus dem 12. Jh. errichtet.

Es ist wichtig zu verstehen, daß die Evangelien vier getrennte und unterschiedliche Erzählungen vom Leben und der Lehre Jesu darstellen. Jedes Evangelium wurde für eine bestimmte frühe christliche Gemeinschaft in Hinblick auf deren Bedürfnisse und Belange geschrieben, um jenen Inhalten Ausdruck zu verleihen, die man für die wesentliche Wahrheit des christlichen Glaubens hielt.

Der Jesus der Evangelien ist eine Gestalt, wie sie mit den Augen der frühen Kirche gesehen wurde. Große Bedeutung ist daher der Kreativität der ersten christlichen Gemeinschaften einzuräumen, ebenso wie der Möglichkeit, daß manche Aussprüche und Episoden erfunden wurden, um das jeweilige Verständnis von Jesu zu verdeutlichen.

Es ist mittlerweile eine Selbstverständlichkeit, daß die neutestamentliche Forschung zwischen dem „historischen Jesus" und dem „Christus des Glaubens" unterscheidet und betont, daß alle Informationen über Jesus in den Evangelien von Personen stammen, die nicht seine unmittelbaren Jünger waren und deren Interpretation seiner Bedeutung wesentlich von ihrem Glauben an seine physische Auferstehung geprägt war. Jeder Versuch, den historischen Jesus zu finden, hängt davon ab, ob die frühe Kirche irgendein Material bewahrt hat, das authentisch von Jesus selbst stammt, und wie dieses Material gegebenenfalls von jenem zu sondern ist, das von seinen ersten Anhängern verändert oder neu geschaffen wurde. Einige Gelehrte meinen, daß ein solches Unterfangen vergeblich sei und daß wir uns nur dem Christus des Glaubens nähern könnten.

Es scheint jedoch wahrscheinlich, daß die Evangelisten mit einem Korpus von Überlieferungen über Jesus arbeiteten, der in vielen Punkten mit der Realität übereinstimmte und von Jüngern stammen mußte, die ihn kannten. Viele Evangelienforscher halten es daher für lohnend, in diesen Materialien nach Fakten zu suchen, die auf Jesus selbst zurückgehen. Sie hoffen so einen Kern authentischer Aussagen Jesu zu entdecken, der Aufschluß darüber gibt, was er wirklich lehrte und wie er sich selbst sah.

Das ist kein einfaches Unterfangen. Im Laufe der Jahre wurden verschiedene Kriterien angewandt, mit deren Hilfe die Forschenden – oft vielleicht mit zuviel Zuversicht – versuchten, Authentizität (siehe S. 194) nachzuweisen. Die gründlichste und bekannteste Publikation zur Identifikation der Aussprüche Jesu stammt von einer amerikanischen Gelehrtengruppe, dem „Jesus-Seminar" (siehe S. 56). Diese Gruppe behauptete, daß nur ein sehr geringer Anteil – sechzehn Prozent – der überlieferten Worte Jesu in jeder Hinsicht authentisch seien. Sie findet nur wenige Beweise dafür, daß Jesus die Bezeichnungen der Evangelien für ihn, wie etwa Sohn Gottes, Messias oder Wundertäter, je für sich in Anspruch genommen hat. Ihrer Meinung nach müsse der historische Jesus vom theologischen Rahmenwerk befreit und als radikaler Sozialreformer betrachtet werden. Viele Gelehrte vertreten jedoch einen anderen wissenschaftlichen Ansatz und bezweifeln die Ergebnisse des Jesus-Seminars. Welches Evangelium tatsächlich auf Jesus zurückgehe, müsse ungeklärt bleiben. Ein Einwand ist die allzu wörtliche Analyse der Evangelien und die Vernachlässigung anderer aufschlußreicher Quellen wie das jüdische Erbe und die Beiträge aus der Archäologie und Soziologie. Auch wird der Gegensatz zwischen dem historischen Jesus und dem Christus des Glaubens bisweilen übertrieben. Ein Ausspruch Jesu in den Evangelien mag zwar nicht seinen tatsächlichen Worten entsprechen, wird jedoch im wesentlichen seine Lehre widerspiegeln – man darf nicht vereinfachend davon ausgehen, daß die ersten Christen ihren Meister generell mißverstanden hätten.

Jeder Versuch, das Leben und die Intentionen Jesu zu rekonstruieren, ist von einer gewissen Subjektivität geprägt. Jede These muß anhand der breiten Palette an wissenschaftlichen und theologischen Kriterien überprüft werden, die der heutigen Bibelforschung zur Verfügung stehen.

Das Letzte Gericht, *anonymer Künstler, spanischer Altarausschnitt (ca. 1486). Christus sitzt auf einer gläsernen Weltkugel, zeigt seine Wunden und wacht über die Auferstehung der Toten. Ihm zur Seite die Jungfrau Maria, der Hl. Johannes und zwei Engel, von denen einer ein Schwert hält (Symbol für die Bestrafung der Verdammten), der andere eine Lilie (Symbol für die himmlische Seligkeit, die die Erlösten erwartet). Die komplexe Sicht von Christus als kosmischen Richter geht auf die Schriften der frühen Kirche zurück, kann aber auch Elemente des Selbstverständnisses des historischen Jesus reflektieren (siehe Kasten S. 169 und S. 180–181).*

DER SCHAUPLATZ

OBEN: Die Heilige Stadt Jerusalem, *Ausschnitt eines berühmten byzantinischen Mosaiks (6. Jh.) von den heiligen Stätten der Christen in Palästina.*

GEGENÜBER: *Der See Gennesaret in der Nähe von Tiberias. An den Ufern dieses Sees finden sich viele Denkmäler des Wirkens Jesu.*

DAS LAND PALÄSTINA

Die Hauptereignisse im Leben Jesu fanden in Palästina statt, also westlich des Jordans in dem Gebiet, das sich von Dan bis Beerscheba erstreckt – dem traditionellen „Land Israel", wie es in den hebräischen Schriften (z. B. Ri 20,1) definiert wird –, sowie in dem Territorium östlich des Jordans. Ironischerweise stammt der Name „Palästina" von den Philistern, den größten Feinden der Israeliten, die eigentlich nur im südwestlichen Küstengebiet siedelten. Der griechische Geschichtsschreiber Herodot (5. Jh. v. Chr.) bezeichnete erstmals das gesamte Gebiet als „Palästina". Trotz seiner geringen Ausmaße nahm Palästina in der Antike durch seine strategische Lage als Brücke zwischen zwei Kontinenten eine Schlüsselstellung in der internationalen Politik ein, im Handel und in der Kultur des Nahen Ostens. In den Evangelien ist, verglichen mit den hebräischen Schriften, wenig Bewußtsein für diese Zusammenhänge erkennbar.

Die Region ist von natürlichen Grenzen eingefaßt: im Westen vom Mittelmeer, im Norden vom Hermon-Gebirge, im Osten von der Syrischen Wüste und im Süden von der Negebwüste. Innerhalb dieser Grenzen gliedert sich Palästina in vier natürliche Landschaften; diese verlaufen von Norden nach Süden. Die Küstenebene erstreckt sich von der phönizischen Stadt Sidon (nördlich von Palästina) bis nach Gaza und wird nur vom Hochland des Gebirgszugs Karmel und der Landzunge von Tyrus unterbrochen. In den Evangelien wird kurz erwähnt, daß Jesus das Gebiet von Sidon und Tyrus besuchte (Mk 3,8 par.), aber im allgemeinen gehörte die Mittelmeerküste nicht zu seinem Wirkungsbereich.

Der Fluß Jordan im Norden Israels. Er ist Teil der natürlichen Grenze im Osten Palästinas und ein berühmter historischer Schauplatz, an dem Johannes der Täufer wirkte und die Taufe Jesu stattfand.

Östlich der Küstenebene verläuft ein zentraler Gebirgszug von Galiläa nach Judäa. In der Antike war dies das Zentrum für Handel und Landwirtschaft; hier lag auch der Hauptschauplatz des Wirkens Jesu. Am südlichen Ausläufer des Gebirgszuges liegen das Hügelland und die Wüste von Judäa. Das Hügelland umfaßt Jerusalem, Betlehem und andere mit Jesus verbundene Orte. In der Wüste begann Johannes der Täufer sein Wirken (siehe S. 82–83), und Jesus wurde hier vom Teufel versucht (S. 86–87). Das an den unteren Jordan und das Tote Meer grenzende Gebiet ist keine wirkliche Wüste, sondern unkultiviertes Weideland, in dem Johannes der Täufer Heuschrecken und wilden Honig als Nahrung fand (Mt 3,4 par.).

Ein reichverziertes Säulenkapitell in Bet-Schean (Skythopolis), der einzigen Stadt der Dekapolis westlich des Jordans. Im 1. Jh. n. Chr. waren diese griechisch-römischen Städte sehr reich.

DIE DEKAPOLIS

Es wird berichtet, daß Jesus den See Gennesaret in Richtung der Dekapolis überschritt. Diese umfaßte zehn hellenistische Städte, die ursprünglich unabhängig waren, aber von den Römern der Provinz Syrien unterstellt wurden. Die Dekapolis ist der Schauplatz der berühmten Episode, bei der Jesus eine Horde von Dämonen in eine Schweineherde trieb (siehe S. 96–97). Frühe Texte der Evangelien siedeln diese Geschichte im Land „der Gerasener", „der Gadarener" oder „Gergesener" an. Die Dekapolis-Stadt Gerasa (Dscherasch) lag in Wirklichkeit in einiger Entfernung vom See Gennesaret; Gadara hingegen war nur sechs Meilen (10 km) vom See entfernt. Auch Gergesa befand sich in Seenähe, gehörte jedoch nicht zur Dekapolis. Diese verwirrenden Aussagen lassen vermuten, daß Jesus, trotz der angeblich zahlreichen Anhänger in der Region, nur am Rande eine Verbindung zur Dekapolis hatte.

Die dritte Region ist der palästinische Abschnitt des afroasiatischen Senkungsgrabens, durch den der Jordan in Mäandern vom Norden des Hulasees durch den See Gennesaret in das Tote Meer mündet. Das Jordantal, welches größtenteils unter dem Meeresspiegel liegt, ist bis auf die Fluß- und Seeufer unfruchtbar. Die Haupttätigkeit von Johannes dem Täufer fand an den Ufern des unteren Jordans statt, in dem Gebiet, in dem sich die Stätten „Änon und Salim" (Joh 3,23), „Betanien, östlich des Jordans" (Joh 1,28) befinden und wo die Taufe Jesu (siehe S. 84–85) stattfand.

Die vierte große Region Palästinas, das hügelige Gebiet östlich des Jordans und des Toten Meeres, nennt sich Transjordanien. Die schneebedeckten Gipfel des Hermon-Gebirges im Norden könnten der Schauplatz der Verklärung Christi gewesen sein (siehe S. 106). In Transjordanien gebot Jesus im Gebiet von Dekapolis einer Legion von Dämonen, in eine Schweineherde zu fahren (Mt 8,28–33; Mk 5,1–13; Lk 8,26–33, siehe Spalte links). Die Erzählungen der Evangelien legen nahe, daß Jesus auf seiner letzten Reise nach Jerusalem in das Gebiet Peräa „jenseits [des Jordan]" kam (Mt 19,1; Mk 10,1). Dort suchten ihn viele auf, die er heilte, bevor er den Fluß erneut überschritt, um nach Jericho zu gelangen (Mk 10,46).

Es gab im Palästina des 1. Jahrhunderts zwei Hauptsiedlungsformen: die „Stadt"(griechisch *polis*) und das „Dorf" (*kome*). In ihrer Größe unterschieden sie sich kaum. Vielleicht war der einzige wirkliche Unterschied der, daß „Dörfer" im Unterschied zu „Städten" wie Naïn in Galiläa, an deren Stadttor Jesus einen jungen Mann auferweckte (Lk 7,11–17), meist keine Stadtmauern hatten. Archäologische Funde lassen vermuten, daß die meisten Siedlungen eher klein waren und hauptsächlich von Juden bewohnt, während sich in einigen größeren Städten auch viele nichtjüdische Menschen angesiedelt hatten. Die Städte und Dörfer waren auf einem simplen Grundriß aufgebaut. Die von einfachen Häusern gesäumten Gassen mündeten in einen großen, offenen Marktplatz, dem Mittelpunkt des sozialen Lebens, der meist unmittelbar hinter dem Stadttor lag. Bei Markus 6,56 heißt es, daß die Kranken regelmäßig auf den Marktplatz gebracht wurden, wo Jesus sie heilte. Die Evangelien erwähnen häufig das Vorhandensein einer Synagoge in den Städten, die Jesus besuchte. Öffentliche Gebäude scheint es hingegen kaum gegeben zu haben.

Neben Jerusalem und seiner Umgebung (siehe S. 18–21) wird Jesus oft mit anderen Städten in Palästina in Verbindung gebracht, die sich von jenen, die er in Galiläa besuchte (siehe S. 16–17), stark unterschieden. Alle Evangelien berichten von einer bedeutenden Episode, bei Matthäus und Markus im Gebiet von Caesarea Philippi angesiedelt (Mt 16,13; Mk 8,27), in der Jesus als Messias erkannt wird (siehe S. 106–107). Das war eine größere Stadt am Fuße des Hermon, hoch im Norden Palästinas, im Herrschaftsgebiet des Tetrarchen Philippus (4. Jh. v. Chr.–34 n. Chr.; siehe S. 24–25). Als typische griechisch-römische Siedlung besaß Caesarea Philippi ein Sanktuarium des Gottes Pan (daher der Name Paneas, heute

Banias), und die meisten Bewohner waren vermutlich Heiden. Jesus hätte sich hier, fern von seinen jüdischen Kontrahenten, frei bewegen können. Es gibt aber keine Hinweise, daß er die Stadt besuchte.

Die Evangelien bestätigen, daß Jesus in das nichtjüdische Gebiet von Tyrus und Sidon in Syrophönizien ging. Aber es heißt lediglich, daß er „über Sidon an den See von Galiläa" (Mk 7,31) gekommen sei. Er scheint sich hier nur kurz aufgehalten zu haben, vielleicht um seinen Einfluß auszuweiten – die Evangelien berichten, daß manche Einwohner Galiläas von seinen Lehren sehr beindruckt waren (Mt 4,24; vgl. Mk 7, 26).

Auf seiner letzten Reise von Galiläa nach Jerusalem (siehe S. 108–109) passierte Jesus angeblich den Ort Jericho. Von dort führte eine Straße durch das judäische Hügelland in Richtung Hauptstadt. Dem Neuen Testament gemäß lag Jericho an einer fruchtbaren Oase südlich der alten Stadt der Hebräischen Bibel. Dieser Ort wurde etwa 30 v. Chr. vom römischen Kaiser Augustus König Herodes dem Großen übereignet. Herodes ließ hier in weiterer Folge ausladende Paläste erbauen. Lukas berichtet, Jesus habe hier einmal im Hause des „obersten Zollpächters" Zachäus (Lk 19,2) übernachtet. Der Amtstitel des Zachäus zeigt an, daß Jericho ein administratives Zentrum der Region war.

Winterliche Obstgärten im Norden von Palästina. In der Ferne sieht man die Gipfel des Berges Hermon, möglicherweise Schauplatz der Verklärung Christ (siehe S. 106).

GALILÄA

DER WEG JESU DURCH GALILÄA
Die Evangelien berichten, daß Jesus im Freien lehrte. Sie erwähnen keine Besuche in großen Städten Galiläas wie Sepphoris, der früheren Hauptstadt, die nur vier Meilen von Nazaret entfernt lag, oder Tiberias, der späteren Hauptstadt, die 18 n. Chr. gegründet wurde. Jesus hatte gute Gründe, beide Städte zu meiden: Es waren die Machtzentren von Herodes Antipas, dem Herrscher von Galiläa (siehe S. 25), der Johannes den Täufer hinrichten ließ und Berichten zufolge auch Jesu sehen wollte (Lk 9,7–9).

Die Evanglisten berichten jedoch von regelmäßigen Besuchen Jesu in anderen Dörfern und Städten, wo er in den Synagogen lehrte und heilte. Auch seine Jünger sandte er in Städte aus (Mt 10,23; Lk 9,5–6). Neben Kafarnaum (siehe Kasten gegenüber) und Betsaida (siehe Haupttext) besuchte Jesus kleinere Städte wie Chorazin (Mt 11,21; Lk 10,13), Gennesaret (Mt 14,13; Mk 6,53) und Kana (Joh 2,2–11). Kana in der Nähe von Nazaret war auch der Heimatort seines Jüngers Nathanael.

Der See Gennesaret in der Nähe von Kafarnaum, der Hauptschauplatz des Wirkens Jesu in Galiläa. Die (griechisch-orthodoxe) Kirche der zwölf Apostel erinnert an die Berufung der Jünger.

Galiläa, ein Gebiet im Norden Palästinas, war der Hauptschauplatz des Wirkens Jesu, vor allem das Gebiet rund um den See, der als Galiläisches Meer oder als See Gennesaret bekannt ist. Zu Lebzeiten Jesu wurde Galiläa von König Herodes dem Großen (37–4 v. Chr.) und seinem Sohn, dem Tetrarchen Herodes Antipas (4. v. Chr. –39 n. Chr.) regiert, die beide Rom unterstanden (siehe S. 24–25). Die Bevölkerung setzte sich lange Zeit aus Juden und Heiden zusammen, weshalb Galiläa in der Hebräischen Bibel das „Galiläa der Nationen" (Jos 9,1) genannt wird. Einer Theorie zufolge war dies der ursprüngliche Name der Region, wobei Galiläa sich vom hebräischen *galil* – Landstrich – ableitet. Die nichtjüdische Bevölkerung wuchs zu Beginn der Neuzeit an, als die Herrscher Galiläas neue hellenistische Städte gründeten. Die Galiläer unterschieden sich von anderen durch ihre Regionalsprache (Mt 26,73). Die Pharisiäer verachteten sie (siehe S. 34–35), weil sie das jüdische Gesetz nicht genau einhielten. Diese Menschen seien unfähig, den Messias hervorzubringen (Joh 7, 52). Die Gegend war zudem als Zentrum oftmaliger politischer Unruhen bekannt (siehe S. 103).

Galiläa umfaßt den nördlichsten Abschnitt des zentralen Gebirgsmassivs von Palästina (siehe S. 12–13) und ist unterteilt in das bergige Obergaliläa und in Untergaliläa, das Hauptsiedlungsgebiet und Zentrum des Wirkens Jesu. In den Evangelien stehen der See und seine nähere Umgebung im Zentrum. Der See wird im Alten Testament Kinneret („Harfe") genannt, eine Bezeichnung, die entweder von seiner Form oder dem Na-

NAZARET UND KAFARNAUM

Kafarnaum und Nazaret in Galiläa sind jene Städte, die am engsten mit Jesus in Verbindung gebracht werden. Nazaret, der Heimatort Jesu, war ein unbedeutendes Dorf. Es war ein Vorort der prächtigen Stadt Sepphoris des Herodes Antipas, der größten Stadt Galiläas; die beiden Orte lagen nur eine Wegstunde voneinander entfernt. Man vermutet, daß der junge Jesus und seine Familie Kontakte nach Sepphoris hatten und von der hellenistischen Zivilisation beeinflußt waren. Es ist vorstellbar, daß Jesus und Josef als Tischler (siehe S. 75) am Wiederaufbau der Stadt nach ihrer Zerstörung durch einen Aufstand (4 v. Chr.) mitarbeiteten. Eine frühe christliche Überlieferung behauptet, auch Maria stamme aus Sepphoris.

Jesus wählte Kafarnaum (hebräisch *kefar nachum*, „Dorf von Nahum") zum Zentrum seines Wirkens in Galiläa. Er hielt sich dort oft auf, vermutlich im Haus seines Jüngers Petrus. Zu jener Zeit war Kafarnaum ein kleines, aufblühendes Handelszentrum mit einer Zollstation und einer römischen Truppenabteilung. Die Stadt befand sich nahe der Grenze des Herrschaftsgebietes des Phillipus an der Via Maris („Seestraße"), die das syrische Damaskus mit der Küste verband.

Bei archäologischen Ausgrabungen zu Beginn des 20. Jahrhunderts fand man die Ruinen einer Synagoge aus dem 4. Jahrhundert n. Chr., die an der Stelle einer älteren Synagoge aus dem 1. Jahrhundert errichtet war, in der Jesus gepredigt haben könnte. In der Nähe, unter den Ruinen einer achteckigen Kirche aus dem 5. Jahrhundert n. Chr., lagen die Reste eines Hauses aus dem 1. Jh. n. Chr., das Fischern gehört haben muß. Die frühen Christen verehrten dieses Haus als jenes von Petrus und errichteten an dieser Stelle eine Kirche. Viele Gelehrte unserer Zeit teilen diese Meinung.

Die Ruinen von Kafarnaum aus dem 1. Jh. n. Chr. Trotz der Wunder, die er hier vollbrachte, fühlte sich Jesus abgelehnt.

men einer Stadt am nordwestlichen Ufer abgeleitet wurde. Im Neuen Testament wird er manchmal, nach zwei weiteren Städten, See Tiberias oder See Gennesaret genannt. Der von Hügeln umrahmte See liegt unterhalb des Meeresspiegels, was die in den Evangelien erwähnten Fallwinde erklären könnte. Der See war zu jener Zeit reich an Fischen, und die Ufer waren ein fruchtbares, dicht besiedeltes Agrargebiet.

Neben Kafarnaum (siehe Kasten oben) wird als Schauplatz von Jesu Wirken in dem Gebiet um das Galiläische Meer am häufigsten Betsaida genannt, das von Herodes Phillipus (4 v. Chr. – 34 n. Chr.), einem weiteren Sohn von Herodes dem Großen, unter dem Namen Julias zur Stadt erhoben wurde. Zur Zeit Jesu war Betsaida vermutlich nur ein kleines Dorf, wie bei Markus nachzulesen ist. Die späteren Evangelien sprechen jedoch von *polis* („Stadt"), was den Aufschwung während der Ära Philippi widerspiegelt. Der Name Betsaida bedeutet „Haus der Fischerei"; auch die Archäologie bestätigt, daß es eine Fischersiedlung war. Nach dem Johannesevangelium kamen drei der Jünger Jesu – Petrus und Andreas waren Fischer – von dort. Jesus rief zuletzt ein Wehe über Betsaida (Mt 11,21; Lk 10,13) aus, weil die Bewohner trotz seiner Wunder nicht an ihn glaubten (z. B. Mk 8,22–26).

JERUSALEM

Die bedeutendste Stadt in Palästina war und ist Jerusalem. Abseits der wichtigsten Handelsstraßen und Ballungszentren gelegen, war es weniger eine wirtschaftliche als eine religiöse und politische Hauptstadt. Das Neue Testament enthält relativ wenig Informationen über die Stadt zur Zeit Jesu, und die Lagebestimmung der meisten mit ihm verbundenen Stätten beruht auf späteren christlichen Quellen. Manche dieser Schriften stützen sich jedoch auf bewährte Überlieferungen, während archäologische Entdeckungen und Quellen wie die Schriften des jüdischen Geschichtsschreibers Josephus aus dem 1. Jahrhundert n. Chr. und die Mischna die Berichte der Evangelien vom Wirken Jesu in Jerusalem untermauern.

JESUS UND DER TEMPELBERG

Mindestens zwei Begebenheiten, die in Jerusalem stattfanden, werden erhellt durch das Wissen, das wir von der Topographie des Tempelberges im 1. Jahrhundert n. Chr. haben. Den Evangelien zufolge ließ sich Jesus gegenüber dem Opferkasten des Tempels nieder, wo er beobachtete, wie die Menschen Geld einwarfen (Mk 12,41; Lk 21,1), und wo er Johannes zufolge auch lehrte (Joh 8,20). Als ökonomische Institution (siehe S. 30–31) verfügte der Tempel über eine Schatzkammer, in der ein Großteil der Reichtümer gelagert wurde. Doch wenn in den Evangelien von Anbetenden die Rede ist, „die Geld in die Schatzkammer brachten", sind vermutlich die dreizehn Sammelkästen gemeint, die der Mischna zufolge entlang der Mauern des Frauenvorhofes aufgestellt waren. Jeder Kasten trug eine Inschrift über den Zweck, dem die Gaben darin gewidmet waren. In den Evangelien werden die Tauben als Opfertiere (Mt 21,12) hervorgehoben, was vermuten läßt, daß dieses Tier in jener Zeit die häufigst Gabe der Anbetenden darstellte.

Die berühmte Episode der Tempelreinigung (siehe S. 110–111) fand vermutlich in der Königlichen Halle (Stoa) oder in deren Nähe statt, einer prächtigen, basilikiaähnlichen bedeckten Säulenhalle, die sich am südlichen Ende des Vorhofes der Heiden befand und die Stadt und das Kidrontal weithin überragte. Herodes kopierte ähnliche Bauwerke der griechisch-römischen Welt, die als Treffpunkte für Händler, Gläubige und Pilger dienten. Anläßlich der Tempelreinigung verweist Markus (Mk 11,16) auf das Verbot Jesu, Gegenstände durch die Tempelbezirke zu tragen – in anderen Worten: der Tempel sollte nicht als Abkürzung benutzt werden. Auch Josephus bestätigt dieses Verbot.

Jesus soll nach Johannes in einer weiteren großen Säulenhalle verweilt haben – der Halle Salomos an der Ostseite des Tempelberges (Joh 10,23). Diese Halle wird auch in der Apostelgeschichte (3,11 und 5,12) und von Josephus (wenngleich nicht namentlich) als ein Ort erwähnt, an dem Vortragende sich an eine versammelte Menge wandten, also ein Ort, an dem auch die Lehrtätigkeit Jesu plausibel erscheint.

Eine Nachbildung der Königlichen Halle am Südende des Tempelberges. Die Stufen (Vordergrund) führen hinab zum Dreifachtor, dem Haupteingang des Tempels im Süden.

Westliche Ansicht von Jerusalem. Die goldene Kuppel des Felsendoms bezeichnet die Stätte des Allerheiligsten. Die Mauern verlaufen entlang der östlichen und südlichen Seite des alten Tempelberges.

Die Stadt, wie Jesus sie kannte, war vor allem eine Schöpfung von König Herodes dem Großen (siehe S. 24), der eine Mauer um die sogenannte Neustadt errichten und ein Theater, ein Amphitheater, eine Pferderennbahn und einen prächtigen Palast für sich selbst in der Oberen Stadt, dem aristokratischen Viertel, erbauen ließ. Seine beeindruckendste Leistung war jedoch der Wiederaufbau des Tempels, eines der größten religiösen Prachtbauten der römischen Welt. Das Sanktuarium im Mittelschiff bestand aus massiven Steinmetzarbeiten, die teilweise vergoldet und versilbert waren – die Evangelien berichten vom Staunen der Betrachter, die die schönen Steine und Ornamente bewundern (Mk 13,1; Lk 21,5).

Im Johannesevangelium heißt es in der Erzählung von der Tempelreinigung (siehe S. 110–111), an dem Tempel sei sechsundvierzig Jahre gebaut worden (Joh 2,20). Josephus datiert den Baubeginn mit 20–19 v. Chr., was die Tempelreinigung etwa 25–30 n. Chr. anberaumt – ein plausibler Zeitraum für das Wirken Jesu. Das Sanktuarium selbst wurde in nur achtzehn Monaten vollendet, Arbeiten an anderen Teilen des Tempelberges, der großen Plattform, auf der der Tempel stand (siehe Kasten gegenüber), wurden bis zum Ausbruch des ersten jüdischen Krieges (66–73 n. Chr.), als der gesamte Tempelkomplex von den Römern zerstört wurde, weitergeführt.

Jerusalem liegt auf einer Anhöhe des Gebirges Juda und ist von Hügeln umgeben, von denen der Ölberg für die Evangeliengeschichte der bedeutendste ist. Bei seinem letzten Besuch in Jerusalem – und vielleicht auch schon davor – soll Jesus die Nacht entweder in Betanien, einem zwei Meilen

DAS *PRAETORIUM*

Zur Zeit Jesu residierte der römische Präfekt von Judäa in Caesarea an der Küste. Zu den größeren jüdischen Festen kam er jedoch nach Jerusalem. Während seines Aufenthalts in der Stadt residierte er im *Praetorium*, das in den Evangelien erwähnt wird (Mt 27,27; Mk 15,16; Joh 19,9), also an jenem Ort, wo Jesus von Pilatus verhört wurde. Es ist allgemein anerkannt, daß das *Praetorium* entweder den früheren Palast von Herodes dem Großen oder die Antonia bezeichnete – eine Festung, die Herodes am Ort einer früheren Zitadelle im Nordwesten des Tempelberges errichten ließ und nach Mark Anton (gest. 31 v. Chr.) benannte. Josephus zufolge residierte Pilatus im Palast von Herodes, übersiedelte möglicherweise aber zeitweilig in die Burg Antonia, da sie näher beim Tempel lag, wo am ehesten Tumulte ausbrachen.

JERUSALEM ZUR ZEIT JESU

Legende

Vermutliches Stadtgebiet (ca. 30 n. Chr.)
Stadtmauern (ca. 30 n. Chr.)
Die heutigen Mauern der Altstadt
Tor
Bekannte Straße aus der Zeit Jesu
Grabeskirche (der Überlieferung nach die Stätte von Golgotha)

Zahlenlegende

1 *Das Allerheiligste des Tempels*
2 *Vorhof der Priester*
3 *Der Vorhof Israels*
4 *Vorhof der Frauen*
5 *Vorhof der Heiden*
6 *Halle Solomos*
7 *Königliche Halle oder Stoa*
8 *Garten Getsemani*
9 *Obergemach (der Überlieferung nach die Stätte des Letzen Abendmahles)*
10 *Herodianisches Herrschaftshaus (Haus des Kajaphas)*
11 *Palast von Herodes dem Großen (Prätorium?)*
12 *Die Burg Antonia (Prätorium?)*
13 *Dreifachtor*
14 *Grab von Herodes dem Großen und seiner Familie*
15 *Der Teich von Betesda*
16 *Der Teich Schiloach*
17 *Die Quelle Gihon*
18 *Die Kirche des Hl. Petrus in Gallicantu (der Überlieferung nach die Stätte des Hauses von Kajaphas)*
19 *Die Westmauer („Klagemauer“)*

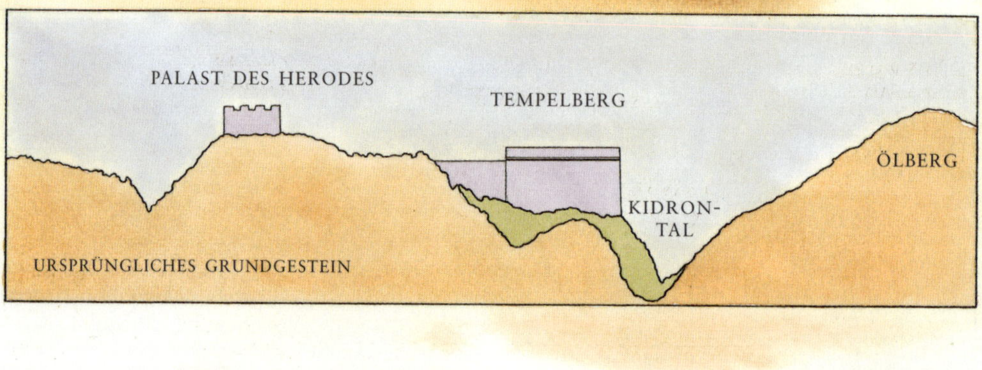

(3,2 km) von der Stadt entfernten Dorf an der Ostseite des Ölberges, verbracht haben, wo er offenbar Freunde hatte (Maria, Marta und ihr Bruder Lazarus), oder im Garten Getsemani (hebräisch *gath sehnamim*, „Ölkelter“) am Fuße des Berges. Dort wurde er zuletzt auch festgenommen. Wie der Name nahelegt, war der Ölberg von ausgedehnten Olivenhainen bedeckt. Anläßlich seines triumphalen Einzugs in die Stadt (siehe Spalte S. 110) scheint Jesus von Betanien über den Berg gewandert zu sein. Er passierte das Dorf Bethphage, wo er den Esel für seinen Einzug bekam.

Wie umstritten auch Entstehungszeit und Autorenschaft des Johannesevangeliums (siehe S. 50–51) sein mögen, weithin akzeptiert ist, daß es gute historische und topographische Informationen über das Jerusalem des 1. Jahrhunderts enthält, die durch archäologische und andere Beweise belegt sind. Der Evangelist scheint die Stadt gut gekannt zu haben und bezieht sich auf eine Reihe von örtlichen Besonderheiten, die in anderen Evangelien nicht Erwähnung finden, etwa das Schaftor und den angrenzenden Teich von Betesda (oder Betzata), wo Jesus den Gelähmten heilte (Joh 5,2–9). Es gibt archäologische und andere Zeugnisse, daß das Wasser dieses Teiches heilende Eigenschaften gehabt haben soll. Er wurde 1866 entdeckt, zusammen mit den fünf Säulenhallen, wie sie Johannes beschreibt. Ähnlich erwähnt auch nur Johannes den Teich Schiloach, wohin Jesus den Blinden sandte, um dort Heilung zu finden (Joh 9,7).

Der Evangelist wußte auch, daß die Route von der Stadt zum Ölberg über das Tal des Baches Kidron führte, den er ausdrücklich als „Winterbach“ bezeichnet (Joh 18,1). Nur Johannes erwähnt das Steinpflaster vor dem *Praetorium*, dem Amtssitz des römischen Statthalters (siehe Spalte S. 19) und nennt auch den aramäischen Namen „Gabbata“ (Erhöhung) (Joh 19,13) des Platzes, auf dem Pilatus über Jesu zu Gericht saß.

DIE BEVÖLKERUNG JERUSALEMS
Es ist schwierig abzuschätzen, wie viele Menschen zur Zeit Jesu in Jerusalem lebten. Eine Schätzung geht von etwa dreißigtausend permanenten Einwohnern aus. Aber etwa viermal so viele Menschen strömten anläßlich der großen jüdischen Festtage nach Jerusalem, was die Menschenmenge, von der in den Evangelien die Rede ist (z. B. Joh 12,12) und die regelmäßige Anwesenheit des römischen Präfekten in der Stadt beim Paschafest erklärt.

Diese Ansicht von Jerusalem aus dem Jahr 1950 fängt die Atmosphäre der Altstadt vor der Moderne ein. Hinten links sieht man den Turm der lutherischen Erlöserkirche. Der Turm im Vordergrund gehört zu einer Moschee aus der Zeit der Türken.

DER HELLENISMUS

DER AUFSTAND DER MAKKABÄER
Der Einfluß des Hellenismus variierte zwischen den Regionen. Entscheidend für die Juden war die Herrschaft von Antiochus Epiphanes (175–164 v. Chr.), dem Herrscher des Seleukidenreiches, das 312 v. Chr. von Seleucus, einem General Alexanders des Großen, gegründet worden war. In Palästina, das zu seinem Reich gehörte, verfolgte Antiochus eine radikale Politik der Hellenisierung. Er entweihte den Tempel von Jerusalem, indem er einen Zeus-Altar errichtete (den er dem jüdischen Gott gleichsetzte). Er verbot die Beschneidung, den Sabbat und andere jüdische Gebräuche. Dieses Verhalten provozierte einen Aufstand, den Judas Maccabäus anführte. Er gründete 142 v. Chr. ein unabhängiges jüdisches Reich, das von seinen Nachfolgern, der hohepriesterlichen Dynastie der Hasmonäer, regiert wurde.

Den Hellenismus könnte man als das griechische Zivilisationsmodell definieren, das im Nahen Osten im Zuge der Eroberungen von Alexander dem Großen (reg. 332–323 v. Chr.) Einzug hielt. Sprache, Lebensstil, Wirtschaft, Philosophie und Religion waren davon beeinflußt. Eine gewichtige Folge dieser Bewegung war, daß unterschiedliche Gesellschaftsformen zu einer Kultur vereint wurden und der „Synkretismus" – die Gleichsetzung von Gottheiten aus verschiedenen Kulturkreisen – gefördert wurde.

In Palästina war der Hellenismus hauptsächlich auf die urbane Oberschicht beschränkt, während der Aufstand der Makkabäer (siehe Spalte links) die Unabhängigkeit der jüdischen Religionskultur bewahrte. Unter der Herrschaft der Hasmonäer waren die Befürworter des Hellenismus gezwungen, ihre Loyalität zum Judentum zu beweisen. Die späteren Herrscher der Hasmonäer agierten im Stile typischer hellenistischer Monarchen, blieben aber strenge jüdische Nationalisten. Ihr Nachfolger,

JESUS UND DIE KYNIKER

Jesus hatte vermutlich kaum Verbindungen mit dem blasierten Hellenismus der oberen Klasse Palästinas. In jüngerer Zeit wurde aber behauptet, er sei von den Kynikern beeinflußt gewesen, die sich an die Prinzipien des griechischen Philosophen Diogenes (ca. 410–320 v. Chr.) hielten. Die Kyniker – von ihrem Namen leitet sich aufgrund ihrer bissigen Attacken auf die gesellschaftlichen Konventionen der Ausdruck „zynisch", wörtlich „hündisch" (griechisch *kunikos*) ab – waren Wanderprediger, die Ende des 1. Jahrhunderts n. Chr. im ganzen Römischen Reich auftauchten. In provokanten Worten proklamierten sie einen Lebensstil der Bedürfnislosigkeit und Selbstgenügsamkeit und forderten die Menschen auf, auf Status, soziale Ordnung, Familie und Religionspraktiken zugunsten eines einfachen, freien Lebens im Einklang mit der Natur zu verzichten. Die Kyniker wurden oft als Bedrohung für Recht und Ordnung angesehen und aus Rom vertrieben. Ähnlich wie diese waren Jesus und seine Jünger Wanderprediger, die das Volk dazu aufriefen, auf Familienbande und auf jeglichen Besitz zu verzichten. Desgleichen lag Jesus oft in Streit mit den Behörden.

Büste des altgriechischen Philosophen Diogenes von Sinope, dem Begründer der Kyniker im 4. Jahrhundert v. Chr.

Zwischen 100 v. Chr. und der Mitte des 1. Jahrhunderts löste sich die Bewegung der Kyniker auf. Sie erlebte zwar eine Erneuerung, es ist jedoch unklar, ob diese bereits zur Zeit Jesu einsetzte. Ein Widerhall der Kyniker im Neuen Testament (vor allem Mt 6,25–29 ff. und Lk 12,22–27 ff.) scheint eher von ihrem Einfluß auf die frühe Kirche herzurühren. Im Gegensatz zu Jesus waren die Kyniker keine Heiler, auch die bei Jesus zentrale Botschaft vom Reich Gottes (siehe S. 150–153) fehlt bei ihnen. Jesus blieb ein praktizierender Jude und ein Nachkomme des alten Glaubens Israels. Der kynische Weltverzicht indessen findet sich bei den jüdischen Asketen des 1. Jahrhunderts wie den Essener und bei Johannes dem Täufer (siehe S. 37, 82–83).

Ein griechisch-römisches Mosaik aus der hellenistischen Stadt Sepphoris (hebräisch Zippori), vier Meilen von Nazaret entfernt. Sepphoris wurde bei einem Aufstand anläßlich des Todes von Herodes dem Großen (4 v. Chr.) zerstört und Anfang des 1. Jahrhunderts prachtvoll wiedererrichtet.

Herodes der Große, war ein glühender Verfechter des Hellenismus; er erbaute Städte in griechischem Stil, die heidnische Tempel beheimateten, und er förderte die griechische Kultur an seinem Hofe. Er ließ jedoch auch den Tempel von Jerusalem, das Zentrum des religiösen Lebens der Juden, wiederaufbauen und tolerierte religiöse Besonderheiten. Auch achtete er auf die Einhaltung der jüdischen Gesetze, um die mächtigste religiöse Splittergruppe, die Pharisäer (siehe S. 34–35), nicht zu vergrämen. Die römischen Präfekten, die Judäa im 1. Jahrhundert n. Chr. regierten, vermieden es gleichfalls – bis auf wenige Ausnahmen, insbesondere unter Pontius Pilatus –, das religiöse Empfinden der Juden zu verletzen.

Viele Juden konnten sich nie mit der Herrschaft der Hasmonäer, der Dynastie Herodes oder der Römer abfinden. Sie betrachteten den Hellenismus als fremde Kultur und kreideten seinen Anhängern deren Wohlstand an. In diese Zeit der sozialen Spannungen fiel auch das Leben Jesu. In jüngerer Zeit wurde vermutet, daß er von der griechisch-römischen Kultur der Stadt Sepphoris in der Nähe von Nazaret beeinflußt gewesen sein könnte. Dafür gibt es keine Beweise, doch weiß man, daß Jesus die Reichen und Mächtigen wiederholt kritisierte, wie etwa in der berühmten Geschichte vom reichen Mann und vom armen Lazarus (Lk 16,19–31) oder im Urteil über den Täufer (Lk 7,25; Mt 11,8), in dem seine Meinung über den Lebensstil der herodianischen Herrscher zum Ausdruck kommt.

DIE DYNASTIE DES HERODES

Palästina kam 63 v. Chr. unter römische Hoheit, als General Pompejus Jerusalem einnahm und die Herrschaft der Hasmonäer (siehe S. 22) beendete. Zu Lebzeiten Jesu wurde die kaiserliche Macht direkt durch römische Präfekten ausgeübt oder indirekt durch romtreue Herrscher der von König Herodes dem Großen (reg. 37–4 v. Chr.) begründeten Dynastie. Nach Matthäus und Lukas wurde Jesus während der Herrschaft des Herodes geboren – mindestens vier Jahre vor Beginn der christlichen Zeitrechnung. Ungeachtet der Authentizitätsfrage spiegelt das Drama vom Massaker an den Kindern von Betlehem (Mt 2,16, siehe S. 72–73) bei Matthäus die berüchtigte Grausamkeit des Königs wider, der seinen Thron bewahren wollte. Gegen Ende seines Lebens verleitete sein krankhaftes Mißtrauen Herodes dazu, mehrere Mitglieder seiner eigenen Familie hinzurichten.

Nach dem Tod von Herodes dem Großen wurde sein Reich unter seinen drei überlebenden Söhnen Archelaus, Herodes Philippus und dem für die Geschichte Jesu bedeutendsten Herodes Antipas (siehe Spalte links) aufgeteilt. Der römische Kaiser Augustus verweigerte ihnen den begehrten Königstitel und machte sie zu „Ethnarchen“ („Herrschern des Volkes“); oft werden sie auch „Tetrarchen“ („Vierfürsten“) genannt.

Judäa wurde Archelaus (reg. 4 v. Chr.–6 n. Chr.) zugesprochen, der zwar die Laster seines Vaters, doch wenige seiner Talente geerbt hatte. Nach dem Tode des Herodes reiste Archelaus zunächst nach Rom, um sich vom Kaiser das Recht der Nachfolge bestätigen zu lassen. Dort traf er auf eine jüdische Delegation, die seine Ernennung verhinderte. Nach seiner Rückkehr ließ

Teilansicht des riesigen Aquädukts, das Herodes der Große erbauen ließ, um die Stadt Caesarea mit Wasser zu versorgen.

HERODES ANTIPAS

Im Neuen Testament ist Herodes Antipas (reg. 4 v. Chr.–39 n. Chr.), Antipas genannt, der Tetrach von Galiläa und Peräa. Er ist der berühmteste Herrscher der Dynastie des Herodes. Er war ein typischer hellenistischer Fürst, der die prächtigen galiläischen Städte Sepphoris, vier Meilen von Nazaret entfernt, und Tiberias, seine Hauptstadt, erbauen ließ.

Antipas taucht in den Evangelien erstmals in Verbindung mit der Hinrichtung von Johannes dem Täufer (siehe S. 104–105) auf. Nach Lukas wurde Jesus von einigen Pharisäern gewarnt, daß Antipas auch ihn töten würde, wenn er in Galiläa bliebe (Lk 13,31). Daraufhin bezeichnete Jesus Antipas als „Fuchs“ – ein Ausdruck, der in den jüdischen Schriften der Rabbiner einen Narren bezeichnet –, da er ihn nicht davon abhalten würde können, seine Mission zu erfüllen.

Einige Passagen in den Evangelien stehen Antipas nicht völlig ablehnend gegenüber. Die Hauptschuld am Tode des Täufers wird seiner Frau Herodias zugeteilt; der Tetrarch soll Johannes als heiligen Mann erkannt und ihn nur zu seiner eigenen Sicherheit eingesperrt haben (Mk 6,17–20 par.). Ähnlich betrachtet Antipas Jesus, den er schon immer gerne gehört hätte (Lk 9,9), abergläubisch als eine Reinkarnation des Johannes (Mk 6,14).

Nur Lukas berichtet, daß Pilatus Jesus zu Antipas sandte (Lk 23,7) und Antipas in die Verurteilung Jesu (Apostelgeschichte 4,27) involviert war. Das Evangelium nach Lukas bemerkt, daß Herodes und Pilatus an diesem Tag Freunde wurden; zuvor waren sie Feinde gewesen (Lk 23,12). Ihre Feindschaft rührte vermutlich daher, daß Antipas sich einer Klage an Kaiser Tiberius anschloß, daß Pilatus das jüdische Religionsempfinden mißachte (S. 26).

Einge der Höflinge von Antipas zählten zu den Anhängern Jesu (Lk 8,2; Apg 13,1).

30 n. Chr. wurde Antipas von Kaiser Caligula nach erfundenen Anklagen abgesetzt und nach Südfrankreich verbannt.

er viele dieser Gegner hinrichten (Lk 19,14; 19,27). Archelaus war aufgrund seiner despotischen Regentschaft gehaßt. Sein Ruf erklärt, warum es bei Matthäus heißt, daß Josef sich fürchtete, sich nach seinem Aufenthalt in Ägypten (Mt 2,22) in Judäa niederzulassen. Zuletzt setzte Augustus Archelaus ab und verbannte ihn nach Südfrankreich.

Herodes Philippus hingegen (reg. 4.v. Chr.–34 n. Chr.) galt als gerecht und gütig. Seine Tetrarchie grenzte an das Ostufer des Sees Gennesaret. Er erbaute Betsaida-Julias und Caesarea Philippi (siehe S. 14). Vermutlich ist es der Toleranz von Philippus zu verdanken, daß Jesus sich in seinem Herrschaftsgebiet frei bewegen und predigen konnte.

DIE „HERODIANER“

Die Evangelien geben den einzigen bekannten Hinweis auf die Gruppe der Herodianer (Mt 22,16; Mk 3,6; 12,13). Sie dürften die Dynastie Herodes, insbesondere Antipas (siehe gegenüberliegende Seite), unterstützt haben; vermutlich teilten sie seine Meinung, daß Jesus eine Gefahr für die öffentliche Ordnung darstelle. Laut den Evangelien waren die Herodianer mit den Pharisäern in ihrer Gegnerschaft zu Jesu verbunden.

PALÄSTINA UNTER DEN RÖMERN

Palästina verfügte unter den Römern über ein hervorragendes Straßennetz. Dieser römische Meilenstein steht nach wir vor im Ela-Tal in Israel.

Nachbildung vor Ort des 1963 in Caesarea entdeckten Pilatus-Steines. Er trägt die lateinische Widmung eines „Tiberieums" (eines Gebäudes zu Ehren von Kaiser Tiberius): [Pon]tius Pilatus ... [Praef]ectus Iudaeae *(„Pontius Pilatus, Präfekt von Judäa"). Das Original befindet sich in einem Museum.*

Zur Zeit Jesu stand ganz Palästina direkt oder indirekt unter römischer Herrschaft. Nach der Absetzung von Archelaus (siehe S. 24) gehörte Judäa zur römischen Provinz Syrien und wurde von einem Präfekten (*prefectus*) regiert. Dieser hatte den Oberbefehl über militärische Hilfseinheiten, polizeiliche und gerichtliche Befugnisse und war verantwortlich für die Eintreibung der kaiserlichen Steuern. Er residierte in der Küstenstadt Caesarea, kam aber anläßlich der größeren jüdischen Festtage nach Jerusalem.

Über die ersten vier Präfekten weiß man wenig, über den fünften hingegen – Pontius Pilatus (im Amt 26–36 n. Chr.) – gibt es, nicht nur in den Evangelien, viele Informationen. Die Herrschaft von Pilatus war durch wiederholte Konfrontationen mit seinen jüdischen Untertanen gekennzeichnet; vor dem Hintergrund dieser Unruhen ist das Leben Jesu und insbesondere sein Prozeß (siehe S. 120–121) zu betrachten. Pilatus mißachtete die religiösen Gefühle der Juden, indem er militärische Insignien in die heilige Stadt Jerusalem brachte, auf denen das Porträt des Kaisers und goldene Schilder mit seinem Namenszug zu sehen waren. Da die Römer den Kaiser als Gott verehrten, waren diese Bilder für die Juden Götzenbilder. Auch versuchte er, auf den Tempelgründen ein Aquädukt zu bauen.

Jede dieser Aktionen provozierte Aufruhr in Jerusalem. Etwa zur Zeit der Verurteilung Jesu kam es zu mehreren gewaltsamen Auseinandersetzungen aus Protest gegen Pilatus (Mk 15,7), bei dem Barabbas und andere Rebellen verhaftet wurden. Jesus wurde neben zwei „Straßenräubern" gekreuzigt, wie sie im Johannesevangelium genannt werden. Vermutlich handelte es sich um Aufständische. Auch Lukas spricht die Grausamkeit des Pontius Pilatus an, als er von einem blutigen Zwischenfall berichtet, in den Galiläer verwickelt waren (Lk 13,1). Aus anderen Quellen ist nichts über dieses Ereignis bekannt, die Beteiligung der für ihre Aufstände bekannten Galiläer erscheint jedoch bedeutsam (siehe S. 103).

Wie Jesus selbst betonte, haben die Eroberer ihren Untertanen Steuern auferlegt. Als Judäa unter die Herrschaft der Römer kam, wurde das kaiserliche Steuersystem eingeführt (siehe Kasten gegenüber), und auch die romtreuen Herrscher Antipas und Philippus (siehe S. 24–25) scheinen das römische System übernommen zu haben.

Das römische Militär machte großen Eindruck auf die Juden, wie es das Neue Testament belegt. Matthäus 8 und Lukas 7 berichten, wie Jesus den Diener eines Hauptmannes in Kafarnaum in Galiläa heilte. Solche Offiziere, die vergleichsweise kleine Truppeneinheiten kommandierten, waren vermutlich an wichtigen Stützpunkten stationiert, um die Ordnung aufrecht zu erhalten. Obwohl der Bericht von Lukas gefärbt sein mag durch den Wunsch, die römischen Herrscher in einem günstigen Licht erscheinen zu lassen, ist die Darstellung des Hauptmanns von Kafarnaum als ehrenwerter Bürger der Stadt nicht unglaubwürdig.

Das Militär durfte jeden Bürger für öffentliche Aufgaben requirieren; die Evangelien berichten beispielsweise, daß Simon von Zyrene gezwungen wurde, das Kreuz Jesu zu tragen (Mt 27,32 par; siehe S. 123).

Die Dämonen, die von einem Menschen Besitz ergreifen, (Mk 5, Lk 8), werden aufgrund ihrer Anzahl „Legion" (lateinisch *legio*, eine große Militäreinheit) genannt. Nach Matthäus erklärte Jesus in Getsemani, daß ihm der Vater „zwölf Legionen Engel" zu Hilfe schicken würde (Mt 25,35).

DAS RÖMISCHE STEUERSYSTEM

Das römische Steuersystem war umfassend, es sah Steuern für die Ernte, die Bevölkerung und auf den Transport von Gütern vor. Zu Lebzeiten Jesu scheinen diese Steuern jedoch keine allzu hohe Belastung dargestellt zu haben.

Mit der Erhebung der Steuern waren eigene Steuereintreiber betraut, die einem Zollpächter unterstanden, wie Zachäus in Jericho einer war (Lk 19,2). Steuereintreiber waren unbeliebt, weil sie den Ruf hatten, mehr als die fälligen Steuern einzufordern. Die Evangelien und die Mischna (siehe Glossar) nennen Steuereintreiber in einem Atemzug mit Räubern, Sündern und Heiden. Ein Jude, der dieser Beschäftigung nachging, wurde als Verräter angesehen, weshalb viele Steuereintreiber vermutlich Heiden waren. Dennoch sprechen die Evangelien oft davon , daß Jesus Kontakte mit Steuereintreibern hatte; einer von ihnen, Matthäus oder Levi, war sogar einer seiner Jünger. Derartige Verbindungen waren frommen Gruppen wie den Pharisäern ein Dorn im Auge.

Als Jesus gefragt wurde, ob es erlaubt sei, dem Kaiser Steuern zu bezahlen, antwortete er: „Gebt dem Kaiser, was dem Kaiser gehört, und Gott, was Gott gehört!" (Mk 12,17 par.), eine Antwort, die im Zusammenhang mit einer anderen Episode zu verstehen ist, als er über die Bezahlung der jüdischen Tempelsteuer befragt wurde (Mt 17,24–25). Jesus erklärt, daß seine Anhänger von der Steuer befreit wären, aber bezahlen sollten, um nicht Anstoß zu erregen.

Dieses russische Gemälde zeigt den Steuereintreiber Zachäus beim Einzug Jesu in Jerusalem auf einem Baum, um einen Blick auf Jesus zu werfen. Wie im Mittelalter üblich, hat der Künstler diese Szene mit der Ankunft Jesu in Jericho verflochten.

DAS SYNEDRIUM

Das Synedrium (griechisch *sunedrion*, „Rat") war das höchste Richterkollegium zu Lebzeiten Jesu. Es gab viele Diskussionen über den Hohen Rat und seine Befugnisse. Seine Hauptfunktion dürfte jedoch die Verwaltung des jüdischen Gesetzes gewesen sein.

Den Evangelien zufolge wurde Jesus vom Synedrium von Jerusalem verhört und verurteilt. Die Evangelisten führen seine Zusammensetzung detailliert an. Den Vorsitz führte der Hohepriester. Die Mitglieder setzten sich aus drei Gruppen zusammen: den Hohenpriesterfamilien; den Ältesten, den führenden jüdischen Bürgern der Stadt; den „Schriftgelehrten", juristischen und religiösen Experten (siehe S. 30). Zur Zeit Jesu scheinen viele der Schriftgelehrten Pharisäer gewesen zu sein (siehe S. 34–35).

Die Evangelien geben auch an, daß es in verschiedenen Teilen des Landes lokale Synedrien gab, die sich aus den Ältesten zusammensetzten und einem Richter unterstanden. Jesus sagt mehrmals voraus, man werde seine Jünger um seinetwillen vor die Gerichte bringen (siehe etwa Mk 13,9).

DIE JÜDISCHE SELBSTVERWALTUNG

Unter den Hasmonäern (142–63 v. Chr.), den letzten unabhängigen jüdischen Staatsoberhäuptern Palästinas vor der Neuzeit, galt der Herrscher als die oberste zivile und religiöse Autorität des Landes. Er durfte sich nach außen als „König" betiteln lassen, was ihn als typischen hellenistischen Monarchen (siehe S. 22–23) ausweist. Für die jüdischen Untertanen fungierte er aber auch als Hohepriester.

Diese Konvention endete mit der Besetzung durch die Römer und der Machtübernahme durch Herodes den Großen (siehe S. 23–24). Er ernannte seine Hohenpriester aus verschiedenen Familien und entzog ihnen die politische Macht, eine Praxis, die unter den römischen Präfekten (siehe Kasten unten) beibehalten wurde. Es gab jeweils nur einen Hohepriester; wenn in den Evangelien von „Hohenpriestern" die Rede ist, sind die Familienmitglieder des Hohenpriesters gemeint.

Der Reichtum und Einfluß der Hohenpriester, die dem Synedrium von Jerusalem (siehe Spalte links) vorstanden, beruhte größtenteils darauf, daß sie den Tempelschatz kontrollierten. Der Tempel war durch die Schätze, die er besaß, der wichtigste Wirtschaftsfaktor Palästinas. Neben dem römischen Einkommenssystem gab es eigene jüdische Steuern, die vom Tempel erhoben wurden, insbesondere den Zehnten auf Landwirtschaftsprodukte und den Halbschekel, eine Abgabe, die jährlich von jedem männlichen

DIE HOHENPRIESTER UND DIE RÖMER

Die Römer erwählten die Hohenpriester anscheinend aus nur fünf reichen aristokratischen Familien. Die Apostelgeschichte 3,6 nennt mehrere Mitglieder der Familie von Annas (oder Ananos, wie ihn der Historiker Josephus bezeichnet), der hohepriesterlichen Familie jener Zeit. Wie einflußreich diese Dynastie war, zeigt sich dadurch, daß Annas, fünf seiner Söhne und sein Schwiegersohn Kajaphas das Amt des Hohenpriesters ausübten.

Rom lag daran, daß die hohepriesterliche Gruppe das Volk, vor allem in Jerusalem, durch ihre Autorität ruhig hielt. So verlangte der Präfekt Florus (reg. 64–66 n. Chr.), daß der Hohepriester und die führenden Bürger der Stadt achtzehn Aufwiegler verhaften und ihm ausliefern sollten – dies erklärt vermutlich auch das Vorgehen bei der Verhaftung von Jesus.

Die Familien der Hohenpriester waren vermutlich Mitglieder der Gruppe der Sadduzäer (siehe S. 35), die mit Rom kollaborierten, um die religiösen Institutionen der Juden und größtmögliche Autonomie zu bewahren. Die Haltung dieser Priestergruppen wird in einer Aussage, die ihnen im Johannesevagelium zugeschrieben wird, deutlich: „Dann werden die Römer kommen und uns die heilige Stätte und das Volk nehmen" (Joh 11,48) – genau dies geschah auch nach dem Aufstand der Juden 66–73 n. Chr.

Die Hohenpriester und ihre Anhänger waren bei vielen Juden, insbesondere jenen, die zum Widerstand gegen die Römer aufriefen, wegen ihrer Kollaboration unbeliebt. Man beschuldigte sie auch der Korruption, da sie den Präfekten hohe Summen zahlten, um ihre Ernennung zu sichern.

Die Tempelsteuer, *Fresko von Masaccio (1401–1428) in der Brancacci-Kapelle in der Kirche Santa Maria del Carmine in Florenz. Jesus weist Petrus an, einen Fisch zu fangen, der eine Münze für die Tempelsteuer im Maul hat (Mt 17,24–27).*

Juden in Palästina und der Diaspora (siehe Spalte rechts) verlangt wurde. Darüber hinaus spendeten viele Menschen freiwillig, wie aus dem Bericht in den Evangelien über die Witwe und den reichen Mann hervorgeht (Mk 12,41–44; Lk 21,1–4). Die Schatzkammer fungierte auch als Bank, auf der die Reichen ihre Wertsachen deponierten.

Die Macht des Hohenpriesters beruhte auf seiner Position als Tempelvorsteher. Er vollzog religiöse Rituale, die Reichtum und Wohlergehen der Menschen sichern sollten, insbesondere durch seine Rolle bei den Zeremonien des Großen Bußtages. Die Evangelien schweigen über diese religiösen Funktionen. Der einzige Hinweis findet sich in der Aussage des Johannesevangeliums, wonach Kajaphas in einer prophetischen Eingebung den Tod Jesu vorhersagte (Jh 11,51) – auch die Schriften von Philo und Josephus deuten an, daß der Hohepriester prophetische Fähigkeiten habe.

Im Gegensatz zu vielen Tempelpriestern lebte der Hohepriester nicht in den Tempelbezirken, sondern er hatte eine eigene Unterkunft, die in den Berichten vom Martyrium Jesu zu trauriger Berühmtheit gelangte. Josephus zufolge lebten die Hohepriester in der Oberstadt, dem reichen Viertel, in dem die herrschende Klasse von Jerusalem wohnte (siehe Plan S. 21). Bei Ausgrabungen in diesem Stadtteil wurden die Ruinen prächtiger Häuser aus der herodianischen Periode freigelegt.

Architektonisch gleichen sie dem Haus des Hohenpriesters Kajaphas, in dem Jesus in der Nacht seiner Verhaftung festgehalten wurde, wie es in den Evangelien beschrieben wird. Sie waren um einen großen Hof errichtet, wie ihn wohl Petrus betreten hat. Die Häuser der Oberstadt hatten Raum, um viele Diener zu beherbergen, und sie waren mit einem großen, aufwendig dekorierten Saal versehen. In einem solchen Raum hätte das Verhör Jesu vor dem Synedrium stattfinden können.

DIE TEMPELSTEUER

Zu Lebzeiten Jesu mußte jeder männliche Jude, der über zwanzig Jahre zählte, einen Halbschekel jährlich an den Tempel bezahlen. Diese Bezahlung mußte mit der tyrischen *didrachma* erfolgen, einem silbernen Zweidrachmenstück aus der Phönikerstadt Tyrus. Wie auf andere tyrischen Münzen war darauf der Kopf des Schirmherrn der Stadt Melgart zu sehen (siehe Abb. S. 38). Die Anwesenheit dieses heidnischen Bildes im Tempel verletzte das jüdische Gesetz gegen fremde Götter und Idole (Ex 20,3–4; Deut 5,7–8). Daß die Tempelbehörden darüber hinwegsahen, zeigt, wie hoch die tyrische *didrachma* eingeschätzt wurde.

Matthäus führt den exakten Ausdruck für die Münze an (Mt 17,24; „Tempelsteuer"). Im selben Abschnitt, als es heißt, daß Petrus einen Fisch mit einer Münze im Maul für die Tempelsteuer fängt, nennt Matthäus erneut den korrekten Ausdruck *stater* (Mt 17,27; „eine Münze") für das Vierdrachmenstück.

GESETZ UND TEMPEL

DIE SCHRIFTGELEHRTEN

Jede der diversen Gruppen oder Sekten des Judentums des 1. Jahrhunderts berief sich auf eine eigene Interpretation des Gesetzes, die von den sogenannten „Schriftgelehrten", die häufig im Neuen Testament genannt werden, vorgenommen wurde. Sie werden oft mit den Pharisäern in Zusammenhang gebracht (siehe S. 34–36), wenngleich nicht alle Schriftgelehrten Pharisäer waren. Schriftgelehrte waren in erster Linie Gelehrte und Lehrer des jüdischen Gesetzes und konnten als solche jeder religiösen Gruppierung angehören. Die Evangelien und die Apostelgeschichte erwähnen insbesondere pharisäische Schriftgelehrte (Lk 5,30; Apg 23,9), und es versteht sich von selbst, daß Gruppen wie die Pharisäer eigene Rechtsgelehrte hatten, die ihre Doktrinen erläuterten und verteidigten.

Markus erwähnt Schriftgelehrte, die anscheinend dem Synedrium von Jerusalem angehörten (Mk 14,53; siehe S. 28) und spricht zweimal von Schriftgelehrten aus der Stadt Galiläa (Mk 3,22; 7,1). Dies bezieht sich vermutlich auf eine Gruppe, die das Gesetz nach dem Verständnis der Tempelvorsteher interpretierte und anwandte. Aber es gab, wie in Lukas 5,17 erwähnt, auch Schriftgelehrte in den Dörfern, für die die Evangelisten das Synonym „Gesetzeslehrer" verwendeten.

Wie die Pharisäer werden die Schriftgelehrten meist als Gegner Jesu dargestellt; doch Matthäus 8,19 berichtet vom Wunsch eines Schriftgelehrten, Jesus zu folgen, und bei Markus 12,28 wird einer erwähnt, der von seiner Lehre beeindruckt war.

Die beiden fundamentalen Institutionen des Judentums des 1. Jahrhunderts n. Chr. waren „das Gesetz" und der Tempel von Jerusalem (siehe Kasten gegenüber). Der Ausdruck „Gesetz" in den Evangelien bezieht sich auf die fünf ersten Bücher der Alten Testaments, auch bekannt als Tora, Pentateuch, „das Buch Moses" oder das „mosaische Gesetz". Die strenge Gesetzeslehre der Rabbiner wird in folgenden Worten Jesu deutlich: „Bis Himmel und Erde vergehen, wird auch nicht der kleinste Buchstabe des Gesetzes vergehen." (Mt 5,18; vgl. Lk 16,17)

Zur Zeit Jesu hatten auch andere Schriften kanonischen Status in der Hauptströmung des Judentums erhalten. Die Evangelien (etwa Mt 7,12) verbinden das Gesetz immer wieder mit „den Propheten", wie heute meist die historischen und prophetischen Bücher der Hebräischen Bibel, etwa 1 und 2 Könige und Jesaja, genannt werden. Auch andere Werke, die später in den jüdischen Schriftenkanon aufgenommen wurden, dürften bereits zur Zeit Jesu anerkannt worden sein. Wenn Lukas vom „Gesetz des Mose, den Propheten und den Psalmen" spricht (Lk 24,44), bezieht sich der Ausdruck „Psalmen" nicht nur auf das Buch der Psalmen, sondern auch auf die anderen Werke, aus denen sich die „Schriften", der dritte Teil des hebräischen Kanons, wie wir ihn kennen, zusammensetzen. Dazu zählen die folgenden Bücher, die hier in der Reihenfolge der Jüdischen Bibel genannt werden: Psalmen, Sprichwörter, Ijob, Hohelied, Rut, Klagelieder, Kohelet, Ester, Daniel, Ezra-Nehemiah und Chronik. Auch von Jesus heißt es wiederholt, daß er aus den Psalmen zitiert habe.

So gab es zur Zeit Jesu einen umfangreichen Korpus an heiligen Schriften, die die Lehrer in den Synagogen lasen und erläuterten, wie es auch Jesus in Nazaret getan haben soll (Lk 4,16ff.). Zu jener Zeit waren das Gesetz und die übrigen Schriften bereits nicht mehr für jeden verständlich und mußten in zeitgemäßem Kontext gelehrt werden. Die Pharisäer (siehe S. 34–36) traten als die bedeutendsten Interpreten und Gesetzeslehrer hervor; ihre Arbeit, die später in der Mischna und im Talmud niedergeschrieben wurde, prägte den späteren rabbinischen Judaismus.

Aufgabe der Gelehrten war es, das geschriebene Gesetz zu erklären, zu bewahren und zu schützen, eine Tätigkeit, die im wörtlichen Sinn der Tora („Lehre" oder „Leitung") als Teil des Gesetzes selbst betrachtet werden konnte. Von Jesus heißt es, daß er sich mit den Schriften, ihrer Interpretation und auch der mündlichen Tora – Bräuchen, die nicht im Gesetz erfaßt, aber von den Lehrern als wichtig erachtet wurden – befaßt hätte. Er war als Lehrer anerkannt (siehe S. 162-163). Die Haltung Jesu zum Gesetz ist wesentlich für die Einschätzung seiner Lehre und seiner Stellung im Judaismus jener Zeit (siehe S. 142–143).

DER TEMPEL

Jesus wurde bei seinem Prozeß beschuldigt, die Zerstörung des Tempels vorhergesagt zu haben. Seine Haltung zu dieser zentralen Institution des zeitgenössischen Judaismus wie auch dem jüdischen Gesetz gegenüber ist von großer Bedeutung für das Verständnis seiner Lehre.

In den Evangelien werden der Tempel und seine Bezirke, die unter Herodes dem Großen neu erbaut wurden und ein großartiger Anblick gewesen sein müssen, häufig erwähnt. Die Evangelisten wissen auch über die Rituale und die Organisation des Tempels Bescheid. Die primäre Bedeutung des Tempels lag darin, daß er der einzige Ort war, an dem die Juden ihrem Gott Opfer darbringen konnten. Lukas beschreibt die Eltern von Jesus, die als gläubige Juden nach Jerusalem gingen, um am Tag der Reinigung Mariens zu opfern (Lk 2,22).

Der Gottesdienst im Tempel wurde von einer großen Gruppe von Priestern abgehalten, die in vierundzwanzig Dienstordnungen organisiert waren und je eine Woche im Tempel Dienst taten. Zacharias, der Vater von Johannes dem Täufer, gehörte der Dienstabteilung Abija an. Lukas 1,9 berichtet, daß, wie nach der Priesterordnung üblich, das Los geworfen wurde und ihm die Aufgabe zufiel, im Tempel das Rauchopfer darzubringen; ein Ritual, das morgens und abends vollzogen wurde. Lukas erwähnt, das Volk habe das Allerheiligste nicht betreten dürfen und mußte vor den Toren warten (Lk 1,10).

Die meisten Priester lebten außerhalb von Jerusalem und kamen nur zur Erfüllung ihrer Pflichten zum Tempel. So kehrte auch Zacharias, als die Tage seines Dienstes zu Ende waren, in sein Haus in den Hügeln Judäas zurück (Lk 1,23).

Das Allerheiligste des Tempels nach einem Miniaturmodell der Stadt zur Zeit Jesu im Holyland Hotel in Jerusalem. Diese Rekonstruktion orientierte sich an Beschreibungen und Abbildungen des Tempels auf Münzen und Mosaiken.

Als Jesus einen Aussätzigen aufforderte, sich dem Priester zur Bestätigung seiner Reinigung zu zeigen (Mt 8,4; Mk 1,44), schickte er ihn nicht nach Jerusalem, sondern zu einem in der Nähe wohnenden Priester.

Die Leviten waren die wichtigsten Personen des Tempelpersonals. Sie dienten als Sänger, Torwächter sowie als eine Art Polizei, die die Ordnung in den Tempelbezirken aufrechterhielt und auch in der Stadt tätig war. Sie waren es, die der Hohe Rat (siehe S. 28) aussandte, um Jesus in Getsemani (siehe S. 114–115) zu verhaften, und die nach Johannes 7,32 schon zuvor versucht hatten, ihn festzunehmen.

Der Tempel war nicht nur ein Ort der Opferung. Jesus zitiert Jesaja, der ihn „ein Haus des Gebetes" nannte. Es gab im Tempel drei festgesetzte Gebetszeiten, eine davon war vermutlich der auslösende Moment für das Gleichnis Jesu vom Pharisäer und vom Zöllner (Lk 18,9–14).

Auch Lehrer gingen zum Tempel, wo sie eine große Zuhörerschaft für ihre Botschaften fanden. Jesus soll während seiner Zeit in Jerusalem regelmäßig im Tempel gelehrt haben.

Der Pharisäer und der Zöllner beten im Tempel, *Mosaik in der Kirche Sant' Apollinare Nuovo in Ravenna, Italien (ca. 520 n. Chr.). Veranschaulicht wird das Gleichnis Jesu über Gerechtigkeit und Demut (Lk 18,9–14).*

Die Synagoge in Bar'am in Galiläa stammt aus der Zeit nach Jesu, befindet sich aber vielleicht am Ort einer älteren Synagoge.

SYNAGOGE UND GESELLSCHAFT
Die Synagoge erfüllte eine bedeutende soziale Funktion. Josephus erwähnt gemeinsame Mahlzeiten, und eine Inschrift aus dem 2. oder 3. Jahrhundert n. Chr. berichtet von einem Spender, der einen Gasthof, Gästezimmer und rituelle Bäder für eine Synagoge in Jerusalem erbauen ließ. Die Synagoge war auch der Sitz des örtlichen Gerichtshofes – Jesus warnte seine Anhänger, daß sie vor den Hohen Rat (siehe S. 28), der in den Synagogen zusammentrat, zitiert und zu einer Auspeitschung verurteilt werden würden. Nach der Mischna wurde die Strafe von einem Beamten der Synagoge, dem *hazan*, vollzogen.

SYNAGOGE UND JÜDISCHE FESTE

Jesus hatte mit der jüdischen Religion hauptsächlich durch die Synagoge (griechisch *sunagogos*, „Versammlung") Verbindung. Über ihren Ursprung ist wenig bekannt, doch gab es zur Zeit Jesu in den jüdischen Gemeinden des ganzen römischen Reiches Synagogen. In Palästina, vor allem in und um Galiläa, wurden die Ruinen von über einhundert alten Synagogen entdeckt. Ende des 2. Jahrhunderts n. Chr., zur Zeit der frühen makkabäischen Herrscher (siehe Seite 22), war diese Gegend größtenteils heidnisch. Man vermutet, daß die Wiederbelebung des Judaismus in Galiläa hauptsächlich der Synagoge zu verdanken ist.

Die meisten der in Palästina bei Ausgrabungen freigelegten Synagogen stammen aus der Zeit nach Jesus. Viele wurden aber vermutlich am Ort früherer Gebäude errichtet, wie es im Falle von Kafarnaum erwiesen ist. Zumindest drei Synagogen sind mit Sicherheit im 1. Jahrhundert n. Chr. zu datieren: eine in Gamala in Galiläa und zwei innerhalb der Festungen von Masada und Herodium von Herodes dem Großen. Diese Gebäude besitzen annähernd den gleichen Grundriß und zeigen uns eine Art von Synagoge, wie Jesus sie kannte. Sie ist rechteckig angelegt, entlang der Mauern befinden sich stufenförmige Steinbänke, die in Richtung eines zentralen Raumes zeigen, in dem die Schriften vorgelesen und erläutert wurden. Vermutlich nahm Jesus an diesem Ort manchmal Heilungen und Dämonenaustreibungen vor. In den Evangelien werden die Schriftgelehrten und Pharisäer beschuldigt, die Ehrenplätze der Synagoge für sich beansprucht zu haben (Mt 23,6; Mt 12,39; Lk 11,43). Matthäus 23,2 spricht von Schriftgelehrten und Pharisäern, die sich auf den „Stuhl des Mose" gesetzt hatten – ein Sitz, den vermutlich Gelehrte einnahmen, wenn sie das mosaische Gesetz erläuterten; ein Basaltstuhl, der in der Synagoge von Chorazin aus dem 3. oder 4. Jahrhundert n. Chr. gefunden wurde, könnte ein solcher Sitz gewesen sein.

Im Gegensatz zum Tempel war die Synagoge in erster Linie ein Ort, an dem das jüdische Gesetz gelehrt wurde. Die wichtigste Aktivität war eine wöchentliche Versammlung am Sabbat, bei dem aus der Tora oder aus anderen Schriften gelesen wurde. Von Jesus wird berichtet, daß er die Synagoge am Sabbat besuchte und in ein Streitgespräch über die Einhaltung des Ruhetages verwickelt wurde. Die Evangelien nennen die Synagoge hauptsächlich in Zusammenhang mit den Pharisäern, was andeutet, daß sie vorwiegend von den Pharisäern genutzt wurde (siehe S. 34–35).

Die Synagoge wurde von einem „Synagogenvorsteher" geleitet. Dieser war ein angesehener Mann, wie etwa der in den Evangelien erwähnte Jairus (Mk 5,22; Lk 8,41). Er war verantwortlich für das Gebäude und die Organisation der Versammlungen. Lukas berichtet von einem Synagogenvorsteher, der Jesus tadelte, weil er an einem Sabbat heilte (Lk 13,14). Es gab auch einen Gehilfen, *hazan* genannt, der über die Schriftrollen wachte und sie dem Vorlesenden aushändigte.

Das Vorlesen der Schriften war der Hauptzweck der Synagoge. Der spätere Judaismus entwickelte ein- oder dreijährige Lesezyklen, bei denen gewisse Passagen der Schrift einem bestimmten Sabbat oder Festtag zugeteilt waren. Manche Gelehrte stellten die umstrittene These auf, daß dieses System bereits im 1. Jahrhundert n. Chr. existiert habe und die Struktur der Evangelien dem Muster der Lesezyklen in den Synagogen folge.

JÜDISCHE FESTE IN DEN EVANGELIEN

Große Festtage fanden nicht wie der Gottesdienst zum Sabbat in der Synagoge statt. Zu ihrem Anlaß wurden Pilgerfahrten unternommen, da das Gesetz von allen männlichen Juden verlangte, daß sie Jerusalem aufsuchten, um den Zeremonien im Tempel beizuwohnen. Das populärste Fest war das Pascha- oder Passahfest, bei dem sich eine riesige Menschenmenge in der Heiligen Stadt versammelte. Das Fest bestand aus zwei Teilen: aus dem rituellen Schlachten der Paschalämmer im Tempel und aus dem Gemeinschaftsmahl, das in Jerusalem stattfand. Die Evangelien behandeln nur den zweiten Teil (das gemeinsame Festmahl). Ihre Darstellung entspricht dem Wissen, das wir über den Brauch in jener Zeit haben. Die Teilnehmer des Paschamahles lagen etwa während des Mahles auf Kissen; Markus und Matthäus verwenden in ihrem Bericht über das Letzte Abendmahl einen Ausdruck, der „sich zurücklehnen“ bedeutet.

Neben dem Paschafest zählt das Johannesevangelium drei weitere Feste auf, die Jesus angeblich in Jerusalem besuchte. Eines wird nur als „Fest der Juden“ beschrieben; es dürfte sich um Pfingsten oder das jüdische Neujahrsfest handeln. Das zweite ist das Laubhüttenfest, bei dem Jesus Johannes zufolge von sich als Wasser des Lebens und als Licht der Welt sprach. Das dritte ist das Fest der Tempelweihe (Hanukkah) im Dezember zur Erinnerung an die Neueinweihung des Tempels 164 v. Chr., nachdem ihn Antiochus durch ein heidnisches Opfer entweiht hatte. Hier bezeichnete sich Jesus öffentlich als Messias, der den bald zerstörten Tempel ersetzen werde.

Das Letzte Abendmahl, *vom Meister von Perea (15. Jh.). Das Paschalamm ist auf dem Tisch vor Jesus zu sehen.*

SEKTEN UND GEMEINSCHAFTEN

Das Judentum war im 1. Jahrhundert n. Chr. keine homogene Religion. Es setzte sich aus verschiedenen Gruppierungen zusammen, die unterschiedliche Ansichten und Vorstellungen vertraten und die sich oft feindlich gesinnt waren. Die Evangelien erwähnen eine Reihe solcher Sekten, allen voran die Pharisäer, aber auch die Sadduzäer (siehe Kasten gegenüber), die Samariter (siehe S. 36), die Schriftgelehrten (siehe S. 30), die Herodianer (siehe S. 24) und die Essener (siehe S. 37).

Die Haltung der Evangelien den Pharisäern gegenüber (griechisch *pharisaioi* nach dem hebräischen *perushim*, „die Abgesonderten") ist größtenteils feindlich und polemisch, was in der Rede Jesu gegen die Pharisäer (Mt 23), die durch sieben Weherufe gegliedert ist, am deutlichsten wird.

Doch abgesehen von dieser Feindseligkeit, die viele Gelehrte für voreingenommen und unfair halten, stimmt die Charakterisierung des Pharisäertums im Neue Testament im großen und ganzen mit den Berich-

Jesus im Hause von Simon dem Pharisäer. *Dieses Fresko aus dem Jahre 1072 in der Basilika Sant Angelo in Formis, Capua, Italien, veranschaulicht die Episode der Frau, die gesündigt hatte (Lk 7,36–50). Obwohl die Evangelien eine kritische Haltung gegenüber den Pharisäern einnehmen, werden auch die freundschaftlichen Beziehungen beschrieben, die Jesus mit manchen Pharisäern unterhielt.*

DIE SADDUZÄER

Die Sadduzäer sind nur aus den Schriften der Pharisäer, des Josephus und des Neuen Testaments bekannt, denen eine eher negative Einstellung zu dieser Gruppe gemeinsam ist. Man ist allgemein der Auffassung, daß sie Mitglieder des Priesteradels mit dem Tempel als Stützpunkt waren und daß ihr Name wahrscheinlich auf Zadok zurückgeht, den Salomo als Hohenpriester einsetzte (1 Könige 2,35). Die Nachfolger Zadoks, die Zadokiten, hatten bis zum 2. Jahrhundert n. Chr. die Kontrolle über die Priesterschaft inne.

Es wäre jedoch falsch, das Priestertum der Sadduzäer überzubetonen. Nicht alle Priester, und gewiß nicht alle Mitglieder des Synedriums von Jerusalem (siehe S. 28) waren Sadduzäer. Im Neuen Testament und auch bei Josephus werden sie wie die Pharisäer als eine religiöse Gruppe mit einer eigenen Interpretation des mosaischen Gesetzes beschrieben. Sie waren konservativ gesinnt, sahen wie die Samariter nur den geschriebenen Pentateuch als verbindlich an und widersetzten sich den neuen Doktrinen der Pharisäer, die im Pentateuch nicht geschrieben standen, etwa dem Glauben an die Auferstehung der Toten oder die Hierarchie der Engel und Geister. Obwohl sie die mündliche Überlieferung ablehnten, waren sie wie die Pharisäer eine Gruppe von Gelehrten mit einer eigenen Tradition der Interpretation. Die Mischna und spätere Schriften berichten von Streitigkeiten mit den Pharisäern über den religiösen Kalender oder die Opferbestimmungen.

Mit der Zerstörung des Tempels 70 n. Chr. verschwanden die Sadduzäer. Das wird durch die Aussage von Josephus verständlich, der meinte, daß sie die höchsten Ämter innehätten, aber wenige Anhänger im Volk besäßen.

Dieses wunderbar gearbeitete Säulenkapitell vom Tempel des Herodes bezeugt den Reichtum des Heiligtums.

JESUS UND DIE PHARISÄER

Obwohl es viel Trennendes zwischen Jesus und den Pharisäern gab, teilten sie auch viele Ansichten, die vor allem im Gegensatz zu jenen der Sadduzäer (siehe Kasten links) standen. Die Pharisäer propagierten Entwicklungen, die in den letzten Jahrhunderten v. Chr. im Judentum aufgekommen waren. Sie akzeptierten als heilige Schriften neben dem Pentateuch auch die „Propheten" und die sogenannten „Schriften" (siehe S. 30). Sie erwarteten das Ende des Zeitalters (glaubten auch an einen zukünftigen Messias, dem der Prophet Elia und die Auferstehung der Toten vorangehen würde) und hatten einen hochentwickelten Glauben an Engel und Dämonen.

Die Sadduzäer lehnten diese Lehren im Gegensatz zu Jesus ab, wenngleich dieser bestimmte Themen, wie etwa die Abstammung des Messias von König David oder die Bedeutung von Johannes dem Täufer, anders interpretierte.

Die Evangelien zeugen von freundlichen Beziehungen zwischen Jesus und zumindest einigen Pharisäern (siehe Abb. gegenüber). Matthäus bezeichnet sie in seinem Bericht vom Pharisäer am „Stuhl des Mose" (Mt 23,2, siehe S. 32) als die maßgeblichen Verkünder des Gesetzes und stellt sie als jene Gruppierung dar, die Jesus als den Lehrer anerkennt, der von Gott gekommen ist (Jh 3,2). Es sind auch die Pharisäer, die Jesus vor Herodes Antipas warnen (Lk 13,31).

ten von Josephus und anderen Quellen überein. Nach Josephus waren die Pharisäer die dominierende religiöse Gruppe innerhalb des Judentums, als die sie bei ihren Kontakten mit Jesu auch auftraten. Josephus schreibt, daß sich die Pharisäer einerseits durch ihre sehr genaue Auslegung des geschriebenen mosaischen Gesetzes hervorhoben, andererseits, weil sie auch die mündlichen Überlieferungen und nicht nur das im Pentateuch überlieferte Gesetz als verbindlich ansahen.

Manche der Auseinandersetzungen zwischen Jesus und den Pharisäern drehen sich um das richtige Verständnis der Gesetze Mose, wie etwa das Verbot der Arbeit am Sabbat und die Legalität der Scheidung. Die Position der Pharisäer zu diesen und anderen Themen folgte dem ungeschriebenen Gesetz, der „Überlieferung der Alten", wie es in den Evangelien genannt wird (Mt 15,2). Der Mischna zufolge, einer Sammlung dieser mündlichen Unterweisungen, die etwa 200 n. Chr. schriftlich festgehalten wurden, erhielt Moses auf dem Sinai die schriftlichen Unterweisungen und auch das mündliche Gesetz; dieses übermittelte er seinem Nachfolger Joschua, der es seinerseits einem Rat der Alten übergab, von denen es wiederum eine Reihe von Lehrern erhielten. Die Mischna faßt die grundlegende Botschaft des ungeschriebenen Gesetzes in drei Verpflichtungen zusammen, die das Selbstverständnis der Pharisäer sehr anschaulich wiedergeben: „Urteile überlegt!" (Befolge getreu und genau die Bestimmungen des Gesetzes), „Wirb viele Jünger an!" (Bewege so viele Menschen wie möglich dazu, das Gesetz zu befolgen), und „Ziehe einen Zaun rund um das Gesetz!" (Verwende die mündlichen Unterweisungen, um das geschriebene Gesetz zu bewahren und zu beschützen).

Die Pharisäer versuchten die Einhaltung des Gesetzes zu gewährleisten, indem sie es genauer definierten. Die Evangelien erwähnen einige

DIE SAMARITER

Die Samariter, die in den Evangelien in mehreren bedeutenden Episoden Erwähnung finden, hatten mit den anderen Gruppen vieles gemeinsam. Wie die Sadduzäer (siehe S. 35) akzeptierten sie nur die Bücher Mose (den Pentateuch) als verbindliche Schrift und lehnten, wie vermutlich auch die Gemeinschaft von Qumran, die Institution des Tempels ab.

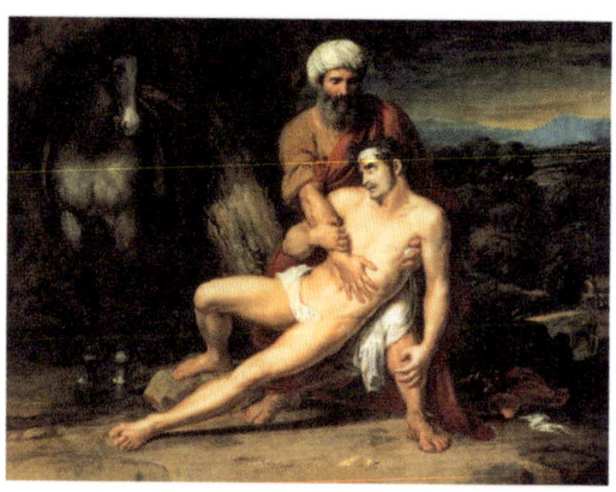

Der Barmherzige Samariter *von Rafael Tejeo (1798–1856) veranschaulicht das berühmte Gleichnis vom Samariter, der als einziger von drei Passanten einem Mann zu Hilfe kommt, der ausgeplündert und geschlagen wurde (Lk 10,30–35).*

Die Samariter zeichneten sich durch drei Merkmale aus, die auch die Evangelien bestätigen. Wie ihr Name verrät, lebten sie in den Dörfern von Samaria, ein Gebiet, das Jesus, wie andere fromme Juden, auf seiner letzten Reise nach Jerusalem offenbar vermied. Sie waren eine eigene ethnische Gruppe, Nachkommen israelitischer Stämme des Nordreichs, weshalb Lukas einen Samariter als „Fremden" (Lk 17,18) bezeichnen konnte. Drittens anerkannten sie den Berg Garizim und nicht den Tempel von Jerusalem als die einzig legitime Stätte der Anbetung, wie die samaritische Frau im Johannesevangelium sagt (Joh 4,20).

Die Haltung der Evangelien den Samaritern gegenüber variiert. In Matthäus 10,5 verbietet Jesus seinen Jüngern, sie zu missionieren, an anderer Stelle, vor allem bei Lukas, ist er freundlicher gesinnt. In Lukas 17,18–19 lobt Jesus den Glauben eines samaritischen Aussätzigen. In dem berühmten Gleichnis vom Barmherzigen Samariter (Lk 10,30–37) preist er dessen Menschlichkeit.

Diese Ambivalenz spiegelte sich im zeitgenössischen Judentum wider. In der Mischna werden die Samariter dem Judentum zugeordnet. Die Pharisäer entwickelten jedoch eine strengere Einstellung zu den Samaritern. Das Johannesevangelium vertritt diese spätere Einstellung in der Aussage, die Juden würden mit Samaritern nicht verkehren (Joh 4,9).

Die Höhlen von Qumran, 14 km südlich von Jericho gelegen, wo 1947 arabische Schafhirten die Handschriften vom Toten Meer entdeckten.

Themen, mit denen sich die Pharisäer befaßten, wie etwa das Ausmaß an Reinigung, das erforderlich wäre, um rituelle Unreinheit zu vermeiden, oder welche Produkte der Erde für den Zehnten steuerpflichtig seien.

Josephus führt an, daß die Pharisäer vom Volk unterstützt wurden und im Gegensatz zur Qumran-Sekte (siehe Spalte rechts) keine exklusive Splittergruppe waren. Im Unterschied zu den Schriftgelehrten ging es ihnen nicht um das passive Studium des Gesetzes, sondern darum, die Menschen zur Befolgung des Gesetzes zu motivierten. Ihr missionarischer Eifer kommt in der Aussage von Matthäus zum Ausdruck, sie zögen „über Land und Meer", um „einen einzigen Menschen für ihren Glauben zu gewinnen" (Mt 23,15).

Ein frommer Pharisäer hob sich vom Volk (*'am ha'aretz*) ab, wie auch aus dem Johannesevangelium hervorgeht: „Dieses Volk jedoch, das vom Gesetz nichts versteht, verflucht ist es" (Joh 7,49). Gemeint waren damit insbesondere die Galiläer (siehe S. 103) und damit auch Jesus und seine Jünger, die die Anweisungen des mündlichen Gesetzes in mancher Hinsicht, etwa Fasten (Lk 5,33) und Waschen (Mt 15,2), nicht befolgten. In jedem Fall wäre es für einen einfachen Bauern oder Handwerker schwierig gewesen, die Anweisungen der Pharisäer im Detail zu befolgen. Daher werfen die Evangelien den Pharisäern vor, den Menschen zu schwere Lasten aufzuerlegen und „Scheinheilige" zu sein, die „nur reden, aber nicht tun, was sie sagen" (Mt 23,3) – eine Anschuldigung, die sich auch in manchen jüdischen Quellentexten wiederfindet. Paulus, ursprünglich selbst ein Pharisäer, nennt sie „die strengste Richtung unserer Religion". (Apg 26,5)

Die Pharisäer hatten viele Anhänger im einfachen Volk. Sie spielten eine entscheidende Rolle beim Überlebenskampf des Judentums nach dem Verlust des Tempels im Jahre 70 n. Chr.

JESUS UND DIE ESSENER

Die Essener waren in ganz Palästina aktiv, weshalb Jesus und seine Anhänger wahrscheinlich Kontakt mit ihnen hatten, wenngleich das Neue Testament dafür keine eindeutigen Hinweis gibt. Ihre Schriften galten als verloren, bis man im Jahre 1947 überraschend in Qumran am Toten Meer die Reste einer Ansiedlung und Schriftrollen – die Handschriften vom Toten Meer – entdeckte. Die meisten Gelehrten setzen die Bewohner von Qumran mit den Essenern gleich.

Diesen Schriftrollen zufolge wurde Qumran von einem „Lehrer der Gerechtigkeit" begründet, der die wahre Interpretation der Schrift offenbare und der das Ende der Geschichte predigte. Es wurde behauptet, daß die Schriftrollen den Lehrer als ermordeten und wiederauferstandenen Messias darstellten und daß er und Jesus ein und dieselbe Person wären. Die Mehrheit der Schriften datiert jedoch aus der Zeit vor dem 1. Jahrhundert n. Chr., weshalb Jesus und seine Jünger nicht gemeint sein können.

Eine plausiblere Theorie ist, daß Jesus (und Johannes der Täufer) in der Gemeinschaft von Qumran lebten, bevor sie zu ihrer eigenen Mission aufbrachen. Die Gemeinschaft von Qumran war, einem Kloster vergleichbar, ein geschlossener Kreis von Eingeweihten, während Jesus und Johannes für das ganze Volk predigten und ihre Zuhörer nicht aufforderten, sich aus der Gesellschaft zurückzuziehen. Die Gemeinschaft von Qumran hielt sich überaus streng an das mosaische Gesetz, während Jesus eine tolerante Haltung zeigte.

Zusammenfassend läßt sich sagen, daß Qumran und Jesus zwei unabhängige Entwicklungen innerhalb des Judentums darstellen, die allerdings aus einem gemeinsamen intellektuellen und theologischen Hintergrund hervorgingen.

GELDWECHSLER UND BANKIERS

Die große Vielfalt an Münzen und anderen Geldeinheiten, die in Palästina in Verwendung war, machte die Dienste von Geldwechslern erforderlich. Sie waren in ganz Palästina anzutreffen, die Evangelien erwähnen aber nur jene, die an den Tischen des Tempelbezirkes saßen, um das Geld der Gläubigen in jene tyrischen Silbermünzen umzuwechseln, die allein als Tempelgaben akzeptiert wurden (siehe S. 110).

Die Evangelisten erwähnen auch Bankiers, die sich wohl kaum von den Geldwechslern unterschieden. Die griechische Bezeichnung *trapezitai* leitet sich von *trapeza* – „Tisch" ab. Das Gleichnis von den Talenten oder Pfunden (Mt 25,14–30; Lk 19,11–27) zeigt, daß die Hauptfunktion der Bankiers der verzinste Verleih von Geld war; der Profit wurde zum Teil den Investoren ausgehändigt (Mt 25,27; Lk 19,23). Das jüdische Gesetz verbot Wucher unter Juden (Ex 22,25; Dtn 23,19), und es wurde als Akt der Barmherzigkeit betrachtet, jemandem Geld zu leihen; man sollte auch nicht erhoffen, es zurückzubekommen (Lk 6,35). Die Evangelien zeigen aber auch, daß Schulden, vor allem für die Bauern, ein verbreitetes Problem waren. Diese Situation spiegelt sich in dem Gleichnis vom unehrlichen Verwalter (Lk 16,1–8) wider.

Silberne Tetradrachmen *(4-Drachmenstükke) aus der Phönikerstadt Tyrus. Tyrische Münzen waren berühmt für die Reinheit ihres Silbergehaltes und die bevorzugte Währung vieler Transaktionen.*

HANDEL UND GEWERBE

Aufgrund seiner geographischen Lage hatte Palästina eine wichtige Mittlerrolle zwischen dem Mittelmeerraum und dem Mittleren Osten. Mehrere Hauptverkehrsstraßen, die von Händlern und Kaufleuten benutzt wurden, verliefen durch Palästina und Transjordanien (siehe Karte gegenüber). In den Evangelien finden sich kaum Hinweise auf diesen internationalen Handel, obwohl bei Matthäus mit dem Kaufmann, der schöne Perlen suchte (Mt 13,45), jemand gemeint sein mußte, der mit dem Import kostbarer Mineralien und Edelsteine befaßt war. Auch die Geschenke, die die Weisen dem Jesuskind darbringen (siehe S. 70), verweisen auf exotische Luxusgüter, die Händler nach Palästina brachten.

Jesus scheint die Hauptstraßen – die gepflasterten römischen Straßen, etwa jene, die Galiläa mit Jerusalem verband – gemieden zu haben. Er und seine Jünger wanderten zu Fuß, wie es bei den ärmeren Klassen üblich war, über Nebenstraßen. Man ritt auch auf Eseln, Pferde werden in den Evangelien nie erwähnt; doch nimmt Jesus auf ein Kamel Bezug (Mt 19,24; 23,24; vgl. Mk 10,25; Lk 18,25). An den Straßen befanden sich Herbergen, wie sie im Bericht Lukas von der Geburt Christi (Lk 2,7) und vom Barmherzigen Samariter (Lk 10,34) erwähnt wurden. Dabei dürfte es sich um Karawansereien gehandelt haben, die Reisenden und ihren Tieren Unterkunft boten. Das Gleichnis vom Barmherzigen Samariter zeigt, daß die Reise durch spärlich besiedelte Gebiete für Alleinreisende gefährlich sein konnte.

Die Evangelien nehmen häufig Bezug auf die vielfältigen Gold-, Silber- und Bronzemünzen, die in Umlauf waren. Neben der kaiserlichen Währung, die im ganzen Reich verwendet wurde, ließen Antipas (siehe S. 105) und Philippus sowie die römischen Präfekten von Judäa, etwa Pilatus (siehe S. 120), Münzen für den Lokalgebrauch prägen. Bedeutende Handelsstädte, wie etwa Tyrus, prägten ebenfalls ihre eigenen Münzen

Der kleine silberne *denarius* war anscheinend die meistverbreitete Münze, vermutlich weil Arbeiter für den Tag einen Denar bekamen (Mt 20,2; „der übliche Tageslohn"). Der Barmherzige Samariter gab dem Wirt zwei Denare, damit er für den Mann sorge, den er gerettet hatte (Lk 10,35). Auch die römischen Steuern wurden mit dem Denar bezahlt. Er trug das Bild und die Aufschrift des Kaisers (siehe Abb. S. 56), wie Jesus feststellte, als man ihn nach der kaiserlichen Steuer befragte (Mt 22,20; Mk 12,16; Lk 20,24).

Auch kleine Bronze- oder Kupfermünzen, die wenig Wert besaßen, waren in Umlauf. Bei Markus sollen die beiden Münzen, die die arme Witwe in den Opferkasten warf, einem Denar entsprochen haben (Mk 12,42). Der Tempel war die vermögendste

Institution in Palästina und das Zentrum eines spezifisch jüdischen Geld- und Steuersystems (siehe S. 28–29).

Münzen waren ein relativ junges Zahlungsmittel, und die Evangelien zeigen, daß das ältere System, bei dem wertvolle Metalle nach Gewicht bewertet wurden, noch existierte. Eine dieser Maßeinheiten war das Talent, das etwa vierunddreißig Kilogramm Silber entsprach. Bei Matthäus gibt der Mann im Gleichnis vom anvertrauten Geld (Mt 25,14–30) seinen Dienern die ungewöhnliche Summe von acht Talenten. Dies ist vermutlich eine Übertreibung mit der Absicht der Verdeutlichung. Die Version von Lukas ist realistischer: Er ersetzt das Talent durch eine „Mine" („Pfund"), die einem Pfund Silber entsprach (Lk 19,12–28).

HÄNDLER UND HANDWERKER

Die Evangelien beschreiben eine vorwiegend landwirtschaftlich orientierte Gesellschaft (siehe S. 42–43). Im übrigen war die Wirtschaft in Palästina von kleinen Handwerkern und Händlern geprägt, die häufig zu Hause arbeiteten oder ihre Waren in den kleinen Läden, die die Marktplätze der Dörfer und Kleinstädte säumten, verkauften. Mit diesen Menschen, auf die die oberen Klassen herabzublicken pflegten, stand Jesus hauptsächlich in Verbindung.

Die Gerber stellten Gegenstände aus Leder, etwa Sandalen, Taschen und Weinbeutel her, die in den Evangelien erwähnt werden. Die Töpfer produzierten Haushaltsgegenstände wie Krüge, Tassen, Teller, Gefäße und Öfen, aber auch kostbarere Gegenstände, etwa jenes Alabastergefäß, aus dem in Betanien Öl über das Haar Jesu gegossen wurde (Mt 26,7; Mk 14,3).

Die Steinmetze waren in den griechisch-römischen Städten und bei großen, öffentlichen Bauwerken tätig, wie dem Tempel, an dem zur Zeit Jesu gebaut wurde. Viele Bauleute verwendeten Lehmziegel, weshalb manche Häuser bei Hochwasser und Flutwellen zusammenstürzten, wie Jesus in einem seiner Gleichnisse erzählt (Mt 7,24–27; Lk 6,47–49).

Jesus und Josef waren Tischler und vermutlich auch mit Bauarbeiten beschäftigt (siehe S. 80–81).

BAUERN UND FISCHER

Palästina war vorwiegend ein Agrarland, was sich in den vielen Metaphern und Bildern des Neuen Testamentes, die auf den Alltag der Bauern Bezug nehmen, widerspiegelt. So symbolisiert das Fällen unfruchtbarer Bäume das Jüngste Gericht (Mt 3,10; Lk 3,9), und das Gleichnis vom Senfkorn versinnbildlicht die Ausbreitung vom Reich Gottes (Mk 4,30–32 par.), um nur zwei Beispiele anzuführen.

Zur Zeit Jesu waren die politischen Verhältnisse in Palästina relativ stabil und die Landwirtschaft einträglich. Jesus spricht bei Lukas von einem Bauern, der so erfolgreich war, daß er seine Scheunen abreißen und größere errichten mußte, um sein Getreide lagern zu können (Lk 12,18). Die Aufteilung des Landbesitzes erfolgte unter den Söhnen der Familie. Lukas

DIE WEINPRODUKTION

Die Weinproduktion, der dritte Eckpfeiler der palästinischen Landwirtschaft, spielt in den Evangelien eine bedeutende Rolle. Die Beschreibung eines Weingartens, die Jesus in dem Gleichnis von den bösen Winzern (Mt 21,33–46; Mk 12,1–12; vgl. Lk 20,9–18) gibt, schildert exakt die zeitgenössische Praxis, so sehr sie auch an das „Lied vom Weinberg“ aus dem Buch Jesaja (Jes 5,1–2) erinnert. Weingärten hatten eine schützende Hecke und einen Wachturm; für die Verarbeitung der Trauben hob man eine Kelter aus. Die Winzer waren geschickte Landarbeiter. Der Gärtner bei Lukas 13,6–9 wußte etwa, daß man den Boden um den unfruchtbaren Feigenbaum herum aufgraben und düngen müsse, um ihn zu retten. Wein war ein verbreitetes Getränk; auch Jesus trank Wein und wurde sogar als Säufer beschimpft (Mt 11,19; Lk 7,34). Er plädierte dafür, daß man zuerst den guten Wein vorsetzen solle (Jh 2,10), und er wußte, daß alte Weinschläuche platzten, wenn sie mit neuem Wein gefüllt wurden (Mt 9,17; Mk 2,22; Lk 5,37).

Im Judentum war der Wein lange ein Symbol für das Volk Israel. Jesus behielt dieses Gleichnis für seine neue Gemeinde bei. Er verglich das Reich Gottes mit einem Weingarten, in dem seine Jünger arbeiten. Das Bild wird vor allem im Johannesevangelium verarbeitet: Jesus ist der wahre Weinstock, sein Vater der Winzer, und seine Jünger die Reben. (Jh 15,1–8)

Dieses Mosiak (5. Jh.) aus einer byzantinischen Kirche am Berg Nebo in Perea (Transjordanien) zeigt die Weinernte und die Verarbeitung der Trauben.

Die fruchtbare Landschaft am Ufer des Galiläischen Meeres bei Betsaida.

berichtet, wie Jesus gebeten wurde, einen Erbstreit unter Brüdern zu schlichten (Lk 12,13). Die Steuerlast und schlechte Ernten führten dazu, daß viele ihre Bauernhäuser verloren. Manche waren gezwungen, ihren Besitz an reiche Aristokraten zu verkaufen und Pächter zu werden. Dem oft abwesenden Gutsherrn mußte eine Pacht in Form von Naturalien bezahlt werden – eine Situation, die im Gleichnis vom klugen Verwalter (Lukas 16) geschildert wird. Oder die Menschen waren wie im Gleichnis vom gütigen Gutsbesitzer (Mt 20,1–16) gezwungen, sich als Tagelöhner durchzuschlagen, die jeden Morgen am Marktplatz der Stadt auf Arbeit warten mußten. Viele mußten sich als Sklaven verdingen – der griechische Ausdruck in den Evangelien, der meist als „Diener" übersetzt wird, bezeichnet genau genommen einen vertraglich verpflichteten Sklaven.

Die Bauern in Palästina kultivierten hauptsächlich drei Fruchtarten: Getreide, Oliven und Weinstöcke (siehe Kasten gegenüber). Weizen war das wichtigste Nahrungsmittel und Erntegut. Auch Gerste, die in den Evangelien nur einmal im Gleichnis von der Speisung der Fünftausend (Joh 6,9–13) erwähnt wird, wurde in geringerem Ausmaß kultiviert.

Ende Oktober oder Anfang November, wenn die ersten Regenfälle (siehe Spalte rechts) den Boden nach dem heißen Sommer aufgeweicht hatten, wurde gepflügt und gesät. Wassermangel war ein großes Problem, die Bauern verstanden sich auf die Deutung des Himmels, der Regen oder Dürre versprach (vgl. Mt 16,2–3). Die Saat wurde von Hand ausgebracht, wie das Gleichnis vom Sämann zeigt (Mk 4,3–9; 13–20), davor oder danach wurde umgepflügt. Geerntet wurde im Mai oder Juni mit Hilfe von Sicheln. Nach dem Dreschen, bei dem die Halme entfernt wurden, wurden die Weizenähren in der Luft geschwungen. Der Wind trennte die Spreu vom

DAS KLIMA IN PALÄSTINA

Palästina hat in weiten Teilen subtropisches Klima mit heißen, trockenen Sommern und milden, feuchten Wintern. Es gibt zwei Regenzeiten, „den Regen im Herbst und jenen im Frühjahr." (Dtn 11,14) Ersterer, der im Oktober einsetzt und bis März auftreten kann, bringt bisweilen schwere Regenfälle. In dieser Zeit wird der Boden umgeackert und besät. Die zweite Regenzeit im April bringt leichtere Regenfälle, die späte Ernten reifen lassen. Regen gibt es, wenn im Westen Wolken aufsteigen (Lk 12,54). Die Regenfälle blieben manchmal aus, und Wasser war bisweilen rar. Zur Zeit Jesu war es Brauch, einem Gast ein Glas Wasser oder eine Wasserschüssel zum Waschen der staubigen Füße anzubieten.

Die heiße, trockene Luft hingegen kommt mit dem Südwind aus der Wüste (Lk 12,55). Die Sommer sind sehr heiß (Mt 20,12), das übrige Jahr hinweg kann es auch frostig werden, vor allem bei Nacht im Gebirge, wo es mitunter sogar schneit.

OBEN: *Eine alte Olivenpresse in Tabgha (früher Heptapegon) in der Nähe von Kafarnaum.*

RECHTS: *Olivenhain in Nordisrael in der Nähe des Berges Hermon.*

Weizen, der dann in der Tenne gereinigt und in einem Getreidespeicher gelagert wurde. Die Spreu wurde verbrannt, wie Johannes der Täufer ausführlich beschreibt (Mt 3,12; Lk 3,17). Vor der Lagerung wurde der Weizen gesiebt, um Verunreinigungen, wie kleine Steine, zu entfernen – ein Vorgang, auf den Jesus anspielt, als er Simon Petrus warnt, daß der Satan die Jünger „wie Weizen“ sieben würde (Lk 22,31). Schließlich wurde der Weizen mit Hilfe großer Mühlsteine zu Mehl vermahlen; diese Tätigkeit wurde meist von Frauen durchgeführt (Mt 24,41).

Das wichtigste Nahrungsmittel neben dem Weizen war die Olive. Das Olivenöl aus Palästina, das in den Evangelien mehrmals erwähnt wird, war bekannt für seine Qualität und diente als eines der Hauptexportgüter. Es wurde vielseitig im Haushalt verwendet – als Lampenöl, wie etwa im Gleichnis von den zehn Jungfrauen (Mt 25,1–13), und zu Heilzwecken (Mk 6,13; Lk 10,34). Getsemani („Ölkelter“) war ein Garten am Fuße des Ölberges, der, wie sein Name verrät, mit Olivenbäumen bepflanzt war.

DAS FISCHEN

Jesus war mit der Fischerei gut vertraut. Sie war ein zentraler Faktor der Wirtschaft Galiläas. Es war eine einträgliche Tätigkeit, und die Fischer unter den Jüngern Jesu waren vermögende Männer, die im Familienverband arbeiteten, mehrere Schiffe besaßen und Arbeitskräfte beschäftigten. Man entdeckte die Reste eines galiläischen Fischerbootes aus dem 1. Jahrhundert n. Chr. Es hat ein abgerundetes Heck, wie jenes vielleicht, auf dem sich Jesus bei seinen Fahrten über den See (Mk 4,38) ausgeruht hat.

Die Evangelien erwähnen drei Formen der Fischerei. Eine Methode bestand darin, ein kleines Netz vom Ufer aus in das Wasser zu werfen – bei dieser Tätigkeit wurden die Brüder Simon und Andreas von Jesu berufen. Die Fische wurden auch mit Haken und Schnur geangelt, wie in der Erzählung von Petrus erwähnt wird, der einen Fisch mit einer Münze für die Tempelsteuer im Maul fing. Größere Netze wurden von den Booten aus in tieferes Wasser ausgeworfen und an Bord oder auch an Land gezogen, wenn der Fang zu schwer war.

Die ersten Jünger Jesu waren Fischer, und die Evangelien verwenden immer wieder die Symbolik dieses Berufes. Im Matthausevangelium (Mt 13,47–50) wird das Schleppnetz mit dem Himmelreich gleichgesetzt, in dem sich Menschen aller Art sammeln. Der Fang wird sortiert, die „guten" Fische werden ausgelesen, die „schlechten" aber weggeworfen - ein Symbol für das Jüngste Gericht. Johannes 21,11 berichtet von einem großen Fang von hundertdreiundfünfzig Fischen. Griechische Zoologen der Antike behaupteten, daß genauso viele Fischarten existierten, weshalb der Fang als stellvertretend für die gesamte Menschheit gesehen werden kann.

Johannes siedelt die Geschichte vom großen Fischfang nach der Auferstehung an, bei Lukas findet sie jedoch zu Beginn von Jesu Wirken statt und veranlaßt ihn, zu seinen fischenden Jüngern zu sagen, daß sie von jetzt an Menschen fangen würden (Lk 5,10–11). Lukas beschreibt, das Netz sei so voll gewesen, daß es zu reißen drohte. Johannes bemerkt treffend, daß das Netz ganz blieb, was die wunderbare Natur des Fanges unterstreicht (Jh 21,11).

Mit der Entwicklung des Christentums wurde der Fisch ein Symbol der Eucharistie. Dies könnte auf die Erzählungen von der Speisung der Fünftausend zurückgehen (siehe S. 98–89).

Der wunderbare Fischfang *von Konrad Witz (1400–1447). Das Bild illustriert die Episode, als Jesus seine Jünger zu ihrem Erstaunen anweist, ihr Netz auf der rechten Seite des Bootes auszuwerfen, und dieses plötzlich voller Fische war. Petrus versucht das Netz einzuziehen, um dann zu Jesu zu schwimmen, der am Ufer steht (Joh 21).*

HEIRAT UND FAMILIE

Zur Zeit Jesu war die Ehe für Juden praktisch verpflichtend. Die Bibel berichtet zwar von einigen Stammvätern Israels, die polygam waren, doch zu Lebzeiten Jesu war die monogame Familie die gesellschaftliche Norm. Die Ehe war im wesentlichen ein Vertrag zwischen zwei Individuen, der von den Eltern initiiert wurde. Die wichtigste Phase war die Verlobung, bei der der Bräutigam ein Dokument, die sogenannte Kétuba, unterzeichnete, in dem er seiner Braut für den Fall seines Todes oder einer Scheidung eine Geldsumme zusicherte. Durch die Verlobung trat die Frau in die Obhut des Mannes; die Ehe durfte jedoch nicht vollzogen werden, bevor sie in das Haus ihres Gemahls übersiedelte. Untreue von seiten der Frau während der Brautzeit wurde als Ehebruch und Grund für die Annullierung des Verlobungsvertrages betrachtet – vor diese Situation sah sich Josef gestellt, als Maria in der Brautzeit des Paares ein Kind erwartete (Mt 1,18).

Nach angemessener Zeit wurde die Braut in das Haus des Gatten geholt, wie auch Josef Maria als seine Frau zu sich nahm, nachdem der Engel seine Ängste beschwichtigt hatte. Zu diesem Anlaß fand ein prächtiges Hochzeitsfest statt, wie jenes, das Jesus in Kana (Joh 2) besuchte.

Die Hochzeit zu Kana, *von Paolo Veronese (ca. 1528–1588). Jesus und seine Mutter sitzen im Zentrum inmitten der Jünger; der Diener (in Weiß, rechts im Vordergrund) kostet das Wasser, das Jesus wunderbarerweise in Wein verwandelt hat (Joh 2,9).*

DIE STELLUNG DER FRAU

Münze zum Sieg über den jüdischen Aufstand. „Das gefangene Judäa" wird als trauernde jüdische Witwe dargestellt.

Frauen waren in der jüdischen Gesellschaft größtenteils auf das Haus beschränkt, hatten dort jedoch eine zentrale Stellung, da sie die für die Hauswirtschaft verantwortlichen Personen waren. Jesus spricht bisweilen die Tätigkeiten der Frauen in der Familie an, wie etwa Backen (Mt 13,33; Lk 13,21) und Mehl durchsäuern (Mt 13,33; Lk 13,21). Marta, „die sich viele Sorgen und Mühen macht", verkörpert die typische vielbeschäftigte Hausfrau (Lk 10,40).

Eine Frau besaß Rechte, die ihr Mann respektieren mußte; dazu zählte auch das Recht auf eigenen Besitz. Frauen wurden jedoch vor allem als Mütter geehrt. Eine kinderlose Frau wurde normalerweise mit Verachtung oder Mitleid bedacht, und es war ein Zeichen besonderer göttlicher Gunst, daß die unfruchtbare Elisabet schwanger wurde, als sie schon in vorgerücktem Alter war (Lk 1). Die trostlose Situation einer Witwe wurde durch ein Gesetz erleichtert: „Wenn ein Mann, der einen Bruder hat, stirbt und eine Frau hinterläßt, aber kein Kind, dann soll sein Bruder die Frau heiraten." (Mk 12,19) Wenn ein Mann die geschiedene Frau seines Bruders zu Lebzeiten des Bruders ehelichte, wurde dies als Inzest betrachtet; dies erklärt, warum Johannes die Ehe von Antipas und Herodias, der ehemaligen Frau dessen Bruders, ablehnte (Mk 6,17–18 par.).

Frauen waren von vielen religiösen Verpflichtungen ausgenommen, gingen jedoch zur Anbetung in den Tempel (siehe S. 20). Apostelgeschichte und Paulusbriefe bezeugen eine zuweilen starke Rolle der Frau, vor allem in der Diaspora.

Angesichts der großen Bedeutung der Ehe im Judentum ist es interessant, daß die Evangelien nicht erwähnen, ob Jesus verheiratet war. Man vermutet, daß die Hochzeit zu Kana seine eigene Hochzeit war, Beweise dafür gibt es jedoch nicht. Der Bräutigam wurde am Abend in einer Prozession von jungen Frauen zum Fest geleitet, wie es im Gleichnis von den zehn Jungfrauen (Mt 25,1–13) beschrieben wird. Im ehelichen Heim wurde sodann die Vereinigung vollzogen; Matthäus weist jedoch darauf hin, daß Josef und Maria bis nach der Geburt von Jesus keine sexuellen Beziehungen unterhielten (Mt 1,24–25).

Die Scheidung war theoretisch unkompliziert (siehe Spalte rechts), kam jedoch eher selten vor. Die Rabbiner rieten davon ab und priesen den Segen der Ehe, deren Krönung die Kinder wären. Von den Knaben und Mädchen wurde erwartet, daß sie den Eltern gehorchten. Lukas erwähnt den Ungehorsam Jesu gegenüber seinen Eltern (Lk 2,51); Jesus selbst wiederholt immer wieder das Gebot, Vater und Mutter zu ehren (Mk 7,10 par.).

Der Vater war der unumstrittene Haushaltsvorstand. Die Ketubbah verpflichtete ihn, für seine Familie zu sorgen. Darauf bezieht sich Jesus mit seinen Worten: „Oder ist einer unter euch, der seinem Sohn einen Stein gibt, wenn er um Brot bittet?" (Mt 7,9–10) Der älteste Sohne hatte eine Sonderstellung, er bekam das doppelte Erbteil und wurde nach dem Tod des Vaters Familienvorstand. Da Jesus am Kreuz für seine Mutter vorsorgte (Joh 19,26–27), muß sie bereits Witwe gewesen sein.

SCHEIDUNG

Genau genommen mußte nach dem jüdischen Gesetz der Ehemann die Scheidung initiieren, wie aus einer Frage, die die Pharisäer an Jesus stellten, hervorgeht: „Darf ein Mann seine Frau aus der Ehe entlassen?" (Mk 10,2; Mt 19,3) Ein Mann konnte seiner Frau, wenn sie ihm aus irgendwelchen Gründen nicht mehr gefiel, eine Scheidungsurkunde ausstellen, die bestätigte, daß er keine weiteren Rechte auf sie hatte (Dtn 24,1–4).

Doch auch eine Frau konnte durch eine besondere Auslegung des Gesetzes die Ehe beenden, wie Jesus indirekt erklärte (Mk 10,12). Sie konnte das Gericht bitten, ihren Mann zu zwingen, ihr die Scheidung anzutragen, wodurch das biblische Gesetz nicht gebrochen würde. Die Differenzen zwischen den Pharisäern und Jesus über die Scheidung scheinen die Debatte über dieses Themas im 1. Jahrhundert widerzuspiegeln. Die Schule des Lehrers Hillel hielt sich an das Deuteronomium, die Anhänger von Schammai hingegen vertraten die Position Jesu, daß eine Frau nur wegen Unkeuschheit geschieden werden könne.

DIE SPRACHEN PALÄSTINAS

Das Palästina des 1. Jahrhunderts beherbergte viele Sprachen. Aramäisch, eine semitische Sprache, die dem Hebräischen verwandt ist, war in allen sozialen Schichten die Umgangssprache. Es wurde ursprünglich von den aramäischen Stämmen im nördlichen „Aram“ gesprochen, wie Teile des alten Syriens und Nordmesopotamiens bezeichnet wurden. Diese Stämme wurden von den Assyrern erobert, die die aramäischen Schriften in die kaiserliche Amtssprache einbrachten. Das Aramäische wurde in der Folge eine offizielle Sprache des assyrischen Staates und des Perserreiches.

Später verdrängte das Aramäische die Muttersprache verschiedener Völker und entwickelte sich rasch zur Umgangssprache, die sich in ganz Syrien und Palästina etablierte. Jüdische Exilanten, die im 6. Jahrhundert v. Chr. aus Babylon zurückkehrten, übernahmen das Aramäische statt des Hebräischen (siehe Spalte links), da diese Sprache von den meisten Menschen ihrer Heimat verstanden wurde.

In Anbetracht dieser Umstände war die Muttersprache Jesu mit großer Wahrscheinlichkeit das Aramäische. Die Evangelien schreiben ihm eine Reihe von aramäischen Ausdrücken zu, wie etwa *„Talita cum“* („Mädchen, steh auf!“) (Mk 5,41) und vermutlich auch *„Effata“* („Öffne Dich!“) (Mk 7,34). Die Version der Worte Jesu am Kreuz bei Markus – *„Eloi, eloi, lema sabachthani“* („Mein Gott, mein Gott, warum hast du mich verlassen?“) (Mk 15,34) – entsprechen dem Anfang des Psalmes 22, der in aramäischer Sprache und nicht in biblischem Hebräisch geschrieben wurde. Dies könnte anzeigen, daß Jesus sein Wissen von den aramäischen Übertragungen (Targums) der Schriftlesungen aus den Synagogen bezog, die für Versammlungen gedacht waren, die kein Hebräisch mehr verstanden.

Die Evangelien enthalten auch aramäische Ortsnamen wie Golgota („Schädelstätte“) und Getsemani („Ölkelter“); die aramäische Silbe *bar* („Sohn des“) kommt in Eigennamen, wie etwa in Bartholomäus, Barti-

DAS ÜBERLEBEN DES HEBRÄISCHEN
Zwar war das Aramäische als Umgangssprache Palästinas und auch in Galiläa vorherrschend, doch wäre es falsch anzunehmen, daß das Hebräische als Mundart verschwand. Rabbinische Quellen weisen darauf hin, daß das Volk hebräisch sprach; die meisten wissen auch nicht, daß das Hebräische der Mischna, jene mündlichen jüdischen Gesetzesüberlieferungen und Traditionen, die erstmals 200 n. Chr. schriftlich festgehalten wurden, nicht, wie man glaubte, von Gelehrten ersonnen wurde, sondern eine lebende Sprache war, die sich in den letzten Jahrhunderten v. Chr. entwickelt hatte. Die Vielfalt des Hebräischen geht auch aus den Qumran-Schriftrollen sowie aus Briefen und anderen Dokumenten aus der Zeit des zweiten Jüdischen Krieges (132–135 n. Chr) hervor.

Die Hinweise sind überzeugend, daß zur Zeit Jesu das Hebräische in den südlichen Regionen Palästinas nach wie vor gesprochen wurde. Wahrscheinlich konnte Jesus selbst etwas Hebräisch oder sprach es zumindest bei manchen seiner Besuche in Judäa. Wenn Jesus Gott mit *„Abba“* (Vater) anspricht, ein Wort, das allmählich von den frühen christlichen Gemeinschaften übernommen wurde (Röm 8,15; Gal 4,6), oder die Redewendung „Effata“ (siehe Haupttext) verwendet, könnte er sowohl Hebräisch als auch Aramäisch gesprochen haben, da die beiden Sprachen nahe verwandt waren. Bei Matthäus spricht Jesus die Worte am Kreuz, *„Eloi, eloi, lema sabachthani“* (Mt 27,46), teilweise in Hebräisch und teilweise in Aramäisch (siehe S. 126).

Der Name „Jesus“ ist die lateinische Form des griechischen Iesous, der wiederum dem verbreiteten jüdischen Namen Yeshu oder Yeshua entspricht. In hebräischen Buchstaben steht dieser Name auf einer Urne aus dem späten 1. Jahrhundert n. Chr. („YSHWA“ von rechts nach links gelesen).

DAS GRIECHISCHE

Infolge der Eroberungen von Alexander dem Großen im 4. Jahrhundert v. Chr. war das Griechische im Nahen Osten (siehe S. 22) weit verbreitet. Herodes der Große und seine Nachfolger förderten den Gebrauch der Sprache in Palästina, vor allem in Jerusalem. In der Stadt stand eine Synagoge für griechischsprechende Juden, auch zahlreiche Inschriften verraten, wie stark verbreitet die Verwendung des Griechischen war.

Das Griechische, das in dieser Periode gesprochen wurde, war nicht das klassische Griechisch, sondern eine einfachere Umgangssprache, die sogenannte *Koine* („Gemeinsprache"). Das Neue Testament ist im wesentlichen in *Koine* verfaßt, und wenn man den Evangelien Glauben schenkt, war Jesus dieser Sprache mächtig. Er unterhielt sich mit fremden Beamten, die mit großer Sicherheit Griechisch sprachen, wie mit Pilatus und dem Zöllner von Kafarnaum sowie mit einer Syrophönizierin, die Markus als „Griechin" bezeichnet (Mk 7,26; wörtlich „Heidin").

Für einen Handwerker wie Jesus wäre das Griechische im Umgang mit der gemischten Bevölkerung Galiläas nützlich gewesen. Viele griechische Wörter gingen in das Aramäische ein, und man unterhielt sich unbekümmert in einem gemischten Idiom aus beiden Sprachen. Wenn man von der größeren Wahrscheinlichkeit ausgeht, daß die Hauptsprache Jesu Aramäisch war, bleibt fraglich, ob er zweisprachig war oder, wie manche meinen, sogar Griechisch lehrte.

Die Kreuzigung, *Französische Schule, ca. 1452. Die Inschrift am Kreuz (siehe S. 182) ist in Griechisch, Latein und, den Evangelien zufolge, auch in Hebräisch verfaßt, wenngleich damit wahrscheinlich das Aramäische gemeint ist.*

mäus, Barabbas und Barjona (Mt 16,17), häufiger vor als das hebräische *ben*. Jesus wurde vermutlich in seiner Muttersprache als Yeshua bar Y(eh)oseph („Jesus, Sohn des Josef") bezeichnet. Er und seine Jünger sprachen vermutlich den aramäischen Dialekt von Galiläa, der sich von der Mundart Jerusalems unterschied, wie das Matthäusevangelium berichtet (Mt 26,73). Aus den Schriften der Rabbiner geht hervor, daß die Galiläer gutturale Konsonanten nicht korrekt aussprechen konnten.

Manche Gelehrte versuchten, aus dem Griechisch der Evangelien (siehe Spalte oben) die ursprünglichen aramäischen Worte Jesu zu eruieren. Es wurde sogar vermutet, daß eine aramäische Sammlung seiner Aussagen existierte, die eine Frühform der hypothetischen schriftlichen „Quelle Q" (siehe S. 57) gewesen sein könnte. Während solche Versuche mit Vorbehalt zu betrachten sind, sind manche Passagen der Evangelien plausibel zu erläutern, wenn man das aramäische Substrat rekonstruiert. Dies gelingt am besten bei den Worten Jesu. Viele seiner Aussagen nehmen, wenn sie aus dem Griechischen in das Aramäische zurückgeführt werden, typische Formen semitischer Poesie an, die sich durch Wortspiele, Parallelismen, Alliterationen und Assonanzen auszeichneten.

IC
XC

DAS LEBEN

Christus Pantokrator („Allherrscher"), *eines der Mosaike aus dem 14. Jahrhundert in der byzantinischen Kirche St. Savior in Chora (heute Kariye Camii Moschee) in Istanbul, die das Leben Christi zeigen. Umgeben von den Patriarchen Israels, den Propheten und Königen, wird Jesus als Überbringer des neuen Gesetzes dargestellt, das er in seiner linken Hand hält.*

WAS IST EIN „EVANGELIUM“?

„TEXTKRITIK“
In den letzten Jahren hat die „Textkritik“ die Ansicht der Formkritiker (siehe Haupttext) widerlegt, daß die Evangelien in erster Linie Sammlungen von vorliegenden Materialfragmenten wären. Die Textkritiker betrachten die Evangelien vielmehr als vereinheitlichte Werke einzelner Autoren, denen jeweils eigene Absichen und Annahmen zugrunde lagen. Den Textkritikern zufolge sind die Evangelien in der alten Tradition der Biographien zu betrachten. Es gibt Biographien in den hebräischen Schriften (z. B. das Leben Mose), und diese jüdische Literatur inspirierte auch andere Biographien von Propheten. Die Schriften der Rabbiner (ca. 1.–7. Jh. n. Chr.) entprechen zwar in keiner Weise den Arbeiten der Evangelisten, die Geschichten über einzelne Lehrer in diesen Texten ähneln aber in Form und Inhalt jenen der Evangelien.

Das Wort „Evangelium“ stammt aus dem Griechischen und bedeutet wörtlich „gute Botschaft“. In diesem Sinne war der Ausdruck auch im säkularen Wortschatz der griechisch-römischen Welt gebräuchlich, im Neuen Testament nahm das Wort eine spezifisch christliche Bedeutung an und bezeichnete die Geschichte Jesu und seiner Lehre. Für Paulus bedeutet die „Frohbotschaft“ in erster Linie die Erlösung, die Jesus durch seinen Tod und die Auferstehung brachte. In den vier als Evangelien bekannten Büchern ist es die Verkündigung, daß durch Jesus das Reich Gottes kommen werde.

Bis zum Beginn des 20. Jahrhunderts wurden die vier Evangelien des christlichen Kanons (siehe Kasten gegenüber) hauptsächlich als Biographien interpretiert, eine Auffassung, die auf die Schriften des Iustinus Martyr (ca. 155 n. Chr.) zurückgeht. Zwar hielt man es immer wieder für möglich, aus den Aussagen der Evangelien das „Leben“ Jesu zu rekonstruieren, doch wichen die einzelnen Darstellungen stark voneinander ab.

Ab 1920 veränderte die Denkschule der sogenannten „Formkritik“ das Konzept von den Evangelien als Biographie und stellte sie statt dessen als fiktive Literatur ohne realen Hintergrund dar. Man betonte, daß die Überlieferungen über das Leben und die Lehre Jesu vor Erscheinen der ersten schriftlichen Evangelien vermutlich mündlich in kleinen Anekdoten weitergegeben worden seien, die den Bedürfnissen der jeweiligen Hörerschaft angepaßt wurden. Jeder Evangelist fügte diese Fragmente auf eine Weise zusammen, die seine eigene theologische Interpretation der Botschaft Jesu reflektierte, weshalb die Evangelien nicht als chronologisch exakte Biogra-

Der Hl. Paulus beim Predigen, *aus einer in Frankreich 843–851 n. Chr. hergestellten Bibel. Vor der Niederschrift der Evangelien wurden die Lehren Jesu von den Aposteln und anderen mündlich weitergegeben.*

DIE EVANGELIEN IM SCHRIFTENKANON

Der griechische Ausdruck „Kanon" bedeutet „Maßstab" und bezeichnet eine Sammlung von Schriften, die die Kirche als maßgeblich ansieht. Der erste Kanon, der dem Neuen Testament, wie wir es kennen, exakt entspricht, wurde 367 n. Chr. erstellt, nachdem verschiedene Schriften im Verlauf von etwa drei Jahrhunderten in der christlichen Gemeinschaft allmählich Gültigkeit erlangt hatten.

Die vier Evangelien wurden erstmals gegen Ende des 2. Jahrhunderts n. Chr. als eigene Gruppe unterschieden. Damals waren zahlreiche weitere Evangelien in Umlauf, darunter das Thomasevangelium (siehe Kasten S. 59) und drei jüdisch-christliche Schriften (siehe Kasten S. 173).

Die Frage, warum nur Matthäus, Markus, Lukas und Johannes kanonischen Status erhielten, ist nicht leicht zu beantworten, aber das muratorische Fragment (spätes 2. Jahrhundert n. Chr.), welches den frühesten „kanonische Entwurf" des Neuen Testamentes darstellt, nennt zwei wesentliche Gründe. Erstens würden diese vier Evangelien trotz ihrer Unterschiede im wesentlichen dieselbe Darstellung vom Leben Jesu wiedergeben. Zweitens handle es sich um die am frühesten geschriebenen Evangelien, deren Autoren vermutlich Kontakt mit den ersten Anhängern Jesu hatten.

Es mag auch eine Rolle gespielt haben, daß nur diese vier Texte mit dem sich entwickelnden Konsens über den wahren Glauben übereinstimmten.

Thronender Christus *in der Kirche Sant' Angelo in Formis, Capua, Italien. Die vier Gestalten links und rechts von Jesus symbolisieren die Evangelisten, mit denen sie in der Offenbarung 4,7–8 und bei Ezechiel 1,5–14 verglichen wurden.*

phie des historischen Jesu gelten könnten. In vieler Hinsicht ist die Arbeit der Formkritiker von bleibendem Wert, insbesondere was ihre Klärung einzelner Episoden und Lehren anbelangt. Die meisten Forscher stimmen jedoch heute überein, daß die Formkritiker der Neigung der frühen christlichen Gemeinschaften, die Tradition zu modifizieren, um sie ihren Bedürfnissen anzupassen, zu starke Bedeutung beimessen. Auch ihre Skepsis bezüglich der Möglichkeit, ein authentisches Bild des historischen Jesu zu gewinnen, scheint nicht gerechtfertigt.

Die Evangelien können sicherlich mit den jüdischen Schriften (siehe Spalte gegenüber) verglichen werden, aber am aufschlußreichsten ist der Vergleich mit der griechisch-römischen Literaturgattung der antiken Biographie, in der Autoren den Lebensweg von Zeitgenossen mit polemischer oder apologetischer Absicht, wie es auch die Evangelisten taten, erzählten.

Ungeachtet der literarischen Gattung, der die Evangelien zuzuordnen sind, ist es letztendlich ihre Absicht, die „Frohbotschaft" der Erlösung zu verkünden, was die Besonderheit dieser Texte ausmacht.

DIE VIER EVANGELISTEN

DIE URSPRÜNGE DES EVANGELIUMS NACH MARKUS

Einer frühen Überlieferung zufolge wurde das Markusevangelium in Rom verfaßt; eine Annahme, die davon ausgeht, daß der Autor mit Simon Petrus (siehe Haupttext) in Verbindung war. Diese Behauptung wird durch das Vorhandensein einiger lateinischer Ausdrücke im Evangelium untermauert, wobei diese Worte (wie etwa *quadrans*, der Name einer Münze) aber im ganzen römischen Reich bekannt waren.

Der allgemein akzeptierte früheste Zeitpunkt der Niederschrift um das Jahr 65 n. Chr. basiert auf der Aussage des Geistlichen Irenäus aus dem späten 2. Jahrhundert: Markus habe nach dem Tod von Petrus zu schreiben begonnen, der sich während der Verfolgung unter Kaiser Nero etwa 65 n. Chr. zutrug. Die Argumente für einen späteren Zeitpunkt sind gewichtiger. Das Kapitel über die Apokalypse (Mk 13) enthält eine rätselhafte Aussage (Mk 13,14), die generell als eine Bezugnahme auf die Zerstörung von Jerusalem durch die Römer im Jahre 70 n. Chr. während des ersten jüdischen Krieges (66–70 n. Chr.) gedeutet wird. In diesem Falle wäre das Evangelium während der Belagerung der Stadt oder kurz danach verfaßt worden.

Das älteste Evangelium wird in der Forschung zumeist Markus zugeschrieben (siehe Spalte links). Wie alle Evangelien, vielleicht mit der Ausnahme von Johannes, gibt das Werk selbst keine Hinweise auf die Identität des Autors. Als erster ordnete der Geistliche Papias (ca. 130 n. Chr.) den Text einer Person namens Markus zu. Er behauptete, daß er diese Information von einem Unbekannten, der „der Ältere" genannt wurde, bekommen habe. Der Name Markus (lateinisch *Marcus*, griechisch *Markos*) war in der Antike weit verbreitet, doch die meisten Gelehrten glauben, daß Papias den im Neuen Testament mehrmals erwähnten Johannes Markus meinte (Apg 12,12. 25). Johannes Markus war eine Nebenperson – Papias merkt an, daß der Evangelist Jesus nicht persönlich kannte –, was für die Authentizität seiner Autorenschaft spricht. Wenn er nicht tatsächlich der Autor wäre, hätte man das Evangelium vermutlich einer bekannteren Person zugeschrieben.

In der Geschichte des Christentums wurde das Markusevangelium oft als verkürzte Version des Evangeliums nach Matthäus (siehe S. 53) angesehen. Es wurde als relativ einfacher, verläßlicher Bericht über Leben und Wirken des historischen Jesu bewertet, der auf den Erinnerungen des Apostels Petrus basiere. Papias behauptete, Markus sei der Interpret von Petrus gewesen. Heute wird diese Verbindung jedoch von vielen Kritikern mit dem Hinweis, daß der Evangelist Johannes Markus meist mit dem Apostel Paulus und nicht mit Petrus in Verbindung gebracht wurde, abgelehnt. Andererseits wird in dem ersten Brief von Petrus auf „meinen Sohn Markus" Bezug genommen (1 Pt 5,13), und die Apostelgeschichte berichtet, daß Petrus nach seiner Befreiung aus dem Gefängnis zum Hause der Mutter von Johannes Markus ging (Apg 12,12).

Die Ruinen des antiken Forum Romanum. Einer frühen christlichen Überlieferung zufolge begleitete der Evangelist Markus den Apostel Paulus in die kaiserliche Hauptstadt und verfaßte dort das Evangelium.

MATTHÄUS: DAS „JÜDISCHE" EVANGELIUM

Das lange Zeit als das älteste der vier Evangelien geltende Matthäusevangelium bringt die Auffassung der jüdischen Christenheit (siehe S. 172–173) zum Ausdruck und behandelt ausführlich die Beziehung Jesu zum Judentum. Es ist in griechischer Sprache verfaßt, könnte aber aus hebräischen und aramäischen Vorlagen geschöpft haben. Wenn die Erwähnung einer Stadt in Schutt und Asche bei Mt 22,7 auf die Plünderung Jerusalems durch die Römer anspielt, müßte die Endfassung aus der Zeit nach 70 n. Chr. stammen.

Die traditionelle Zuschreibung des Evangeliums an den Apostel Matthäus ist nicht belegt, obwohl das Werk ihm besondere Aufmerksamkeit widmet und als einziges Evangelium von seiner Berufung und seinem Beruf als Zöllner berichtet. Einer Theorie zufolge könnte der Evangelist einer jüdisch-christlichen Kirche angehört haben, die von Matthäus in Antiochia in Syrien begründet wurde.

Obwohl die Geschichte im wesentlichen die Laufbahn Jesu von der Empfängnis bis zur Auferstehung nachzeichnet, ist die Lehre bei Matthäus maßgebend, vor allem in den fünf großen Predigten. Vieles deutet darauf hin, daß der Autor ein gebildeter Schreiber war. Die Form etwa, wie die hebräische Bibel zitiert wird, erinnert an die Qumran-Texte, während die Bergpredigt (Mt 5–7) Parallelen zu dem rabbinischen Verfahren aufweist, ein biblisches Gebot an die Umstände anzupassen. Die Polemik gegen die Pharisäer ist bei Matthäus am stärksten ausgeprägt, vielleicht eine Attacke gegen jüdische Lehrer, die die Autorität Jesu nicht akzeptierten.

Der Evangelist Matthäus, *aus einem Evangelienbuch, das etwa 1020 in England entstand. Sein traditionelles Symbol, die Gestalt eines Mannes oder eines Engels, erscheint oben rechts.*

Erst im 19. Jahrhundert beschäftigte man sich eingehend mit dem Markusevangelium und erkannte, daß es tatsächlich das erste Evangelium war, an das sich sowohl Matthäus als auch Lukas anlehnten. Die „Formkritik" (siehe S. 50–51) behauptete, daß das Markusevangelium nicht das Material eines einzelnen Augenzeugen, sondern aus kleinen Erzähleinheiten zusammengesetzt sei, die in der frühen Kirche tradiert wurden.

Das Evangelium nach Lukas ist in vielerlei Hinsicht herausragend; nicht zuletzt, weil es der erste Teil eines zweibändigen Werkes ist, dessen zweiter Teil die Apostelgeschichte beinhaltet. Die einleitenden Worte sind als Vorwort für beide Bücher konzipiert, in denen Lukas die Geschichte Jesu als Teil einer Gesamtschau der ganzen Menschheitsgeschichte in mehreren Abschnitten präsentiert: der Epoche Israel, der Epoche Jesu (von der Taufe bis zur Himmelfahrt) und der Epoche der Kirche, die die Wiederkehr des Herrn erwartet. Das Evangelium ist weniger eine Biographie als ein Werk,

Der Hl. Lukas, *aus den MacDurnan-Evangelien, die in Armagh, Irland, entstanden. Der Evangelist hält ein Buch in der einen und einen Bischofsstab in der anderen Hand. Er hat Hufe anstelle von Füßen, eine Anspielung an sein Symboltier, ein Kalb oder ein Ochse (siehe Abb. S. 51).*

das dem hellenistischen Genre der Geschichtsbücher zuzurechnen ist. Lukas vermeidet den Ausdruck „Evangelium" (*euangelion*) und definiert sein Werk als eine Erzählung in chronologischer Reihenfolge. Das in geschliffenem klassischem Griechisch verfaßte Vorwort entspricht der in hellenistischen Geschichtsbüchern üblichen Einleitung, indem der Autor behauptet, den vielen schriftlichen Vorlagen genau nachgegangen zu sein, um eine eigene, historisch zuverlässige Darstellung geben zu können.

Für Lukas waren das Leben Jesu und die Ausbreitung der Kirche keine Geschehnisse, die sich im Geheimen oder „in irgendeinem Winkel" zugetragen hätten, um mit Paulus in Apg 26,26 zu sprechen. Um dies zu betonen, synchronisiert Lukas das Leben Jesu an Schlüsselstellen mit historischen Ereignissen. Im Gegensatz zu Markus und Matthäus versuchte er die Periode des Wirkens Jesu in Galiläa auf einen bestimmten Zeitraum festzulegen, indem er vier Hinweise auf den Tetrarchen Herodes Antipas einfügt (siehe S. 25).

Die frühe Kirche setzte den historisch gebildeten und kunstfertigen Autor dieses Evangelium mit jenem Lukas gleich, der in der Apostelgeschichte als Reisegefährte von Paulus in Erscheinung tritt, und sie behauptete außerdem, daß sein Werk die Lehre von Paulus verkörpere, so wie Markus jene von Petrus wiedergebe.

Paulus wandte sich in erster Linie an Heiden, und auch der Wortlaut des Lukasevangeliums läßt vermuten, daß es für griechischsprechende Heiden gedacht war. Zumindest verstand der antijüdisch gesinnte Schriftgelehrte Marcion (ca. 140 n. Chr.), der alle Evangelien außer Lukas aus seinem Kanon ausschloß, das Werk in diesem Sinn. Doch Marcion akzeptierte selbst das Lukasevangelium nur in einer bereinigten Fassung, da an vielen Stellen der Einfluß der Hebräischen Bibel sehr deutlich war. Es wurde auch eingewandt, daß das Bild, das Lukas von Paulus in der Apostelgeschichte zeichnet, sich von jenem, das Paulus in seinen eigenen Briefen wiedergibt, stark abweicht. Aber da Biographie und Autobiographie in der Darstellung häufig divergieren, schließt dies eine enge Verbindung zwischen Lukas und Paulus nicht unbedingt aus.

Lukas schrieb eindeutig zu einer Zeit, als die von ihm erwähnten Augenzeugen bereits gestorben waren und ein Bedürfnis nach einem verläßlichen Bericht über Jesus entstanden war. Seine „Vorhersagen" von der Zerstörung Jerusalems (Lk 21) könnten im nachhinein gemacht worden sein, was auf eine Niederschrift nach 70 n. Chr. verweist. Die Aussage, daß die Bewohner der Stadt „als Gefangene verschleppt wurden" (Lk 21,24), könnte eine Prophezeiung sein, die sich an dem Bericht von der Zerstörung der Stadt Jerusalem im Buch Jeremia orientiert.

Jesus ist bei Lukas stets die Hauptfigur. Im Unterschied zu Markus oder Matthäus nennt Lukas ihn den „Erlöser" und stellt ihn eindeutig als vom Geist angeleiteten Propheten dar. Jesus wird, nicht zuletzt in den für Lukas typischen Gleichnissen, als Gestalt von graziler Zartheit und als Mensch voller Mitgefühl gezeichnet. Er empfindet bei Lukas eine alles vergebende Liebe gegenüber Ausgestoßenen, Sündern und Samaritern, die in den Worten am Kreuz (Lk 23,34 und 23,43) ihren Ausdruck findet.

Das Johannesevangelium, auch „viertes Evangelium" genannt, ist ein rätselhaftes Werk, das in mancher Hinsicht sehr von den anderen Evangelien abweicht. Es wurde von der frühen Kirche unterschiedlich aufgenommen; auch die Expertenmeinungen zu Theologie, Zusammensetzung und Hintergrund divergieren. Es ist umstritten, ob der Autor Johannes (siehe Spalte rechts) eines oder mehrere der anderen Evangelien heranzog; wahrscheinlicher ist, daß er aus denselben Überlieferungen schöpfte wie sie und diese eigenständig bearbeitete. Man versuchte oft, andere mögliche Quellen für Johannes ausfindig zu machen, wie das „Buch der Zeichen" oder eine unabhängige Erzählung der Leidensgeschichte. Diese Versuche bleiben spekulativ. Zwar weicht das Johannesevangelium inhaltlich ab, aber die Unterschiede in der Form sollten nicht überbewertet werden. Die langen Reden Jesu, die als Kennzeichen dieses Evangeliums betrachtet wurden, werden auch bei Matthäus erwähnt.

Die Ruinen der griechisch-römischen Stadt Ephesus in Kleinasien (Efes, Türkei), wo das Johannesevangelium der Überlieferung nach geschrieben wurde. Paulus begründete hier eine große christliche Gemeinde. An diese Kirche ist der Epheserbrief gerichtet.

DAS JOHANNESEVANGELIUM

Autorenschaft und Datierung der Endfassung des vierten Evangeliums sind umstritten. Das Evangelium selbst beansprucht für sich, auf dem Bericht eines Augenzeugen zu beruhen, der als der „Jünger, den Jesus liebte" bezeichnet wird; es ist nicht unwahrscheinlich, daß die Niederschrift im ersten Stadium tatsächlich auf einer mündlichen Überlieferung der Worte, Taten, des Todes und der Auferstehung Jesu durch Johannes beruhte. Das Evangelium wurde oft als Werk der griechisch-römischen Welt angesehen – der Ort der Niederschrift ist der Überlieferung nach Ephesus in Kleinasien. Heute ist man aber der Ansicht, daß Palästina der Hintergrund des Evangeliums oder zumindest von vielen der herangezogenen Überlieferungen ist. Die Archäologie bestätigt, daß die Informationen des Autors über Stätten und Bräuche der Region zutreffen. Die Qumran-Texte (siehe S. 37) weisen verblüffende Parallelen zu der Sprache und den Inhalten des Johannesevangeliums auf. Tatsächlich ist das ganze Buch wie das Matthäusevangelium (siehe S. 53) im Judentum verwurzelt. Obwohl Johannes „die Juden" als jene erwähnt, die Jesus anerkennen hätten sollen, ihn aber ablehnten, sagt er auch, daß „die Erlösung von den Juden kommt". Jesus wird mit den großen Gestalten der jüdischen Geschichte, mit Abraham und Moses verglichen. Es gibt Parallelen zur jüdischen Weisheitstheologie; auch das mosaische Gesetz, der Tempel und der Messias haben zentralen Stellenwert. Das schließt jedoch einen hellenistischen Einfluß nicht aus, da bekannt ist, daß zur Zeit Jesu das Judentum in Palästina vom Hellenismus beeinflußt war.

DAS ZEUGNIS DER EVANGELIEN

Ein silberner Denar mit dem Antlitz von Tiberius (reg. 14–37 n. Chr.), römischer Kaiser während des Wirkens Jesu (Lk 3,1). Wie bei Jesu basiert unser Wissen über sein Leben auf vier Berichten, die Tiberius sehr unterschiedlich darstellen.

Eines der am besten gesicherten Ergebnisse der neutestamentlichen Forschung ist, daß wir unser ganzes Wissen über Jesus von den Evangelisten beziehen. Wir können uns seiner Person daher nur über die Evangelien nähern. Viele Gelehrte behaupten, daß diese Schriften mehr über die frühe Kirche verraten als über Jesus selbst, da Jesus als Gegenstand des frühen christlichen Glaubens präsentiert wird. Es werde also eher der „Christus des Glaubens" als der „historische Jesus" dargestellt.

Nur noch wenige Wissenschaftler bestreiten, daß Jesus existiert hat, da kaum etwas über ihn bekannt sein könnte, wenn er nicht tatsächlich in Palästina gelebt und gelehrt hätte. Um den Wert der Evangelien als historisches Zeugnis bewerten zu können, müssen jedoch verschiedene andere Faktoren berücksichtigt werden. Unser Wissen über das Palästina des 1. Jahrhunderts hat sich in den letzten Jahren erheblich vergrößert, wodurch sich zeigte, daß das Bild, das die Evangelien von Jesus zeichnen, größtenteils einen authentischen historischen Hintergrund hat.

Man könnte auch argumentieren, daß die scheinbare Dichotomie zwischen dem Christus des Glaubens und dem historischen Jesus zu sehr beansprucht wird und daß der Glaube der frühen Kirche sicher irgendeine Beziehung zum tatsächlichen Wirken und den Aussagen Jesu haben mußte. Die Jünger eines jüdischen *rabbi* behielten die Aussprüche ihres Lehrers gewöhnlich im Gedächtnis und gaben sie zuverlässig an künftige Generationen weiter. Die Jünger Jesu werden ähnlich vorgegangen sein und haben vielleicht sogar schriftliche Aufzeichnungen seiner Worte und Taten verfaßt, bevor die Evangelisten ihre Niederschriften begannen.

Um die Diskrepanzen zwischen den Evangelien – wie etwa die verschiedenen Versionen derselben Aussage – und um die Möglichkeit, daß vieles von dem, was Jesus zugeschrieben wird, die Schöpfung der frühen Kirche und der Autoren der Evangelien gewesen sein könnte, wird großes Aufheben gemacht. Zwar enthalten die Evangelien zweifelsohne legendenhafte Elemente und werden Jesus auch Worte zugeschrieben, die er höchstwahrscheinlich nie geäußert hat (siehe Spalte links), doch gilt dies auch für andere Biographien der Antike. So gibt es etwa vier alte Biographien über Kaiser Tiberius, einen Zeitgenossen Jesu, die beträchtlich voneinander abweichen – und doch kann die Wissenschaft sich auf eine allgemein akzeptierte Darstellung seines Lebens einigen.

Die Abweichungen zwischen den Evangelien werden oft übertrieben dargestellt. Der Wortlaut des Vaterunsers variiert bei Matthäus 6,9–13 und Lukas 11,2–4, aber das Gebet ist das gleiche. Ähnlich sind die Bergpredigt des Matthäus und die Feldrede des Lukas eindeutig Schöpfungen der Evangelisten, viele der Aussprüche Jesu dürften aber authentisch sein.

DAS JESUS-SEMINAR

Alle vier Evangelien wurden geschrieben, „damit ihr glaubt, daß Jesus der Messias ist, der Sohn Gottes." (Jh 20,31) Aber Johannes behauptet auch, die „Wahrheit" zu verkünden (21,24) und das, was Jesus wirklich tat, zu beschreiben. Diese Behauptung muß überprüft werden, indem man die Evangelien nach den Kriterien mißt, die bei vergleichbaren alten Texten angewendet werden. In jüngerer Zeit wurden beachtliche Bemühungen in diese Richtung unternommen, wie etwa durch die Arbeit des „Jesus-Seminars" des Westar-Instituts in den USA. Eine Forschungsgruppe unterzog die Worte, die Jesus in den vier Evangelien und dem gnostischen Thomasevangelium (siehe S. 58) zugeschrieben werden, systematischer Prüfung. In ihren Schlußfolgerungen bewerteten sie nur zwei Prozent der Aussagen, die Jesu zugeschrieben werden, als „höchst wahrscheinlich ursprünglich" und vierzehn Prozent als „vermutlich ursprünglich".

DAS PROBLEM DER SYNOPSIS

Die Frage, aus welchen Quellen jeder einzelne Evangelist seine Informationen bezog und wie er diese verarbeitete, stellt sich besonders bei den Evangelien nach Matthäus, Markus und Lukas. Diese Texte lassen sich aufgrund ihrer vielen Ähnlichkeiten nebeneinanderstellen und vergleichen, weshalb sie oft die „synoptischen" Evangelien (griechisch *sunoptikos*, „Zusammenschau") genannt werden. Die neutestamentliche Forschung versucht zu beschreiben, inwiefern und warum sie einander so ähnlich sind.

Gegenwärtig wird als Erklärung für ihre Ähnlichkeit die sogenannte Hypothese von den „zwei Dokumenten" akzeptiert, wenngleich diese Bezeichnung nicht ganz treffend ist. Dieser Theorie zufolge entstand zuerst das Markusevangelium, das das Genre des „Evangeliums" begründete. Markus diente den beiden anderen Synoptikern als Quelle, aber einige Ähnlichkeiten zwischen Matthäus und Lukas sind nicht nur durch die gemeinsame Verwendung des Markusevangeliums zu erklären. Die Gelehrten setzen daher voraus, daß sie eine weiter Quelle verwendeten, die sogenannte „Quelle Q". Diese hypothetische „Quelle Q" war kein Evangelium im üblichen Sinn, sondern eine Sammlung der Aussagen Jesu mit einem Erzählfaden, die den Autoren der Evangelien entweder in geschriebener oder in mündlicher Form bekannt gewesen sein muß. Die Sammlung wurde mit dem Thomasevangelium verglichen, das ebenfalls aus Aussprüchen zusammengesetzt ist (siehe S. 58).

Schließlich verwendeten Matthäus und Lukas neben Markus und der „Quelle Q" auch jeweils eigenes Material, das mit „M" und „L" bezeichnet wird.

Die „Theorie der zwei Dokumente" hat große Akzeptanz erfahren, wird aber auch angezweifelt. Fast die ganze Geschichte des Christentums hindurch wurde Matthäus als das älteste und grundlegende Evangelium betrachtet. Nach dieser Ansicht ist die plausibelste Erklärung für die Beziehung zwischen den synoptischen Evangelien die sogenannte Hypothese von den „zwei Evangelien", der zufolge die drei synoptischen Evangelien in der Reihenfolge Matthäus – Lukas – Markus geschrieben wurden, wobei Lukas sich an Matthäus anlehnte und Markus sowohl auf Matthäus als auch auf Lukas zurückgriff. Erhärtet wird diese Theorie dadurch, daß Markus Passagen abzukürzen scheint, die bei Matthäus ausführlich beschrieben werden.

Es muß betont werden, daß es keinen unabhängigen Text der „Quelle Q" gibt, der überdauert hätte. Viele Gelehrte bestreiten auch, daß je einer existiert habe. Auch wenn man

Der Hl. Markus, *aus dem Evangelium von St. Médard, Soissons, Frankreich (frühes 9. Jahrhundert). Über dem Evangelisten ist sein traditioneles Symbol, der Löwe mit Flügeln, zu sehen.*

davon ausgeht, daß er existierte, sind die Bewertungen von Zweck und Charakter sehr unterschiedlich. War die ursprüngliche Sprache Aramäisch oder Griechisch? Die wichtigste Frage ist: Stellt er die Predigten eine Gemeinschaft dar, die sich außerhalb der Hauptströmung des Christentums bewegte und eine eigene, besondere Annäherung an Jesus kannte? Nach den Aussagen zu beurteilen, die die „Quelle Q" vermutlich beinhaltet, schien diese Gruppierung z. B. kein Interesse am Tod und der Auferstehung Christi gehabt zu haben. Diese und andere Fragen bedeuten, daß das Problem der Synopsis noch ungelöst ist. Man muß sich bewußt bleiben, wie viele Unsicherheiten in bezug auf die Entwicklung des frühen Christentums bestehen; so gibt es etwa keine wirklichen Belege für die chronologische Ordnung der Evangelien.

Am sichersten läßt sich behaupten, daß die Evangelisten auf eine Vielzahl von Dokumenten und mündlichen Überlieferungen zurückgriffen und in ihrer Auswahl subjektiv waren.

HEIDNISCHE UND JÜDISCHE QUELLEN

Es gibt einige frühe Hinweise auf Jesus in nichtchristlichen Schriften. Der römische Historiker Tacitus etwa (ca. 55–120 n. Chr.) berichtet, daß Kaiser Nero für den großen Brand in Rom im Jahre 64 n. Chr. die Christen verantwortlich machte. Christus sei von Pilatus, „einem unserer Prokuratoren", hingerichtet worden, doch der „schädliche Aberglaube" habe überlebt und sich nach Rom ausgebreitet. Suetonius (ca. 69–140 n. Chr.) erwähnt Juden, die, angestiftet von „Chrestus", unter Claudius (41–54 n. Chr.) Unruhe stifteten. Jesus wird auch in einer berühmten Passage in den „Altertümern" des jüdischen Historikers Josephus (90 n. Chr.) beschrieben. Aussagen wie „Er war der Messias" führten dazu, daß die ganze Passage als christlicher Einschub gestrichen wurde. Doch wenn man die offenkundig christlichen Worte freilegt, erhält man ein plausibles Original: Jesus war „ein weiser Mann", der „verblüffende Dinge" tat, „ein Lehrer", der über viele Juden und Griechen „den Sieg davontrug". Er wurde von Pilatus, der von „Männern höchsten Ranges" aufgehetzt wurde, gekreuzigt.

JESUS IN ANDEREN SCHRIFTEN

Neben den vier kanonischen Evangelien gibt es zahlreiche weitere Hinweise auf Jesus und seine Lehre in anderen sehr frühen Quellentexten. Diese gehen größtenteils auf einen christlichen, teilweise aber auch nichtchristlichen Ursprung zurück (siehe Spalte links). Zu den christlichen Quellen gehören mehrere „apokryphe Evangelien" aus dem 2. bis 5. Jahrhundert n. Chr., die legendenhafte Episoden aus der Kindheit Jesu enthalten (z. B. das Protevangelium von Jakobus aus dem 2. Jahrhundert). Des weiteren existieren Erzählungen von der Leidensgeschichte oder Berichte, wie Jesus nach seinem Tod und vor der Auferstehung in die Hölle hinabgestiegen sei. Andere Texte spiegeln die Vorstellung des jüdischen Christentums wider, existieren jedoch nur noch in Form kurzer Auszüge bei späteren christlichen Autoren (siehe S. 173).

Weitere beachtenswerte, aber fragmenthafte apokryphe Evangelien sind das Petrusevangelium und das Egertonevangelium aus der Mitte des 2. Jahrhunderts. Für die neuere Forschung besonders bedeutend sind die *agrapha* (wörtlich „Ungeschriebenes"). So werden die Aussprüche Jesu genannt, die nicht in den kanonischen Evangelien überliefert sind, sich aber in Zitaten bei Paulus finden und bei den Kirchenvätern (siehe S. 174–175) oder im Thomasevangelium (siehe Kasten gegenüber).

Es scheint Einigkeit darüber zu herrschen, daß die apokryphen Evangelien wenig historisch Wertvolles über die Kindheit und die Leidensgeschichte Christi enthalten. Sie sind offenbar Produkte der Phantasie, die verfaßt wurden, um wahrgenommene Informationsmängel im Neuen Testament aufzufüllen und die Frömmigkeit des Volkes neu zu erwecken. Einige wurden geschrieben, um dem theologischen Standpunkt der Gnostiker Ausdruck zu verleihen (siehe S. 176–177).

Anna and Joachim am goldenen Tor, *von Fra Filippo Lippi (1406–69). Das Bild zeigt eine Szene aus dem Leben der Hl. Anna und des Hl. Joachim, den Eltern Marias. Deren Geschichte stammt aus dem apokryphen Evangelium des Jakobus.*

Es wurde behauptet, das Petrusevangelium und das Egertonevangelium seien älter als die kanonischen Evangelien. Jedoch enthalten beide Schriften Material, das entweder eine Weiterentwicklung oder eine Nacherzählung von Passagen aus den kanonischen Evangelien darstellt.

Anders verhält es sich bei den *agrapha*. Auch nach Niederschrift der vier Evangelien wurde die mündliche Überlieferung über Jesus weiter gepflegt. Es ist gewiß möglich, daß ein Teil der *agrapha* auf wahren Inhalten beruht und authentische Worte Jesu hier weitergegeben wurden. Ein Beispiel dafür wären die Aussage, die Jesus von Paulus in der Apg 20,35 zugeschrieben wird („Geben ist seliger als nehmen.") oder das Zitat der Worte Jesu beim letzten Abendmahl bei Paulus (1 Kor 11,24–25).

Zusammenfassend läßt sich sagen, daß die außerkanonischen Quellen keine Beiträge enthalten, die nicht im Neuen Testament bereits existieren würden, weshalb keine Revision der Interpretation notwendig ist.

DAS GNOSTISCHE THOMASEVANGELIUM

Unter den gnostischen Dokumenten der Antike, die 1945 in Nag Hammadi in Oberägypten (siehe S. 176–177) entdeckt wurden, befand sich auch das sogenannte „Thomasevangelium". Das Manuskript stammt aus dem 4. Jahrhundert n. Chr. und ist in koptischer Sprache verfaßt, doch gibt es Hinweise, daß es sich um eine Übersetzung aus dem Griechischen handelt, die aus dem 2. Jahrhundert n. Chr. stammen könnte.

Das Evangelium unterscheidet sich von den kanonischen Evangelien insofern, als es keine Erzählung darstellt, sondern aus hundertvierzehn Aussprüchen oder „geheimen Worten" besteht, die Jesus seinem Jünger Thomas gegenüber, dem angeblichen Autor, äußerte. In dieser Hinsicht gleicht es der hypothetischen „Quelle Q".

Das Thomasevangelium ist deutlich ein gnostischer Text, und viele der Aussprüche bringen, selbst wenn sie aus den kanonischen Evangelien zu schöpfen scheinen, eine gnostische Theologie zum Ausdruck (siebzig Aussprüche weisen Parallelen zum Neuen Testament auf, etwa: „Wer sucht, der findet." vgl. Mt 7,7; Lk 11,9) Aber nicht alle Aussprüche zeigen diese Tendenz, und manche behaupten, daß der gnostische Ton dem griechischen Original hinzugefügt worden sei. Es ist daher möglich, daß manche Aussprüche, die keine Parallelen in den kanonischen Evangelien haben, auf Jesus zurückgehen. Doch selbst Exegeten, die diese Behauptung erhärten möchten, sind der Ansicht, daß nicht mehr als fünf plausible Stellen nachweisbar seien.

Der Apostel Thomas, *dem das Thomasevangelium zugeschrieben wird, von Nicolas Frances (ca. 1424–1468).*

Manchen Gleichnissen bei Thomas fehlen die Interpretationen, wie sie in den kanonischen Evangelien auftauchen (siehe S. 137–138), weshalb sie vermutlich Jesu eigene Worte sind. Doch ist Vorsicht angebracht. Das Gleichnis vom Fischernetz (Mt 13,47–50) etwa entbehrt bei Thomas einer eschatologischen Interpretation: „Der Mensch gleicht einem klugen Fischer, der sein Netz ins Meer geworfen hatte; er zog es herauf, voll von kleinen Fischen. Unter ihnen fand der kluge Fischer einen großen und guten Fisch. Ohne zu zögern wählte er den großen Fisch." (Thomasevangelium 8). Das Gleichnis über das Ende der Welt bei Matthäus wurde, in Übereinstimmung mit gnostischen Interessen, zu einem über die menschliche Natur. Es ist daher zweifelhaft, ob die Version des Thomas auf Jesus zurückgeht oder vom kanonischen Text unabhängig ist.

LEBEN UND ZEIT JESU

Mit Ausnahme von Lukas legten die Evangelisten keinen großen Wert auf die Beachtung einer Chronologie. Dennoch enthalten die Schriften viele Anhaltspunkte, die es ermöglichen, das Leben Jesu auf die Zeit von etwa 4 v. Chr. bis 30 n. Chr. oder etwas später zu datieren.

Die Geburt Jesu wird – bei Matthäus explizit und bei Lukas implizit – in die Zeit von König Herodes dem Großen (reg. 37–4 v. Chr.) datiert. Matthäus gibt keine Hinweise, wie viele Jahre nach der Geburt Jesu Herodes gestorben sei (siehe S. 72–75). Es läßt sich daher lediglich folgern, daß Jesus vermutlich kurz vor dem Jahre 4. v. Chr. geboren wurde.

Nach Lukas wurde Jesus zur Zeit einer Volkszählung im römischen Reich unter Kaiser Augustus (reg. 27 v. Chr.–14 n. Chr.) (Lk 2,1) geboren. Eine einmalige Zählung im gesamten Reichsgebiet fand jedoch nie statt. Augustus wollte regionale Volkszählungen in allen seinen Herrschafts-

gebieten, Provinz für Provinz abhalten. Wenn Lukas von der „ersten Eintragung" spricht (Lk 2,2), meint er die erste Volkszählung in Judäa, für die Quirinius, der Statthalter von Syrien (Lk 2,2), verantwortlich war. Quirinius war von 6 bis 7 n. Chr. der Statthalter Syriens, doch bei Lukas 2,1 heißt es, daß die Volkszählung „in jenen Tagen" stattfand, womit die Zeit der Geburt des Täufers gemeint ist, die sich nach Lukas „zur Zeit des Herodes" (Lk 1,5) ereignete. Vielleicht dachte Lukas, Jesus sei zehn Jahre nach dem Tod des Herodes, zur Zeit der Volkszählung geboren worden, wollte aber die Geburt des Messias in denselben zeitlichen Rahmen wie die seines Verkünders Johannes stellen. Von Johannes wußte man, daß er unter Herodes geboren wurde. Auf den ersten Blick scheint es unwahrscheinlich, daß Lukas als gewissenhafter Historiker glaubte, die jüdische Volkszählung hätte unter Herodes stattgefunden. Sie löste eine antirömische Revolte aus, an die man sich zur Zeit Lukas' gut erinnerte. Er selbst erwähnt sie in der Apostelgeschichte (5,37). Sein Zeitgenosse, der Historiker Josephus, datiert die Volkszählung in das Jahr 6 n. Chr. Andererseits gab es auch nach dem Tod von Herodes Aufstände, und man vermutet, daß Lukas die Ereignisse verwechselte.

Lukas 3,1–2 gibt an, daß Johannes sein Wirken im fünfzehnten Jahr der Herrschaft von Tiberius (reg. 14–37 n. Chr.), etwa 28–29 n. Chr., aufnahm, also zur Zeit der Taufe Jesu und des Beginns seines Wirkens. Lukas 3,23 besagt, daß Jesus „etwa dreißig Jahre" zählte, als er zu wirken begann, was unwahrscheinlich erscheint, wenn Lukas ernsthaft annimmt, Jesus sei im Jahre 6 n. Chr. geboren worden und habe etwa 29 n. Chr. zu wirken begonnen. Das Alter würde besser passen, wenn er 4 v. Chr. geboren worden wäre. Aber Lukas könnte mit der Zahl Dreißig auch nur ausdrücken wollen, daß Jesus in die reifen Jahre gekommen war (vgl Gen 41,46; Num 4,47).

Alle Evangelien besagen, daß Jesus an einem Freitag gekreuzigt wurde, am Paschatag oder am Tag danach (Mt, Mk, Lk). Die Opferungen fanden am vierzehnten Tag des jüdischen Monats Nisan statt, das Paschamahl – das Letzte Abendmahl – wurde zu Beginn des fünfzehnten Nisan (nach dem jüdischen Kalender beginnen und enden die Tage mit Sonnenuntergang und -aufgang) gegessen. Man hat errechnet, daß der vierzehnte Nisan an einem Freitagabend (3. April) im Jahre 33 n. Chr. endete und der fünfzehnte Nisan ebenfalls an einem Freitag, (7. April) 30 n. Chr. Beide Jahre würden zu der Behauptung von Lukas passen, daß Jesus unter Pilatus (26–36 n. Chr.), dem Hohenpriester Kajaphas (ca. 18–36/37 n. Chr.), und Antipas (4 v. Chr.–39 n. Chr.) gestorben sei. Die Behauptung von Johannes, daß Jesus am Paschatag, am 14. Nisan, starb, hat vielleicht theologische Motive. Haben die Synoptiker recht, könnte die Kreuzigung am Freitag, dem 6. April, 30 n. Chr. stattgefunden haben.

DIE ZEITSPANNE DES WIRKENS JESU

Man vermutet häufig, daß Matthäus, Markus und Lukas davon ausgehen, das Wirken Jesu habe sich über den Zeitraum eines Jahres erstreckt, während Johannes von zwei oder sogar drei Jahren spricht. Die Belege sind nicht schlüssig. Die synoptischen Evangelien stellen kein chronologisches Schema für die Episoden zur Verfügung. Was sie aus der Wirkungszeit Jesu auswählen, könnte sich auch über mehr als ein Jahr erstreckt haben. Die Theorie eines längeren Wirkens bei Johannes beruht auf den Verweisen auf diverse jüdische Feste. Die Reihenfolge, in der sie angeführt werden, kann aber auch eher theologische Motive als ein Bemühen um Chronologie widerspiegeln.

Die Taufe Christi, *von Fra Angelico (ca. 1400–1455). Dieses Ereignis begündete das Wirken Jesu (siehe S. 84–85); es fand nach Lukas um etwa 29 n. Chr. statt.*

DER STAMMBAUM JESU

Es gibt in den Evangelien zwei Genealogien Jesu (Mt 1,1–17; Lk 3,23–38) und zahlreiche Präzedenzen in den hebräischen Schriften. Neuere Studien alter Genealogien aus dem Nahen Osten haben gezeigt, daß die Zusammenstellungen politische oder religiöse Motive hatten und nicht als historische Berichte zu verstehen sind. Genealogien eines Herrschers etwa wurden wechselnden Interessen angepaßt; oft existierten verschiedene Versionen, ohne daß man dies als unvereinbar empfunden hätte.

Ähnlich ist es nicht die Absicht der Genealogien von Matthäus und Lukas, einen tatsächlichen Generationenstammbaum darzustellen, weshalb man nicht versuchen sollte, sie aufeinander abzustimmen. Es handelt sich eher um Entwürfe mit theologischen Absichten, die unter Umständen auf früheren messianischen Genealogien der Juden aufbauten.

Daß es sich um literarische Schöpfungen handelt, wird besonders bei Matthäus deutlich. Seine Aufzählung gliedert sich in drei Epochen: von Abraham bis David, von David bis zur Babylonischen Gefangenschaft und von der Babylonischen Gefangenschaft bis Christus (Mt 1,17). Jede Epoche umfaßt vierzehn Generationen, wenngleich die letzte offenbar nur dreizehn zählt. Der Evangelist könnte Jesus und Messias als zwei Namen gezählt haben: „Jesus, ... der Messias genannt wird." (Mt 1,16)

Jedenfalls verweist die numerische Struktur auf den sorgfältigen Plan der Vorsehung Gottes. Die Buchstaben dienen im Hebräischen zugleich als Ziffern, und es scheint kein Zufall zu sein, daß die Buchstaben des Namens Davids zusammengezählt die Zahl Vierzehn ergeben, denn David und Abraham sind die wichtigsten Personen des Stammbaums. Abraham ist der Vater der Nation, Jesus das wahre Israel, und seine Abstammung von König David zeigt, daß sich in Jesus die göttliche Verheißung von einem Messias aus der königlichen Linie von Juda erfüllt hat.

Der Baum Jesse, *Ikone aus dem 18. Jahrhundert von den Ionischen Inseln, Griechenland. Sie zeigt die Abstammung Jesu von Isai, Vater von König David.*

Bei Matthäus ist die Nennung von vier Frauen (Tamar, Rahab, Rut und Maria) auffällig. Er will damit aufzeigen, daß Gottes Plan die Rolle Marias, die am Ende der Genealogie als die Mutter Jesu erscheint, vorgezeichnet hat. Es wurde oft angemerkt, daß die ersten drei Frauen moralisch nicht einwandfreie, mitunter skandalöse Charaktere gewesen seien. Im 1. Jahrhundert n. Chr. sah das Judentum diese Frauen allerdings bereits in positiverem Licht. Ein rabbinischer Text etwa spricht von Rahab als der Vorfahrin von Propheten und Gerechten und von Rut als der Vorfahrin der Könige.

DER „PRIESTERLICHE STAMMBAUM" BEI LUKAS

Der Schrein unter dem Altar in der Geburtskirche in Betlehem (6. Jh.). Unter dem silbernen „Stern von Betlehem" befindet sich eine Grotte, in der Jesus nach christlicher Überlieferung geboren wurde.

In der Genealogie von Lukas verweisen mehrere Namen aus der Zeit nach dem babylonischen Exil, wie etwa Levi und Mattathias, auf eine Abstammung aus dem israelitischen Priesterhaus Levi und nicht aus dem königlichen Hause David. Julius Africanus (ca. 33 n. Chr.) zufolge leiteten manche davon ab, daß Matthäus eine königliche Abstammung Jesu geltend machte, während Lukas sein Herkommen von den priesterlichen Leviten ableitete.

Bei näherer Betrachtung ist eine solche Unterscheidung der Genealogien nicht durchzuhalten. Interessant ist aber, daß Lukas die Mutter von Johannes, Elisabet, als eine Frau priesterlicher Abstammung aus dem Geschlecht Aaron darstellt (Lk 1,5). Maria ist eine Blutsverwandte Elisabets, was als Hinweis verstanden werden könnte, daß Jesus mütterlicherseits von levitischer Herkunft war. Seltsamerweise leitet Lukas die Abstammung Jesu von König David nicht über den berühmten König Solomo her, sondern über einen anderen Sohn – Natan. Lukas könnte ihn mit einem Zeitgenossen Solomos, dem Propheten Natan verwechselt haben, weil er dem Hintergrund Jesu ein prophetisches Element verleihen wollte. Oder er wollte einen Verweis auf Jojakim und Joachin, die letzten legitimen Könige Judas, vermeiden, da sie nach einer Prophezeiung im Buch Jeremia keine Nachkommen haben würden.

Die Genealogie von Lukas ist weniger schematisch als jene von Matthäus und hat eher den Charakter eines Geschichtswerks. Zwischen David und Jesus führt er zweiundvierzig Generationen an, was der Zeitspanne (etwa tausend Jahre) eher entspricht als die achtundzwanzig Generationen bei Matthäus. Der Stammbaum von Lukas ist in umgekehrter Ordnung angelegt zu jener von Matthäus, jeweils beginnend bei Jesus. Im Unterschied zu Matthäus beginnt bei Lukas die Genealogie nicht mit der Geburt Jesu in Betlehem, sondern mit dem Anfang seines irdischen Wirkens. Lukas könnte sich am Exodus orientiert haben, wo die Aufzählung der Vorfahren Mose auf die Erzählung von seiner Geburt und vom Auftrag Gottes an ihn erfolgt (Ex 6,16–25).

Anders als bei Matthäus beginnt die Genealogie des Lukas mit dem ersten Menschen, mit Adam, was die universalistische Orientierung des Evangeliums (siehe S. 54–55) deutlich macht; Jesus erscheint nicht nur als Retter der Juden, sondern der ganzen Menschheit. Adam wird als „Sohn Gottes" beschrieben, was Spekulationen über Adam als himmlische Gestalt widerspiegeln könnte. Lukas wollte vermutlich erklären, warum Adams Nachkomme Jesus bei seiner Taufe, dem Ereignis, an das Lukas seine Genealogie anschließt, Sohn Gottes genannt wurde (Lk 3,22).

DIE GEBURT

Lukas und Matthäus präsentieren die Ereignisse rund um die Geburt Jesu zwar von einem unterschiedlichen Standpunkt aus, aber die Gemeinsamkeiten (siehe Spalte gegenüber) könnten auf eine verläßliche, ältere Überlieferung verweisen. Matthäus schildert die Geburt Jesu relativ nüchtern: Er stellt, ohne Details anzuführen, lediglich die Geburt Jesu fest. Dennoch ist seine Darstellung kein reiner Tatsachenbericht, sondern eine theologische Interpretation von Ereignissen, die die Vorstellungen der hebräischen Schriften widerspiegeln. So erscheinen etwa die Himmelsboten in einem Traum: In der Bibel werden regelmäßig göttliche Offenbarungen in Träumen übermittelt.

Matthäus erörtert auch die Bedeutung des Namens „Jesus" ähnlich wie in den hebräischen Schriften, in denen Eigennamen oft eine besondere Bedeutung haben. Jesus (hebräisch Josua oder Jeschua) ist eine Form des Namens „Jeschua", was „Jahwe ist Rettung" bedeutet; Marias Kind erhalte

JOSEF

Sowohl Matthäus als auch Lukas führen die Abstammung Jesu über König David auf Josef zurück, was die Frage aufwirft, ob Josef ursprünglich als tatsächlicher, physischer Vater Jesu angesehen wurde. In den Evangelien werden Maria und Josef als seine Eltern bezeichnet, Matthäus nennt Jesus den „Sohn des Zimmermanns", Lukas nennt ihn „Sohn des Josef".

In ihrer jetzigen Form scheinen die Genealogien Jesu (siehe S. 62–63) diese Sicht zu widerlegen. Matthäus hebt lediglich hervor, daß Jesus von Maria geboren wurde (Mt 1,16); in einem syrischen Manuskript wird der Vers dahin interpretiert, daß Josef der Vater sei; aber wahrscheinlich entspricht dies nicht dem ursprünglichen Text von Matthäus.

Betlehem, den Evangelien zufolge der Heimatort Josefs. Angeblich ging Josef nach Nazaret, um am Wiederaufbau von Sepphoris mitzuarbeiten.

Wenn Lukas Jesus den Sohn des Josef nennt, fügt er hinzu: „... wie man dachte"; die Theorie, daß diese Worte später in das Evangelium eingefügt wurden, ist nicht zu belegen. Die frühen Christen, wie etwa Paulus, wollten bekräftigen, daß Jesus ein Nachkomme von König David und damit der erwartete Messias sei. Es war bekannt, daß Josef aus dem Hause David stammte, und es ist vorstellbar, daß Matthäus und Lukas Josef als den legitimen Vater Jesu darstellten, um die Herkunft Jesu aus dem Hause David nachzuweisen.

Familiäre Verbindungen hatte Josef offenbar zu Betlehem, dem Heimatort Davids. Matthäus beschreibt Josef als einen rechtschaffenen Mann, der das jüdische Gesetz getreu befolgte. Deshalb wurde er, wie Matthäus berichtet (Mt 1,20–23; 2,13.19), auserwählt, die Botschaft des Engels im Traum zu erfahren. Es ist möglich, daß der Evangelist von der Geschichte des israelitischen Patriarchen Josef, des großen Träumers im Buch der Genesis, beeinflußt war. Josef wird nur in den Erzählungen von der Geburt Jesu erwähnt. Ansonsten kommt er im Neuen Testament nicht weiter vor. Das könnte bedeuten, daß Josef starb, bevor das Wirken Jesu begann.

Die Verkündigung von Fra Angelico (ca. 1400–1455). Der Erzengel Gabriel verkündet Maria, daß der Heilige Geist (dargestellt durch die weiße Taube) über sie kommen und sie ein Kind empfangen werde (Lk 1,26–38).

diesen Namen, da es „sein Volk von seinen Sünden erlösen wird“ (Mt 1,21). Auffällig am Evangelium nach Matthäus sind die häufigen Zitate biblischer Prophezeiungen, die es in Jesus und seinem Wirken erfüllt sieht. In den einleitenden Kapiteln kommen nicht weniger als fünf Zitate vor.

Jesaja wird in der Erzählung von der Geburt (Mt 1,23) nicht nur zitiert, um die jungfräuliche Empfängnis Marias zu bestätigen, sondern auch, um Jesus den Namen „Immanuel“ zuzuweisen, den der Autor in weiterer Folge für seine nicht Griechisch sprechenden Leser als „Gott ist mit uns“ übersetzt. Vermutlich ist diese Übersetzung als Hinweis darauf zu verstehen, daß Jesus die Verkörperung Gottes ist.

Bei Matthäus ist Josef (siehe Kasten gegenüber) die Hauptfigur in der Geschichte von der Geburt und in den darauffolgenden Ereignissen. Er wählt den Namen des Kindes aus, eine bedeutsame Entscheidung in der hebräischen Bibel und im Judentum, während bei Lukas Maria den Namen aussucht. Die Erzählung bei Matthäus handelt fast ausschließlich von Josefs Zweifeln hinsichtlich der beabsichtigten Heirat und deren Zerstreuung. Vielleicht entwickelte Matthäus eine Überlieferung jüdisch-christlichen Ursprungs weiter und versuchte daher, Josef als typischen frommen Juden darzustellen, der bemüht ist, das Gesetz und die Bräuche einzuhalten. Matthäus schildert ihn als patriarchales, jüdisches Familienoberhaupt, der schon deshalb als Vater Jesu gelten kann, ob er nun der physische Erzeuger seines Sohnes war oder nicht.

Lukas’ Bericht von der Geburt ist ein Text von großer Schönheit, der seit jeher auf Schriftsteller und Künstler große Anziehungskraft ausgeübt hat. Er verbindet poetische Imagination mit theologischer Interpretation. In seiner sorgfältigen Erzähltechnik baut sich der Text aus bildhaften

DIE GEBURT BEI MATTHÄUS UND BEI LUKAS

Die Erzählungen von der Geburt Jesu weisen bei Matthäus und Lukas zwar bedeutsame Abweichungen auf, aber auch einige Gemeinsamkeiten. Dies läßt vermuten, daß beide Evangelisten aus der gleichen Überlieferung schöpften und diese dann adaptierten; die Quelle muß bereits seit einiger Zeit gut bekannt gewesen sein, da die Autoren im Umfeld unterschiedlicher christlicher Gemeinschaften ihr Werk verfaßten. Die wichtigsten Parallelen sind :

- Die Namen der Eltern Jesu: Maria und Josef
- Die Bezeichnung von Maria und Josef als Brautpaar
- Die Behauptung, Josef stamme von König David ab
- Die Verheißung der Geburt eines Sohnes durch einen Engel (bei Matthäus erscheint der Engel Josef, bei Lukas Maria)
- Die Botschaft des Engels, Maria werde durch das Wirken des Heiligen Geistes ein Kind empfangen sowie die Aufforderung, das Kind Jesus zu nennen
- Die Darstellung, Maria sei zur Zeit der Empfängnis Jungfrau gewesen
- Die Ortsangabe für die Geburt: Betlehem

Diese Liste wäre um die Behauptung zu ergänzen, Jesus sei während der Herrschaft von König Herodes dem Großen geboren worden; Matthäus spricht dies explizit aus, und bei Lukas, der die Geburten von Jesu und Johannes dem Täufer im gleichen Zeitraum ansiedelt, wird es indirekt geäußert (siehe S. 60–61).

Die Stadt Ein Karem in der Nähe von Jerusalem; der Überlieferung nach ist dies die „Stadt im Bergland von Judäa" (Lk 1,39), wo Maria die Mutter von Johannes dem Täufer, Elisabet, besuchte.

DIE GEBURTEN VON JESUS UND JOHANNES DEM TÄUFER

Die Ereignisse, die den Geburten von Johannes und von Jesus vorangehen, haben in der Darstellung des Lukasevangeliums deutliche Parallelen:

- Der Engel Gabriel erscheint Zacharias (1,11)
  Der Engel Gabriel erscheint Maria (1,26–28)
- Zacharias erschrickt beim Anblick Gabriels (1,12)
  Maria erschrickt, als Gabriel sie anspricht (1,29)
- Der Engel beruhigt Zacharias; Gott habe sein Gebet erhört, er verspricht ihm einen Sohn und nennt ihm dessen Namen (1,13);
  Der Engel beruhigt Maria, daß sie Gnade vor Gott gefunden habe, er verspricht ihr einen Sohn und nennt ihr den Namen, den sie ihm geben soll (1,30–31)
- Vorhersage der Zukunft von Johannes in poetischen Worten (1,14–17)
  Vorhersage der Zukunft Jesu (1,32–33)
- Zacharias fragt den Engel zweifelnd: „Woran soll ich erkennen, daß das wahr ist? Ich bin ein alter Mann, und auch meine Frau ist in vorgerücktem Alter" (1,18).
  Maria fragt den Engel: „Wie soll das geschehen, da ich keinen Mann erkenne?" (1,34)
- Gabriel gibt Zacharias ein Zeichen: Er bestraft ihm mit Stummheit (1,20)
  Gabriel gibt Maria ein Zeichen: Elisabet, ihre Verwandte, empfängt ein Kind (1,36).

Weitere Parallelen in den Ereignissen nach den Geburten:

- Johannes wird beschnitten und getauft (1,59)
  Jesus wird beschnitten und getauft (2,21)
- Rund um die Geburt des Johannes geschehen Wunder (1,63. 65–66).
  Als die Hirten von Jesu Geburt erzählen, staunen alle (2,17–18)
- Zacharias preist Gott für Johannes in einem prophetischen Gedicht (1,67–79)
  Simeon und Anna preisen Gott für Jesus in einem prophetischen Gedicht (2,28–32).

Szenen auf, die vom Einfluß der hebräischen Schriften zeugen. Die Einleitung für das ganze Evangelium ist in klassischem Griechisch verfaßt (siehe S. 54), doch dann erfolgt ein auffälliger Stilwechsel des Autors, und es treten gehäuft semitische Einsprengsel und biblische Anspielungen auf, obwohl Lukas die Heilige Schrift nicht direkt zitiert wie Matthäus. Es wurde vermutet, daß dieser erste Abschnitt des Lukasevangeliums ursprünglich auf eine hebräische oder aramäische Quelle zurückgeht, aber die linguistischen Parallelen verweisen eher auf die Septuaginta – die griechische Version der Hebräischen Bibel; diese Passage ist am ehesten als literarische Schöpfung des Evangelisten zu bewerten.

Auffällig an der Geburtserzählung bei Lukas sind die Parallelen zu der Geburt von Johannes dem Täufer. Die beiden Berichte finden durch ein Treffen von Maria und Elisabet zueinander, die als Verwandte beschrieben werden. Beide Passagen haben aber auch eine gemeinsame Form (siehe Spalte links) und basieren im wesentlichen auf diversen biblischen Legenden, in denen ein Engel einer unfruchtbaren Frau ein Kind verspricht (vgl. die Ankündigung der Geburt Simsons Ri 13).

Belegt ist, daß Jesus mit Johannes eng verbunden war. Auch war die Taufe Jesu für das Leben des Johannes von großer Bedeutung (siehe S. 82–85). Lukas, der vielleicht auf eine Überlieferung zurückgriff, die unter den Schülern des Täufers kursierte, scheint zeigen zu wollen, daß die beiden Gestalten vom Augenblick ihrer Empfängnis an verbunden waren und als Teil des großen göttlichen Plans zusammengeführt wurden. Wie alle anderen Evangelisten auch bemüht sich Lukas, die Vorrangstellung Jesu klarzustellen, die sowohl von Elisabet als auch von dem Kind in ihrem Leib anerkannt wird (Lk 1,41–42). Lukas' besonderer Beitrag ist also die Behauptung, Jesu Sonderstellung sei von Anbeginn bekannt gewesen.

Maria steht im Mittelpunkt der Erzählung bei Lukas; seine einleitenden Kapitel wurden treffend als „Marienevangelium" bezeichnet. Sie ist es, die von Gabriel aufgesucht wird, und sie überbringt Elisabet die Heilsbotschaft. Erwähnt werden auch ihre Reinigung nach der Geburt (siehe S. 76) und die Prophezeiung, die ihr Simeon macht (Lk 2,34–35). Später spricht sie zu ihrem Sohn, als er vermißt und unter den Lehrern im Tempel wiedergefunden wird (Lk 2,48; siehe S. 76). Sie wird als gehorsame Dienerin des Herrn dargestellt, als Vorbild christlicher Jüngerschaft. Zweimal merkt der Evangelist an, daß Maria alles, was sie sah und hörte, in ihrem Herzen bewahrt habe (Lk 2,19, 51) – vermutlich ein indirekter Hinweis, daß das Wissen des Evangelisten von ihr stamme. Es ist nicht unmöglich, daß Lukas Überlieferungen bearbeitet, die auf Maria zurückgehen.

Die Erzählung von Lukas beinhaltet zwei berühmte poetische Lobgesänge, das *Magnificat* (Lk 1,46–55) und das *Benedictus* (Lk 1,68–79); die Titel der Lobgesänge geben die jeweils ersten Worte in der lateinischen Übersetzung wieder. Sie wurden vermutlich vom Evangelisten selbst verfaßt und basieren auf einer Versreihe aus der Septuaginta. Sie preisen die Erlösung des Volkes Israel; diese gehe nunmehr in Erfüllung. Das *Benedictus* bezeichnet Johannes als einen Propheten, der den Weg des Herrn vorbereite. Im *Magnificat* ist Maria die Mittlerin, die von nun an von allen Geschlechtern als selig gepriesen werde.

Die Anbetung der Hl. Drei Könige *von Jan Gossaert (Mabuse), ca. 1508. Der Künstler zeigt die Weisen (Mt 2,11; siehe S. 70–71), die Jesus in einer Ruine, die den Stall der Herberge darstellt, anbeten (Lk 2,7) – bemerkenswert sind tradierte Details wie Ochse und Esel im Hintergrund.*

BETLEHEM UND NAZARET

Generell besagen die Evangelien, Nazaret in Galiläa sei der Heimatort Jesu, doch sowohl Lukas als auch Matthäus berichten, daß Jesus in Betlehem, südlich von Jerusalem, geboren worden sei. Matthäus deutet an, Betlehem sei auch der Wohnsitz von Maria und Josef gewesen (Mt 2,11) und das Paar wäre erst später nach Nazaret gezogen (Mt 2,23). Nach Lukas lebte das Paar in Nazaret (Lk 1,26–27) und zog nach Betlehem, um sich in die Steuerlisten eintragen zu lassen (Lk 2,4). Jesus wird dort geboren, woraufhin die Familie nach Nazaret zurückkehrt.

Die beiden Darstellungen sind schwierig in Einklang zu bringen; die Gelehrten warfen die Frage auf, ob Jesus tatsächlich in Betlehem geboren worden sei oder ob diese Behauptung eher theologische als historische Hintergründe hätte. Betlehem war der Geburtsort von König David, von dem der Messias abstammen sollte. Matthäus 2,6 zitiert den Propheten, der verkündet, daß der Messias aus Betlehem kommen werde.

Auch der Bericht von Lukas, der als Grund für den Umzug nach Betlehem die Volkszählung angibt, wirft Probleme auf (siehe S. 60–61). Lukas scheint jedoch keine theologischen Motive für die Details von der Geburt Jesu in Betlehem wie die überfüllte Herberge, die Windeln, die Krippe (Lk 2,7) zu haben. Schließt man aus, daß er seiner Phantasie freien Lauf ließ, könnte die Überlieferung authentisch sein.

Das triftigste Argument für Matthäus und Lukas ist die konstante und früh einsetzende Überlieferung, daß Jesus in Betlehem geboren worden sei. Lukas' Behauptung, Josefs Familie stamme von dort (Lk 2,4), ist glaubwürdig; als Handwerker mußte er auch reisen, um Arbeit zu finden.

DIE JUNGFRÄULICHKEIT

„JESUS, SOHN DES PANTERA“
Es wurde behauptet, daß die frühen Christen die Darstellung einer schwangeren, unverheirateten Maria bei Matthäus erfanden, um skandalösen Gerüchten über die Herkunft Jesu, die in nichtchristlichen Kreisen zirkulierten, entgegenzuwirken. Der frühe christliche Schrifsteller Origenes etwa (ca. 185–254 n. Chr.) berichtet, ebenso wie der Talmud und andere jüdische Schriftquellen, von einer Behauptung, daß Jesus aus einer ehebrecherischen Verbindung zwischen Maria und einem römischen Soldaten hervorgegangen sei; der Name des Soldaten sein Pantera (Panthera oder Pandera) gewesen.

Interessanterweise wurde in Deutschland im Jahre 1859 der Grabstein eines römischen Bogenschützen namens Pantera gefunden, der während der Herrschaft von Tiberius diente. Es heißt, daß er aus Sidon in der Nähe von Gaililäa kam, was zumindest beweist, daß der Name, den der „wirkliche“ Vater Jesu angeblich trug, weder anachronistisch noch erfunden war.

Nur Matthäus und Lukas berichten im Neuen Testament, daß Maria Jungfrau gewesen sei, als sie Jesus gebar (Mt 1,18–25; Lk 1,26–35). Die historischen und literarischen Belege für und wider die jungfräuliche Empfängnis halten sich die Waage. Bei einer Beurteilung der „Wahrheit“ von Marias Jungfräulichkeit muß die Möglichkeit des Wunderbaren, die Einschätzung der Evangelien und ihrer eigentlichen Bedeutung und, nicht zuletzt, der religiöse Standpunkt des Kommentators berücksichtigt werden.

Bei Matthäus heißt es, Maria werde durch das „Wirken des Heiligen Geistes“ empfangen (Mt 1,18. 20), bei Lukas, daß „die Kraft des Höchsten sie überschatten“ werde (Lk 1,35). Einige Forscher vertreten den Standpunkt, daß keine dieser Aussagen notwendigerweise den biologischen Geschlechtsverkehr ausschließe. Möglicherweise deuteten die Evangelisten damit einfach an, daß Gott im Augenblick der Empfängnis gegenwärtig gewesen sei. Eine Erhärtung dieser These findet sich im Buch Genesis, wo Eva nach dem Geschlechtsverkehr mit ihrem Gemahl ausruft: „Ich habe einen Mann vom Herrn erworben“ (Gen 4,1).

Doch die Belege dafür, daß die Evangelisten tatsächlich eine Empfängnis Marias ohne menschliches Dazutun verdeutlichen wollten, sind mehrheitlich überzeugend. Es gab viele Diskussionen um den Begriff *parthenos*. Das griechische Wort in den Evangelien, das meist mit „Jungfrau“

DIE JUNGFRÄULICHE GEBURT: EINE HEIDNISCHE VORSTELLUNG?

Der Begriff der jungfräulichen Empfängnis ist im Judentum unbekannt. Die Möglichkeit eines solchen Phänomens ist in den zahlreichen biblischen Legenden von wundersamen Geburten unfruchtbarer Mütter nirgendwo enthalten, wenngleich diese die Berichte von der Geburt Jesu in den Evangelien sicherlich beeinflußt haben. Auch die Prophezeiung des Jesaja (Jes 7,14), die Matthäus zitiert (siehe Bildlegende gegenüber), kann nicht als Beweis für einen jüdischen Glauben an die Möglichkeit einer Empfängnis ohne menschlichen Vater betrachtet werden.

In der griechisch-römischen Welt war die Vorstellung der jungfräulichen Empfängnis jedoch weit verbreitet. Von berühmten Herrschern wie Alexander dem Großen und Kaiser Augustus hieß es, daß sie aus der Verbindung ihrer Mutter mit einer Gottheit entsprungen seien; ähnliches wurde von charismatischen religiösen Führern behauptet. Späteren Schriften zufolge behauptete Simon, der Zauberer, der in der Apg 8 auftaucht, seine Mutter sei Jungfrau geblieben.

Die jungfräuliche Empfängnis Jesu wurde deshalb oft heidnischen Einflüssen zugeschrieben. Ungewiß ist, inwieweit solche Ideen für Christen des 1. Jahrhunderts, die einen jüdischen, monotheistischen Glauben geerbt hatten, akzeptabel gewesen wären. Auch sind die Parallelen nicht so groß, wie es scheinen mag. Heidnische Legenden erzählen von einem Geschlechtsverkehr zwischen einer Frau und einem Gott, der menschliche Gestalt angenommen hat. In den Evangelien wird nichts dergleichen angedeutet, wenn vom „Herabkommen des Heiligen Geistes“ oder von „Gott, der Maria überschattet“, die Rede ist. Solche Überlegungen reflektieren die jüdische Shekinah oder die Allgegenwart Gottes auf Erden.

Mariä Verkündigung, *von Naddo Ceccarelli (gest. ca. 1347). Die schwangere Maria liest den Vers von Matthäus, der den Propheten zitiert (Jes 7,14): „Seht, die Jungfrau wird ein Kind empfangen" (Mt 1,23). Matthäus zitiert aus der griechischen Septuaginta, die das hebräische Wort für „junge Frau" mit „Jungfrau" (griechisch* parthenos*) übersetzt. Schon im 2. Jahrhundert wurde behauptet, Maria sei auch nach Jesu Geburt Jungfrau geblieben – eine Vorstellung, die zu der mittelalterlichen Lehre von ihrer ewigen Jungfräulichkeit führte.*

übersetzt wird, bezeichnet ursprünglich nur ein Mädchen, das sexuelle Reife erlangt hat, aber nicht notwendigerweise eine Jungfrau. Aus dem Kontext wird jedoch klar, daß die Evangelisten den Ausdruck „Jungfrau" im üblichen Sinne verwendeten. So äußert sich Maria überrascht, als der Engel Gabriel ihr ihre Schwangerschaft ankündigt: „Wie soll das geschehen, da ich keinen Mann erkenne?" (Lk 1,34)

Lukas beschreibt Maria als eine „Jungfrau", die mit Josef verlobt war (Lk 1,26). Josef zieht eine Trennung von Maria in Erwägung, als er ihre Schwangerschaft entdeckt. Aber der Engel beruhigt Josef, daß seine Braut mit keinem Mann geschlafen habe (Mt 1,18–20).

DIE JUNGFRÄULICHE GEBURT IM NEUEN TESTAMENT UND IN DER FRÜHEN KIRCHE

Eines der stichhaltigsten Argumente gegen die Authentizität der jungfräulichen Geburt ist, daß diese, außer bei Matthäus und bei Lukas, nirgendwo im Neuen Testament erwähnt wird. Dieses Schweigen ist vielsagend, doch könnte es sein, daß die Überlieferung von der jungfräulichen Geburt im privaten Kreis der Familie von Jesus begann und erst mit wachsendem Interesse an seinen frühen Jahren bekannter wurde.

Daß die beiden Evangelisten, die die jungfräuliche Geburt nicht erwähnen, ihre Einleitungen anders gestalten, mochte gute Gründe haben. Markus beginnt mit dem Wirken des Täufers, des neuen Elia – vielleicht eine Parallele zum überraschenden Auftreten des Propheten Elia in den hebräischen Schriften. Der Prolog des Johannes könnte als eine Untersuchung der Bedeutungszusammenhänge zwischen Jesus und Immanuel – „Gott ist mit uns" – (Jes 7,14; Mt 1,23) angesehen werden.

Das Fehlen der jungfräulichen Geburt in den Paulusbriefen muß in dem Kontext verstanden werde, daß bei ihm jeder Hinweis auf die irdische Laufbahn Jesu fehlt.

Manche judenchristlichen Sekten wie die Ebioniter (siehe S. 173) lehnten die jungfräuliche Geburt ab, ebenso wie die christlichen Schriftsteller Cerinthus (ca. 100 n. Chr.) und Marcion (ca. 160 n. Chr.). Ignatius, der Bischof von Antiochien (ca. 112 n. Chr.) akzeptierte sie unhinterfragt, was andeutet, daß der Glaube daran früh einsetzte. Im folgenden Jahrhundert setzte er sich im ganzen Christentum durch.

DIE ERSTEN ZEUGEN

DIE KOSTBAREN GABEN

Die Christen interpretierten die drei Gaben der Weisen (Mt 2,11) als Symbole der Natur Jesu: Gold stand für seine königliches Wesen als Sohn Davids und Messias, Weihrauch (der bei sakralen Riten verwendet wurde) symbolisierte seine Priesterschaft (vgl. Hebr 9,11), und Myrrhe (die für die Salbung von Leichnamen verwendet wurde) verwies auf seinen Erlösertod.

Diese Interpretation ist durch die Evangelien nicht belegt. Matthäus erwähnt, daß solche Schätze die Haupthandelsprodukte mit dem südlichen Arabien waren.

Matthäus erzählt im zweiten Kapitel die berühmte Geschichte von den „Weisen aus dem Morgenland“ (Mt 2,1), die einem Stern folgten, um dem Jesuskind zu huldigen. Diese Episode erfuhr im christlichen Denken beachtliche Wandlungen. Der Evangelist erwähnt beispielsweise nicht die Anzahl der weisen Männer; die Zahl Drei wurde später davon abgeleitet, daß die Männer drei Arten von Gaben brachten (siehe Spalte links).

Die Besucher werden oft für Könige gehalten; diese Vorstellung kam aber erst auf, als die Kirche Verse der hebräischen Bibel auf diese Episode bezog. Es gibt beispielsweise in den Psalmen (Ps 72,10–11) Hinweise auf Könige, die einem israelitischen Herrscher, dem angeblichen Messias, huldigen, und Jesaja spricht von Königen, die zum Licht des Messias kommen sowie von Kamelen, die Gold und Weihrauch tragen (Jes 60,6). Interessant ist, daß Matthäus selbst, der gewöhnlich an vielen Stellen biblische Prophezeiungen zitiert, solche Passagen nicht anführt.

DIE HIRTEN

Lukas' Erzählung von den Hirten, die das Jesukind besuchen, gleicht in mancher Hinsicht Matthäus' Erzählung von den Weisen aus dem Morgenland. Beide Texte folgen unmittelbar auf die Erzählung von Jesu Geburt und berichten, wie einer kleinen Gruppe auf übernatürliche Weise die wahre Natur des neugeborenen Kindes offenbart wird. In Lukas 2 handelt es sich dabei um Schafhirten, einfaches Volk, für das dieses Evangelium besonderes Interesse bekundet. Der Engel erzählt den Hirten von der großen Freude, die dem ganzen Volk zuteil werde (Lk 2,10–11) und vom Frieden auf Erden bei den Menschen seiner Gnade – womit vermutlich die künftigen Anhänger Jesu (Lk 2,14) gemeint sind.

Die Verkündigung an die Hirten, *Glasmalerei, ca. 1300 n. Chr.*

Jesus ist der Messias, der in der Stadt Davids geboren wurde (Lk 2,11). Lukas' Worte von der „großen Freude“ und dem „Retter“ – das einzige Mal, daß dieses Wort bei den Synoptikern auftaucht – erinnert an Inschriften in Kleinasien zu Ehren der Geburt von Kaiser Augustus.

Von den Schafhirten heißt es, sie lagerten auf freiem Feld und hielten Nachtwache bei ihrer Herde (Lk 2,8). Dies war in Palästina üblich, wo die Schafe nach der Weizenernte im Juni auf die Felder gebracht wurden, um die Reste der Ernte abzugrasen. Wenn der Bericht von Lukas historische Grundlagen besitzt, müßte Jesus im Sommer geboren worden sein.

Lukas erzählt eine idyllische Geschichte, die vielleicht von heidnischen Legenden beeinflußt ist; in dieser sind die Hirten mit der Geburt berühmter Menschen wie Romulus und Remus verbunden. Betlehem, die Stadt Davids, spielt eine herausragende Rolle. Auch David war einst ein Schafhirte.

Die Magi, *ein Mosaik aus dem 6. Jahrhundert in der Kirche Sant' Apollinare Nuovo, Ravenna. Die „Drei Weisen" sind nach ihren tradierten Namen – Kaspar, Melchior und Baltasar – benannt. Jeder trägt einen Filzhut; diese Kopfbedeckung stammt ursprünglich aus Phrygien in Kleinasien und wird in der griechisch-römischen Kunst oft dargestellt, um eine Person aus dem Orient zu kennzeichnen.*

Die Fremden aus dem Morgenland wurden in der Kunst manchmal so dargestellt, als hätten sie dem neugeborenen Jesus in der Krippe gemeinsam mit den Hirten gehuldigt; deren Besuch wird bei Lukas (siehe Kasten gegenüber) beschrieben. Aber Matthäus berichtet, daß sie Jesus und Maria in einem Haus (Mt 2,11) aufgesucht hätten. Die Tatsache, daß Herodes alle Kinder unter zwei Jahren töten ließ (siehe S. 72–73), deutet auf eine Geburt Jesu geraume Zeit vor diesem Massaker hin.

Oft versuchte man, den Leitstern mit astronomischen Phänomenen zur Zeit der Geburt Jesu in Zusammenhang zu bringen, insbesondere mit dem Erscheinen eines Kometen etwa 5. n. Chr. Wahrscheinlicher ist, daß Matthäus eine Stelle aus dem Buch Numeri, daß „ein Stern in Jakob aufgehen solle" (Num 24,17), phantasievoll ausbaut. Matthäus zitiert diese Passage, die auch in einer Sammlung messianischer Texte aus Qumran (siehe S. 37) auftaucht, nicht direkt. Simon bar Kosiba, der Anführer der zweiten jüdischen Revolte gegen Rom, wurde von seinen Anhängern, die ihn als den Messias proklamierten, „bar Kokhba" („Sohn eines Sterns") genannt.

Man hat vermutet, daß die Episode, in der die Weisen Jesus huldigen, indirekt die christliche Mission vorwegnimmt, mit der das Matthäusevangelium endet (Mt 28,19). Wahrscheinlicher ist, daß der Evangelist die weitverbreitete Erwartung der Juden ausdrückt, daß bei Erscheinen des Messias Israel die Huldigung aller Nationen erfahren würde. Die Spekulation unter den gelehrten Kreisen Jerusalems, daß der erwartete Messias in nächster Zeit auftauchen werde, könnte Herodes dazu bewogen haben, alle Hohenpriester und Schriftgelehrten zusammenzurufen, um sich bei ihnen nach der Ankunft des Messias zu erkundigen (Mt 2,4).

DIE *MAGI*

Matthäus belegt die fremden Besucher mit dem griechischen Ausdruck *mágoi* (Singular *magos*; lateinisch *magus*), der am besten mit „Magier" zu übersetzen ist. Die ursprünglich aus Persien stammenden *magi* hatten es im 1. Jahrhundert n. Chr. in der antiken Welt zu großem Einfluß gebracht; sie waren kundig in esoterischen Künsten wie der Astrologie und Oneiromantie (Traumdeutung), die beide in den Evangelien erwähnt werden. Sie verfügten über Geheimwissen und können zu Recht als „Weise" bezeichnet werden.

Der jüdische Schriftsteller Philo preist die *magi* als Meister „wahrer Magie", denunziert sie aber an anderer Stelle als Scharlatane, denen es nur um Zauber und Beschwörung zu tun sei. Dasselbe negative Urteil liegt im Neuen Testament in der Darstellung der Zauberer Simon (Apg 8) und Elymas (Apg 13) vor.

Matthäus erkennt die besonderen Fähigkeiten der *magi*. Dank ihrer übernatürlichen Weisheit verstehen sie, daß der Stern das königliche Wesen von Jesus anzeigt (Mt 2,2). Sie erhalten auch eine göttliche Anweisung in einem Traum (Mt 2,12).

Andererseits wird ihr Gegensatz zu Jesus hervorgekehrt. In den Evangelien wird Jesus beschuldigt, ein Magier zu sein und Wunder mit Hilfe von Beelzebub, dem Anführer der Dämonen (Mt 12,24 par.), zu wirken. Mit der Einführung der *magi* könnte Matthäus ausdrücken wollen, daß alle Magier – wie die Dämonen (Mt 8,29–30. Lk 4,34) – die Überlegenheit Jesu akzeptieren, da sie erkennen, daß sich die Macht und die Autorität Gottes von der ihren grundlegend unterscheidet.

DER ZORN DES HERODES

Dieses Grab in Jerusalem aus dem 1. Jahrhundert wurde lange Zeit für das Grab von König Herodes dem Großen gehalten; vermutlich liegt hier aber ein Mitglied seiner Familie begraben.

HERODES UND ABRAHAM

Jüdische Ausschmückungen der Geschichte Abrahams im Buch der Genesis könnten Matthäus' Erzählung von Herodes dem Großen beeinflußt haben. In den Erzählungen von Abraham erscheint über seinem Geburtsort ein großer Stern, von dem die Astrologen sagten, er verkünde die Ankunft eines großen, zukünftigen Herrschers. Sie berichteten ihre Vorhersage König Nimrod, der daraufhin siebzigtausend unschuldige Kinder ermorden ließ.

Wie in der Exodus-Erzählung über die hebräischen Knaben (siehe Haupttext) sind die Parallelen nicht exakt, doch könnte Matthäus einige Elemente der Geschichte für seine Erzählung aufgegriffen haben.

Herodes der Große (reg. 37–4. v. Chr.) spielt in Matthäus' Erzählung von den Weisen, oder *magi* (siehe S. 70–71), eine herausragende Rolle. Er war ein grausamer Herrscher. Dies bezeugen die Flucht der Heiligen Familie nach Ägypten (siehe S. 74–75) sowie der Kindermord von Betlehem.

Es gab viele Diskussionen darüber, ob und inwieweit die Berichte über König Herodes bei Matthäus historisch fundiert seien. Daß der König die Magier ernst nahm, ist in keiner Weise unwahrscheinlich; das jüdische Interesse an der Astrologie ist belegt, beispielsweise in der sogenannten *Schrift de Sem* (1. Jh. v. Chr.); Horoskope wurden auch in den Qumran-Dokumenten gefunden. Vielleicht urteilte man etwas übereilt, die Magier seien Heiden gewesen, denn zu dieser Zeit gab es bereits etablierte jüdische Gemeinschaften im Osten, vor allem in Babylonien.

Das Charakterbild, das Matthäus von Herodes zeichnet, stimmt mit anderen Beschreibungen überein (siehe S. 24–25). Er wird als brutaler, abergläubischer und durchtriebener Herrscher mit ausgeprägtem Selbsterhaltungstrieb dargestellt. Sein ausdrücklicher Wunsch, dem neugeborenen König zu huldigen (Mt 2,8), ist einerseits natürlich als Hinterlist zu verstehen. Doch bei Matthäus sagt Herodes, ohne es zu wollen, die Wahrheit: Wenn der Messias kommt, müsse der säkulare Herrscher hinter ihn treten.

Wie auch immer die historische Grundlage sein mag, unbestritten ist, daß die Berichte bei Matthäus um König Herodes verschiedene biblische Themen, vor allem aus dem Leben Mose, aufgreifen. Der Kindermord basiert höchstwahrscheinlich auf der Erzählung in Exodus 1, in welcher der Pharao den Mord an allen hebräischen Knaben befiehlt. Matthäus gibt Herodes die Rolle des ägyptischen Königs, des Unterdrückers von Israel.

DER KINDERMORD

Die berüchtigste Tat von Herodes dem Großen im Matthäusevangelium ist der Befehl, alle Kinder in Betlehem bis zum Alter von zwei Jahren zu töten, um das Kind zu beseitigen, das die Sterndeuter als Messias und König der Juden begrüßt haben (Mt 2,17). Manche meinen, daß der sogenannte Kindermord in Betlehem authentisch sein könnte, da es nicht viele Opfer gegeben haben könne. Betlehem war ein kleiner Ort, und das Ereignis hätte in der blutrünstigen Atmosphäre, die die letzten Jahre von Herodes' Herrschaft prägte, kein allzu großes Aufsehen erregt.

Auch waren solche Taten in der damaligen Welt nicht außergewöhnlich. Dem römischen Historiker Suetonius (1. Jh.) zufolge kündigte kurz vor der Geburt des Kaisers Augustus ein Omen die Geburt eines Königs von Rom an, woraufhin der Senat verfügte, daß alle Knaben, die in diesem Jahr geboren würden, sterben sollten. Die Geschichte könnte aber ebenso legendenhaft sein wie ähnliche jüdische Erzählungen. Keine andere Quelle erwähnt die Bluttat des Herodes.

Andere meinen, daß Matthäus hier wie in allen Erzählungen, die auf die Geburt folgen, eine Episode auf einer biblischen Passage aufbaute, in diesem Fall auf einen Vers von Jeremia, der sich auf einen Ort in der Nähe von Betlehem bezieht (Jer 31,15) und den auch Matthäus anführt (Mt 2,18). Es ist jedoch schwer nachzuvollziehen, daß er nur auf Jeremia Bezug nimmt. Wahrscheinlicher ist, daß er eine Reihe biblischer und jüdischer Themen anführte, um zu betonen, daß die Ereignisse Teil eines langen, göttlichen Plans waren.

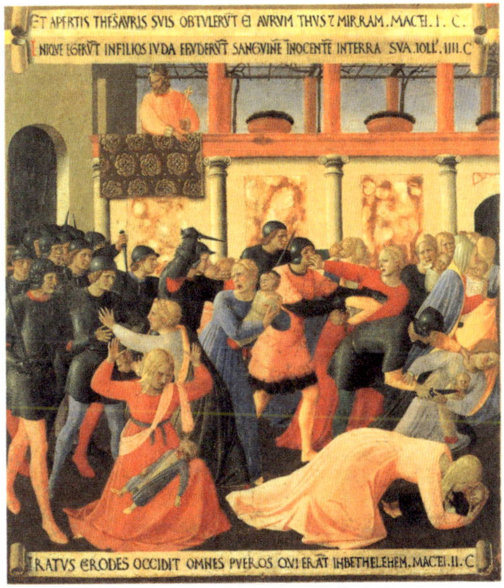

Der Kindermord von Betlehem *von Fra Angelico (1387–1455). Zwar stimmt Matthäus' Darstellung des Herodes als grausamer, paranoider Monarch mit dem überein, was von ihm bekannt ist, doch ist einiges im Bericht über den Kindermord unglaubwürdig. Herodes hätte beispielsweise den neugeborenen König finden können, indem er den Weisen Spione nachsandte.*

Eine weitere Parallele: Als ein Engel Josef erzählt, daß Herodes tot sei und er nach Ägpten zurückkehren könne (Mt 2,20; siehe S. 75), spielen diese Worte direkt auf die Anweisung Gottes an Mose an, aus dem Exil in Midian nach Ägypten zurückzukehren (Ex 4,19).

Matthäus könnte auch jüdische Legenden über Mose aufgegriffen haben, die wohl im 1. Jahrhundert n. Chr. kursierten, obwohl sie erst in der späteren *Haggada* (Darstellung des Exodus zum Paschafest) in Schriftform auftauchten. Einer dieser Legenden zufolge wurde der Pharao gewarnt, das Kind Mose würde sich der Krone bemächtigen, wenn man es nicht töte; Moses wurde jedoch vom Engel Gabriel gerettet. Auch im Evangelium wird Jesus durch das Eingreifen eines Engels vor Herodes gerettet, woraufhin die Heilige Familie nach Betlehem flieht. Weitere Parallelen zu jüdischen Legenden über Mose sind prophetische Träume sowie Josefs Überlegung, sich von seiner Braut zu trennen.

DIE FLUCHT NACH ÄGYPTEN

Nach der Huldigung des Jesuskindes durch die Weisen, so Matthäus, warnte ein Engel Josef im Traum vor den mörderischen Absichten des Herodes (Mt 2,13). Auf Befehl des Engels brachte Josef seine Frau und den Knaben nach Ägypten, wo sie bis zum Tode des Herodes blieben. Der Evangelist erwähnt keine Details über die Reise oder das Leben der Familie in Ägypten, und die meisten Gelehrten zweifeln an der historischen Authentizität dieser Episode. Matthäus verbindet den Aufenthalt in Ägypten mit einer biblischen Prophezeiung und zitiert Hosea 11,1, den er aus dem Hebräischen übersetzt: „Ich rief meinen Sohn aus Ägypten."

Mit dem „Sohn" ist Mose gemeint, in übertragenem Sinne jedoch das Volk Israel, das Mose aus der ägyptischen Sklaverei führte. Matthäus scheint als einziger die Worte von Hosea auf den Messias zu beziehen; er könnte aber auch betonen wollen, daß das Leben Jesu Schlüsselereignisse

JESUS DER „NAZORÄER"

Matthäus deutet an, daß Betlehem, der Geburtsort Jesu, ursprünglich der Wohnort von Josef und Maria gewesen sei (siehe S. 67). Er wußte aber auch, daß Jesus in Nazaret in Galiläa aufgezogen wurde und behauptet, Josef habe den Befehl erhalten, dorthin zu gehen, damit sich erfülle, was die Propheten gesagt hatten: „Er wird Narzoräer genannt werden" (Mt 2,22–23). Mit „Nazoräer" (griechisch *Nazoraios*) scheint der Evangelist einen Einwohner Nazarets zu meinen. Diese Bedeutung hat das Wort auch an anderer Stelle im Neuen Testament; in der Apostelgeschichte ist es eine Bezeichnung für die Christen im allgemeinen.

Matthäus' „Prophetenwort" findet sich aber nicht in der Bibel, und viele Gelehrte glauben, daß es auf Jesaja 11,1 beruht, wo der Messias als „Reis" (hebräisch *nezer*) aus dem Baumstumpf Isais (des Vaters von König David) bezeichnet wird. Normalerweise zitiert Matthäus aber die Septuaginta, die griechische Fassung der Hebräischen Bibel, wo sich an dieser Stelle das Wort *Nazoraios* nicht findet. Möglich wäre, daß er direkt aus dem hebräischen Original übersetzte.

Es gibt noch eine wahrscheinlichere Erklärung: Matthäus behauptet, „die Propheten" zu zitieren, und einer der drei Teile der jüdischen Bibel (siehe S. 30) wird so genannt. Dazu gehört auch das Buch der Richter. In manchen Versionen der Septuaginta wird im Vers Richter 13,7 Samson als *naziraios*, als „Nasiräer" (hebräisch *nazir*), beschrieben, als Gottgeweihter. Samson scheint wenig geeignet als Vorbild für Jesus, doch erlitt auch er wie Jesus Verrat und Todeskampf, um im Tod über die Feinde Israels zu triumphieren. Auch eine Passage über das Heranwachsen Jesu (Lk 2,40) könnte durch die Erzählung von Samson (Ri 13,24) beeinflußt sein.

Die Stadt Nazaret in Galiläa in heutiger Zeit. Zur Zeit Jesu war Nazaret nur ein kleines Dorf.

Die schroffe Landschaft der Wüste Negeb im Süden Israels. Wenn Matthäus' Bericht auf historischen Grundlagen beruht, wären Maria, Josef und Jesus auf ihrem Weg nach Ägypten durch eine solche Gegend gereist.

aus der Geschichte Israels repräsentiere. Die Idee von der Allgegenwart Christi in der Geschichte war den frühen Christen sicher geläufig (z. B. 1 Cor 10, 1–4).

Auch andere biblische Gestalten fliehen nach Ägypten. Matthäus versuchte Josef von Nazaret mit seinem Namensvetter, dem Patriarchen Josef, in Verbindung zu bringen; dieser wurde in Ägypten vor dem Tod errettet, wodurch sich das Versprechen, das Gott Israel gegeben hatte, erfüllte. Der Patriarch Abraham und der Prophet Jeremia, den Matthäus einige Verse später zitiert, wanderten ebenfalls nach Ägpten aus, um einer Katastrophe zu entkommen.

Im Zuge der Weiterentwicklung des Christentums verleitete das zunehmende Interesse an Details aus dem frühen Leben Jesu christliche Schriftsteller dazu, den nüchternen Bericht von Matthäus über den Aufenthalt in Ägypten auszuschmücken. Bemerkenswert an diesen Legenden, die sich in den sogenannten „Kindheitsevangelien" (siehe S. 58–59) finden, ist, daß sie Maria und dem Kind Jesu eine wichtigere Rolle zuweisen.

Auch der Bericht von der Rückkehr der Familie aus Ägypten (Mt 2,19–21) ist kurz gehalten; am Anfang steht wiederum die Botschaft eines Engels, desgleichen ist Josef die Hauptfigur. Erneut wird durch die Worte des Engels eine Verbindung zwischen Jesus und Mose hergestellt (siehe S. 73). Josef fürchtete eine Rückkehr nach Betlehem, weil „in Judaä Archelaus regierte" (Mt 2,22). Nach dem Tod des Herodes regierte sein Sohn Archelaus mit solcher Brualität, daß die Römer ihn absetzten. Die Familie zog deshalb nicht nach Betlehem, sondern nach Nazaret in Galiläa.

RITUALE DER KINDHEIT

Dem Besuch der Hirten beim Jesuskind (siehe Kasten S. 70) schließt Lukas zwei reizvolle und bewegende Szenen an, in denen er sein erzählerisches Geschick unter Beweis stellt. Er schildert die Eltern Jesu als fromme Juden, die nach der Geburt eines Knaben „alles taten, was das Gesetz vorschrieb" (Lk 2,39). Die wichtigsten Rituale waren die Beschneidung, die Reinigung und die Darbringung im Tempel.

Die Beschneidung Jesu fand acht Tage nach der Geburt statt, wie es das jüdische Gesetz vorschreibt (Lk 2,21). Das Ritual war gemäß dem Auftrag des Engels mit der Namensgebung verbunden (Lk 1,31).

Eine Geburt versetzte die Mutter in einen Zustand der Unreinheit, der vierzig Tage dauerte. Lukas 2,22 berichtet von „ihrer" Reinigung, womit anscheinend Maria und Josef gemeint sind, obwohl das jüdische Gesetz die

JESUS UND DIE TEMPELLEHRER

Die Unterschiede im Kapitel zwei bei Matthäus und Lukas lassen vermuten, daß kurz nach dem Tod Jesu eine Vielzahl von Überlieferungen über seine frühen Jahre zirkulierten. Lukas wählte eine Episode aus, bei der der Zwölfjährige bei einem Besuch in Jerusalem zum Paschafest verlorengeht und von seinen Eltern im Tempel wiedergefunden wird, wo er mit Lehrern diskutiert (Lk 2,41–49). Dies ist die einzige Geschichte über die Knabenjahre Jesu in den kanonischen Evangelien.

Christus unter den Lehrern im Tempel, *Fresko von Giotto (ca. 1266–1337) in der Arenakapelle, Padua. Nach Lukas 2,47 „waren alle, die ihn hörten, erstaunt über sein Verständnis".*

Diese Geschichte bringt Jesus mit dem Tempel in Verbindung, ein Thema, an dem Lukas besonderes Interesse zeigt. Weitere Schlüsselthemen von der Darbringung kehren wieder (siehe Haupttext): Die Familie Jesu als fromme Juden, die Vorrangstellung Marias und die Anerkennung der Sonderstellung Jesu durch Vertreter des Judentums. Die Szene findet in der Umgebung des Tempels statt, wo die Rabbiner lehrten, wie Jesus selbst es später tun würde.

Im Judentum erlangt ein Knabe den Status religiöser Reife, *bar mitzvah* („Sohn des Gebotes"), im Alter von dreizehn Jahren; von nun an muß er die Gebote des jüdischen Gesetzes beachten. Lukas könnte zeigen wollen, daß der noch minderjährige Jesus ein Verständnis religiöser Dinge hatte, das die Ältesten erstaunte (Lk 2,47).

Die Bedeutung dieser Geschichte wird im Dialog zwischen Jesus und Maria (Lk 2,48–49) sichtbar, in dem Jesus zum ersten Mal in den Evangelien Gott seinen Vater nennt. Das Bewußtsein Jesu von seiner besonderen Verbindung zu Gott ist ein zentrales Moment seines Selbstverständnisses (siehe S. 166). Daß die Eltern die Worte ihres Kindes nicht verstehen, spiegelt ein anderes Evangelienthema wider – die Verständnislosigkeit seiner Familie in der Zeit seines Wirkens. Die Eltern Jesu sind voller Angst, als sie ihn vermissen (Lk 2,48). Lukas setzt diesem Konflikt einen Hinweis auf den Gehorsam ihres Sohnes entgegen (Lk 2,51).

Die Darbringung Jesu im Tempel, *von Giovanni Bellini (ca. 1431–1516). Maria (links) legt das Kind in die Arme von Simeon (Lk 2,28). Josef (Mitte) und andere beobachten die Szene.*

Reinigung nur für die Mutter vorschreibt. Die Zeit der Reinigung endete mit einem Besuch im Tempel von Jerusalem, wo als Dank ein Tieropfer dargebracht wurde, welches Lukas als von jener Art beschreibt, wie es den ärmsten Anbetern erlaubt war (Lk 2,24). Dies spiegelt Marias niedrige Stellung wider, die auch im *Magnificat* beschrieben wird (Lk 1,46–55; siehe S. 67), und vielleicht auch Lukas' generelles Interesse an den Armen.

Der Ausdruck „Darbringung" bezieht sich bei Lukas jedoch in erster Linie darauf, daß Jesus seiner zukünftigen Aufgabe geweiht wurde. Der Evangelist zitiert das Gesetz, dem gemäß „jede männliche Erstgeburt dem Herrn geweiht sein soll". Diese Passage ist vermutlich von der Erzählung der Weihung des Kindes Samuel in Schilo (1 Sam 1) beeinflußt. Das Thema wird von den Propheten Simeon und Anna weitergeführt, die vermutlich bekannte Persönlichkeiten gewesen sind. Vor allem Simeon war vom Heiligen Geist erfüllt und geleitet. In dem Lied *Nunc Dimittis* (nach den ersten beiden lateinischen Worten benannt) (Lk 2,29–32) prophezeit er die Universalität der frohen Botschaft – ein Motiv, das bei Lukas immer wieder verarbeitet wird.

Auch bei der Darbringung steht Maria im Lukasevangelium wie schon bei der Geburt im Zentrum. Simeon hat ihr eine Botschaft zu überbringen (Lk 2,34–35), in der ein emotionaler und unheilvollerer Ton angeschlagen wird als in den triumphierende Worten des *Nunc Dimittis*: „Jesus wird ein Zeichen sein, dem widersprochen wird. Dir selbst aber wird ein Schwert durch die Seele dringen." Lukas' Erzählung schließt mit der friedlichen Rückkehr der Familie nach Nazaret. Das Kind wuchs heran, „erfüllt von göttlicher Weisheit" (Lk 2,40) – diese Worte leiten die nächste Episode des Lukasevangeliums ein (siehe Kasten gegenüber).

DAS HÄUSLICHE UMFELD JESU

Abgesehen von den Erzählungen über die Geburt und die Kindheit bei Matthäus und Lukas sind den Evangelien nur beiläufige Informationen über Kindheit, Jugend und Zuhause Jesu zu entnehmen. Einige frühe Texte und die sogenannten „Kindheitsevangelien" (siehe S. 58) versuchten, die fehlenden Details über den familären Hintergrund und das Heranwachsen Jesu zu ergänzen. Zwar ist ihre Authentizität zweifelhaft, doch dienten sie mehreren mittelalterlichen Dokumenten als wichtige Quelle.

Ob Jesus nun in Betlehem geboren wurde oder nicht (siehe Spalte S. 67), frühe, nicht zur Bibel zählende Quellentexte behaupten, daß er familiäre Verbindungen nach Judäa hatte, wie es etwa im Protevangelium von Jakob aus dem 2. Jahrhundert angegeben ist. Im Protevangelium heißt es, Maria sei in Jerusalem, der Heimat ihrer Eltern, Anna und Joachim (siehe Abb. S. 58), geboren worden. Lukas nennt Maria in den Evangelien eine Verwandte der Eltern von Johannes dem Täufer, die in der Nähe von Jerusalem im Bergland von Judäa lebten (Lk 1,36–1,39).

Das Protevangelium erwähnt auch, daß die Familie von Anna Besitztümer in der Gegend des Berges Carmel hatte, und andere frühchristliche

Ein steinerner Backofen beherrscht den Küchenbereich dieses zweistöckigen Hauses; er steht in dem teilweise wiederaufgebauten Dorf Quatzrin auf den Golanhöhen. Obwohl die Überreste in Quatzrin im wesentlichen aus dem 5. Jh. n. Chr. datieren, wird angenommen, daß die Häuser auch zur Zeit Jesu diese Form hatten.

Die Stadt Nazaret heute; der Hügel im Hintergrund ist der Überlieferung nach jener Berg, von dem die wütenden Bewohner Jesus nach seiner Predigt in der Synagoge hinabstürzen wollten (Lk 4,29–30).

Überlieferungen, die nicht zu den kanonischen Evangelien zählen, verbinden Jesus mit Galiläa und dem Norden Palästinas. Einem dieser Texte zufolge wurde Maria in Sepphoris, einer Stadt in der Nähe von Nazaret (siehe Abbildung S. 23) geboren. Einige Kommentatoren vermuten, daß die Einladung zu einer Hochzeit in Kana (Jh 2,12), der Jesus und seine Mutter Folge leisteten, ein innerfamiliäres Fest gewesen sein könnte.

Abgesehen von solchen Legenden und Spekulationen besteht Konsens darüber, daß Jesus in Nazaret in Galiläa aufwuchs. Archäologische Fundstücke aus dem Palästina des 1. Jahrhunderts n. Chr. lassen Rückschlüsse auf mehrere Aspekte der frühen Jahre Jesu zu. Jüngste Ausgrabungen an nahegelegenen Orten vermitteln einen Eindruck von dem Haus, in dem Jesus und seine Familie gelebt haben könnten (siehe Abb. gegenüber). Es bestand vermutlich aus einen Hof, um den eine Reihe von Räumen auf einem oder zwei Stockwerken angeordnet waren; das obere Stockwerk wurde von Holzbalken getragen und war durch eine Leiter im Inneren oder von außen über eine Stiege zu erreichen. Wenn im Hause Jesu sämtliche Familienmitglieder - Mutter, Vater, fünf Söhne und mindestens zwei Töchter - untergebracht waren, gab es vermutlich ein zweites Stockwerk.

Über die Erziehung oder Bildung, die dem jungen Jesus zuteil wurde, ist nichts bekannt. Die Tatsache, daß seine Anhänger ihn als Rabbi („Lehrer" siehe S. 162) ansprachen, läßt vermuten, daß er mit den hebräischen Schriften gut vertraut war. Zu jener Zeit hatten die Pharisäer neben den Synagogen Schulen errichtet, in denen die Kinder lesen und schreiben lernten und im jüdischen Gesetz unterrichtet wurden. Es ist möglich, daß Jesus eine solche Schule besuchte: Er konnte mit Sicherheit lesen und während des Gottesdienstes in der Synagoge eine Bibelpassage erläuten (Mk1,21; 6,12). Die einzige überlieferte Episode aus der Jugend Jesu - seine Diskussion mit den Lehrern im Tempel (Lk 2,42–51) - ereignete sich, als er zwölf Jahre alt war. Nach späterer jüdischer Gepflogenheit, die zur Zeit Jesu bereits

JAKOBUS, DER BRUDER JESU

Jakobus, einer der Brüder Jesu, hatte in der frühen Kirche eine besondere Stellung. Dies geht nicht nur auf seine Blutsverwandtschaft mit seinem älteren Bruder zurück, sondern er war, wie Paulus berichtet, auch dadurch ausgezeichnet, daß ihm der auferstandene Christus erschienen war. Er spielte sehr früh eine Rolle in der Leitung der Kirche von Jerusalem und war vielleicht sogar deren Sprecher, wie in der Apostelgeschichte und im Brief an die Galater angedeutet wird.

Im Neuen Testament wird Jakobus als Leiter der judenchristlichen Gemeinde in Jerusalem dargestellt, im Gegensatz dazu gilt Paulus als Missionar des heidnischen Christentums (siehe S. 172–173). Spätere Schriften über die judenchristliche Gemeinde schreiben Jakobus noch größere Autorität zu und berichten, daß er der wichtigste Apostel sei, dem alle anderen unterstünden. Er ist der Überlieferung nach der Autor des Jakobusbriefes, der, obwohl seine Autorenschaft heute bezweifelt wird, doch Aufschluß über die Lehre des Jakobus gibt.

Eine glaubwürdige Überlieferung des jüdischen Schriftstellers Josephus aus dem 1. Jahrhundert gibt an, daß Jakobus 62 n. Chr. auf Befehl des Hohenpriesters Ananus zu Tode gesteinigt worden sei. Der christliche Historiker Hegesippus aus dem 2. Jahrhundert berichtet ebenfalls von seinem Tod, die anschaulichen Details gelten jedoch als legendenhaft. Hegesippus erzählt, nach dem Tod des Jakobus habe Simeon, ein anderer Verwandter, eine führende Stellung in Jerusalem eingenommen. Dies verweist auf ein dynastisches Führungsmodell, das zeitweilig unter den Anhängern Jesu in der Stadt geherrscht haben dürfte.

Diese alte ägyptische Bogenspitze unterscheidet sich mit großer Wahrscheinlichkeit kaum von dem Zimmermannswerkzeug, mit dem Josef und Jesus zu tun hatten. Der in den Evangelien verwendete griechische Ausdruck tekton *hat eine umfassendere Bedeutung, als aus der üblichen Übersetzung „Zimmermann" hervorgeht. Er bezeichnet jemanden, der Bauarbeiten mit Holz, Steinen und Ziegeln vornimmt. Die angebliche Armut der Familie Jesu ist vielleicht übertrieben dargestellt: Eine Bauunternehmerfamilie könnte recht wohlhabend gewesen sein.*

gegolten haben könnte, wurde ein Knabe mit dreizehn Jahren erwachsen und war verpflichtet, die Vorschriften des jüdischen Gesetzes fortan einzuhalten. Lukas könnte mit der Episode im Tempel die Frühreife Jesu oder den Übertritt zur Reife (siehe Kasten S. 76) andeuten wollen.

Markus 6,3 und Matthäus 13,55 erwähnen vier Brüder Jesu: Jakobus (siehe Kasten oben), Josef (oder Joses), Simon (oder Simeon) und Judas (vermutlich der Autor des Judasbriefes). Die zwei Evangelisten erwähnen, ohne weitere Details zu nennen, auch „seine Schwestern". Aus den Evangelien geht deutlich hervor, daß Jesus zu Lebzeiten mit seinen Angehörigen uneins war. Einmal sagen sie über ihn, er sei „von Sinnen" (Mk 3,21); im Johannesevangelium heißt es, „auch seine Brüder glaubten nicht an ihn" (Joh 7,5), und Jesus selbst meinte, daß „ein Prophet nirgends so wenig Ansehen hat wie bei seinen Verwandten" (Mk 6,4; Mt 13,57). Die Einstellung seiner Familie scheint sich jedoch gewandelt zu haben, vor allem nachdem der auferstandene Christus seinem ältesten Bruder Jakobus (1 Kor 15,7) erschienen war. Die Apostelgeschichte erzählt, daß Maria und ihre überlebenden Söhne einträchtig mit den zwölf Aposteln in der Kirche von Jerusalem beteten (Apg 1,14). Die Söhne werden mit der ehrenvollen

Bezeichnung „Brüder des Herrn" angesprochen. Ab Mitte des 2. Jahrhunderts n. Chr. betonte die Kirche zunehmend die ewige Jungfräulichkeit Marias. Dies führte zu bis heute anhaltenden theologischen Debatten über die Verwandtschaft Jesu zu seinen „Brüdern". Einige halten sie für Stiefbrüder (Kinder aus einer früheren Ehe Josefs) oder Cousins von Jesus (Söhne einer Schwester von Maria). Der Ausdruck „Bruder" kann in der Bibel einfach einen „Blutsverwandten" bezeichnen, weshalb beide Theorien nicht unplausibel sind.

In Markus 6,3 wird Jesus als „Zimmermann" (griechisch *tekton*) beschrieben, bei Matthäus als „Sohn des Zimmermanns" (Mt 13,55). Es war damals üblich, daß der älteste Sohn den Beruf des Vaters übernahm. Aus den Evangelien geht deutlich hervor, daß Jesus in späteren Jahren kein Handwerk ausübte. Man hat auch vermutet, daß das griechische Wort für „Zimmermann" in den Evangelien auf einen aramäischen Ausdruck zurückgeht, der im Talmud metaphorisch für einen Gelehrten verwendet wird (siehe Glossar). Bei Matthäus und Markus ist der Begriff „Zimmermann" jedoch eindeutig wörtlich gemeint, da Verwunderung über die Gelehrtheit eines einfachen Handwerkers geäußert wird.

Die Heilige Familie mit einem Sperling *von Bartolomé Esteban Murillo (1618–1682). Der Sperling, den das Jesuskind hält, bezieht sich auf eine beliebte Legende der apokryphen Kindheitsevangelien, wonach Jesus Sperlinge aus Ton modelliert und zum Leben erweckt haben soll.*

JOHANNES DER TÄUFER

Wadi Ze'elim in der Wüste Judäas. Johannes der Täufer ist angeblich in der Wüste aufgewachsen; es gibt Vermutungen, wonach die Essener von Qumran (siehe Haupttext) ihn nach dem Tod seiner Eltern Elisabet und Zacharias adoptiert hätten.

Die enge Verbindung von Jesus mit Johannes dem Täufer ist eine belegte Tatsache (siehe Kasten gegenüber). Johannes der Täufer war zweifelsohne eine historische Gestalt. Den Evangelien zufolge rief Johannes seine Zuhörer auf, sich in Erwartung des kommenden Messias von ihren Sünden abzukehren. Er praktizierte eine rituelle Reinigung, die als Taufe bezeichnet wurde (griechisch *baptizein* „eintauchen"); dabei wurde der Betroffene in das Wasser des Flusses Jordan getaucht. Diese „Taufe der Umkehr" (Mk 1,1-14 par.) war mit einem Bekenntnis der Sünden verbunden. Der Historiker Josephus (siehe Spalte links) bestätigt diesen Vorgang im großen und ganzen.

Von den Zuhörern des Johannes wurde erwartet, daß sie in ihr gewohntes Leben zurückkehrten, um künftig einen wertvolleren Beitrag für die Gesellschaft zu leisten. Aber es gab auch welche, die sich dem Täufer stärker verpflichteten, seine Jünger wurden und eine Bewegung begründeten, die sich gemäß Apostelgeschichte 19,1–4 bis nach Kleinasien ausbreitete (und offenbar bis nach 200 n. Chr. bestehen geblieben ist). Die Anhänger des Johannes übernahmen den asketischen Lebensstil ihres Meisters, der „kein Brot aß und keinen Wein trank"(Lk 7,33).

Seit der Entdeckung der Handschriften vom Toten Meer, die viele für die Bibliothek einer Essener-Gemeinschaft in Qumran in der Wüste Judäas halten (siehe S.37), stellte man sich oft die Frage, ob der Täufer von den Anschauungen der Essener beeinflußt oder ob er und Jesus eventuell sogar Mitglieder der Qumran-Gemeinschaft gewesen sein könnten. Nach Lukas 1,80 verbrachte Johannes seine Kindheit in der Wüste, und auch Jesus lebte

DER TÄUFER BEI JOSEPHUS

Der jüdische Historiker Josephus, der gegen Ende des 1. Jahrhunderts lebte, bezeichnet Johannes als den „Täufer" (vgl. Mk 1,4) und nennt Details über die Art der Taufe, die Johannes spendete.

Josephus zufolge war die Taufe des Johannes nicht als Sühne für die Sünden gedacht, obwohl sie eine Reinigung derjenigen, die beschlossen hatten, sich zu bessern, darstellte. Hier zeigen sich Parallelen zur Botschaft des Johannes in den Evangelien (siehe Haupttext).

Im Unterschied zu den Evangelien ist bei Josephus nirgendwo von der Prophezeiung des Johannes über das kommende göttliche Gericht die Rede. Der Grund dafür ist, daß Josephus der fieberhaften Suche der Juden jener Zeit nach dem Messias mißtraute und Johannes lediglich als Moralphilosophen darstellen wollte. Josephus bestätigt jedoch die große Popularität des Johannes und berichtet über seine Hinrichtung unter Herodes Antipas.

JESUS UND JOHANNES

Den Evangelien zufolge ist die Wahrscheinlichkeit groß, daß Jesus einst Schüler von Johannes dem Täufer war. Johannes begann seine Arbeit östlich des Jordans, und Jesus war bei ihm (Jh 1,28 ff.). Das Johannesevangelium 3,22 sagt aus, daß Jesus sein Wirken in Judäa aufnahm, wo er zur gleichen Zeit wie der Täufer wirkte. Nach der Verhaftung von Johannes kehrte Jesus nach Galiläa zurück (Mk 1,14; Lk 4,14). Vor diesem Ortswechsel hatte Jesus offenbar bereits aufgehört zu taufen (Jh 4,2), um sein Wirken als Dämonenaustreiber und Heiler zu beginnen. Zwei seiner Anhänger sollen als Jünger des Johannes begonnen haben (Jh 1,37).

In den Evangelien verleiht Jesus dem Täufer eine besondere Stellung. Er sei Elia (Mt 11,14), der von Malachi 4,5 verkündete Vorbote des Messias und die „Stimme der Wüste" bei Jesaja (siehe Haupttext). Er sei mehr als ein Prophet (Lk 7,26). Jede dieser Äußerungen wird sorgsam abgeschwächt. Der Täufer sei größer als ein gewöhnlicher Mensch „doch der kleinste im Himmelreich ist größer als er."(Mt 11,11 par.)

Die frühen Christen erkannten die Bedeutung des Johannes, versuchten aber seine Anhängerschaft zu überzeugen, daß Johannes selbst von Jesu als dem Messias sprach, als er sagte, er sei es nicht wert, demjenigen, für den er denWeg bereitet, die Schuhe aufzuschnüren (Mk 1,7 par.). In den Evangelien wird Johannes zunehmend degradiert – im vierten Evangelium ist er nur die Stimme der Wüste (John 1,6–8) und bestreitet, der Messias, Elija oder ein erwarteter Prophet zu sein (Jh 1,19–23). Diese Politik erwies sich als erfolgreich, da die Kirche die Anhänger des Täufers integrieren konnte.

Madonna und Kind mit Johannes dem Täufer *von Sandro Botticelli (1445–1510). Johannes, bei Lukas als Verwandter Jesu dargestellt, trägt ein Wüstengewand aus Kamelhaar (Mk 1,6).*

hier einige Zeit (siehe S. 86–87). Wie der Täufer nahmen die Bewohner Qumrans Jesajas Worte über die Stimme, die in der Wüste rief, sehr ernst: „Bereitet dem Herrn den Weg!"(Jes 40,3; Mk 1,2–3 par.) Auch forderten sie Israel auf, angesichts des bevorstehenden göttlichen Gerichts zu bereuen, und sie legten Wert auf rituelle Waschungen.

Aber es gibt keine Beweise für eine direkte Verbindung der Gemeinschaft in Qumran und dem Wirken Jesu oder dem des Johannes. Die Qumran-Gemeinschaft war nur eine Splittergruppe der größeren Bewegung der Essener, und auch andere zeitgenössische Sekten in Palästina waren auf die Taufe spezialisiert. Auch als asketischer Lehrer war Johannes keine Einzelerscheinung. Das Wirken des Täufers sollte dem ganzen Volk Israel zugute kommen, die Qumran-Gemeinschaft hatte sich jedoch aus der Gesellschaft zurückgezogen und war nur auf ihre eigene Rettung bedacht.

DIE TAUFE JESU

Aus den Evangelien geht deutlich hervor, daß sich die Taufe Jesu von anderen Taufen des Johannes (siehe S. 82–83) unterschied. Der Geist Gottes kam auf Jesus herab „wie eine Taube", nachdem er aus dem Wasser gestiegen war. Bei Markus 1,10 und Matthäus 3,16 ist das Herabkommen des Geistes eine subjektive Vision Jesu. Bei Lukas kam der Heilige Geist „sichtbar in Gestalt einer Taube" (Lk 3,22). Im vierten Evangelium ist Johannes Zeuge der Begebenheit. Die Taube als Symbol des Geistes scheint eine typisch christliche Vorstellung zu sein: In den hebräischen Schriften oder in anderen jüdischen Dokumenten gibt es nichts Vergleichbares.

Bei den Evangelisten bedeutet die Taufe Jesu seine formelle Ernennung zu dem von Johannes verkündeten Messias, auch Jesus selbst erkannte von da an die Art seiner Mission. An späterer Stelle bei Lukas liest Jesus eine Passage aus dem Buch Jesaja vor, in der jemand beschrieben wird, „den der Herr gesalbt hat, um den Armen eine gute Nachricht zu bringen" (Lk 4,18). Mit diesen Worten identifizierte sich Jesus zur Zeit seiner Taufe, und dies wurde durch eine Stimme vom Himmel bestätigt.

Bei Markus 1,11 und Lukas 3,22 spricht die Stimme Jesus selbst an und versichert ihn seiner einzigartigen Verbindung zu Gott als dessen Sohn. Bei Matthäus 3,17 ist die Verkündigung an die Öffentlichkeit gerichtet, während im vierten Evangelium Johannes (1,32) eine göttliche Weissagung erhält, die ihn über die Bedeutung des Herabkommens des Geistes auf Jesus aufklärt. In der himmlischen Botschaft wird ein Teil des Psalmes 2,7 („Mein Sohn bist du") mit Versen von Jesaja (Jes 42,1; 44,2) verbunden, wodurch vielfältige messianische Assoziationen entstehen.

Der Jordan in der Nähe des Toten Meeres im Abendlicht. Der Fluß war das Zentrum der Täufertätigkeit von Johannes und Schauplatz der Taufe Jesu.

DIE ROLLE DES JOHANNES BEI DER TAUFE JESU

Die Taufe Christi, *Mosaik (ca. 520 n. Chr.) in der Taufkapelle der Arianer, Ravenna. Während Johannes Jesus tauft, schwebt der Geist in Gestalt einer Taube herab. Der Jordan ist als heidnischer Flußgott (links) personifiziert.*

Alle Evangelien berichten von der Taufe Jesu und betrachten diese als Ereignis von großer Bedeutung, als Einweihung Jesu in sein Wirken. In mancher Hinsicht brachte die Taufe die frühen Christen auch in Verlegenheit. Die Jünger von Johannes dem Täufer (siehe S. 82) konnten behaupten, die Tatsache, daß Jesus die Taufe von Johannes annahm, wodurch er sich mit Johannes verbunden habe und sein Jünger geworden sei, beweise die Überlegenheit ihres Meisters.

Markus 1,9–10 berichtet kurz und bündig von der Taufe, doch die anderen Evangelisten führen Komponenten ein, die auf verschiedene Weise darauf abzielen, die Bedeutung des Johannes bei der Taufe herunterzuspielen. Matthäus 3,14–15 beispielsweise schob einen Dialog ein, in dem Johannes versichert, daß er von Jesus getauft werden müsse, nicht umgekehrt. Jesus beruhigt ihn und meint, nur so könne die Gerechtigkeit, die Gott fordert, erfüllt werden. Dadurch soll angedeutet werden, daß der Ablauf Bestandteil des großen göttlichen Plans war.

Lukas erwähnt nicht ausdrücklich, daß Johannes Jesus taufte (Lk3,21). Er könnte die Möglichkeit sogar ausschließen wollen, da er die Verhaftung des Johannes beschreibt, bevor er die Taufe Jesu erwähnt. Es könnte aber auch sein, daß der Evangelist keine präzise Chronologie beabsichtigte.

Das vierte Evangelium (Jh 1,32–33) schweigt über die Taufe Jesu im Jordan und erzählt nur vom Herabkommen des Heiligen Geistes. Die Erklärung des Täufers, daß er mit Wasser taufe, „um Israel mit dem, der nach ihm kommt, bekanntzumachen“, könnte die persönliche Interpretation des Evangelisten ausdrücken: Es war ein Akt der Offenbarung, bei dem der Täufer wie während seines ganzen späteren Wirkens über sich hinaus auf seinen großen Nachfolger verweisen wollte.

In frühen Schriften von Lukas nimmt die himmlische Stimme keinen Bezug auf Jesaja, sondern zitiert den Psalm 2,7 in voller Länge: „Mein Sohn bist du. Heute habe ich dich gezeugt.“ Manche Gruppen der frühen Kirche glaubten, daß Jesus ursprünglich der leibliche Sohn von Maria und Josef war und erst durch seine Taufe der Sohn Gottes wurde. Diese häretische Ansicht könnte für Textmodifikationen bei Lukas verantwortlich sein, sollten dies tatsächlich die ursprünglichen Worte des Evangelisten gewesen sein. Frühe christliche Gelehrte kannten jedoch diese Variante und sahen nichts Ketzerisches darin. Auch wird der ganze Psalmenvers im Hebräerbrief 1,5 in bezug auf die Präexistenz Christi und in Apg 13,33 in bezug auf die Auferstehung zitiert. Das Neue Testament sieht offenbar keinen Widerspruch zwischen der übernatürlichen Geburt Jesu (Mt und Lk), der Präexistenz Jesu (Jh) und seiner Bestimmung zum Sohn Gottes in der Taufe.

Das Kloster Quarantal befindet sich nahe dem Gipfel des sogenannten Berges der Versuchung bei Jericho. Es ist der Überlieferung nach der Ort, an dem Jesus in der Wüste versucht wurde.

DIE VERSUCHUNG

Alle drei Synoptiker berichten, daß Jesus sich unmittelbar nach seiner Taufe (siehe S. 84–85) in die Wüste zurückzog, wo er vom Satan in Versuchung geführt wurde, seine Macht zu mißbrauchen (Mk 1,12–13; Mt 4,1–11; Lk 4,1–13). Wie so oft in der Bibel wird eine solche Probe als Teil des göttlichen Plans angesehen: Jesus wird von dem Geist, der ihn in der Taufe erfüllt hatte, zu seiner Begegnung mit dem Satan geführt, ja getrieben. Viele versuchten zu deuten, was dies für Jesus als persönliche oder religiöse Erfahrung bedeutet haben mochte; das Neue Testament gibt darüber kaum Auskunft. Die Evangelien bieten zwei Interpretationen der Episode, eine bei Markus (siehe Kasten) und eine bei Matthäus und Lukas.

Matthäus und Lukas präsentieren einen Dialog zwischen Jesus und seinem Widersacher in drei Szenen. Jedesmal weist Jesus die Annäherung des Satans zurück, indem er in der typischen Art der Rabbiner einen Vers der Schrift zitiert. Jede Versuchung steht stellvertretend für ein Thema, das für Jesus in der Zeit seines Wirkens Bedeutung hatte. Die erste – Jesus solle Steine in Brot verwandeln – wird mit der Begründung abgelehnt, daß „der Mensch nicht nur von Brot, sondern von jedem Wort, das aus Gottes Mund kommt“ lebe (Mt 4,4). Später wird Jesus beschuldigt, ein Zauberer im Bündnis mit dem Anführer der Dämonen zu sein, doch in der Wüste zeigt der Sohn Gottes, daß er es ablehnt, unsinnige Kunststücke auf Veranlassung des Satans zu vollbringen.

DIE VERSUCHUNG BEI MARKUS

Markus' Bericht von der Versuchung (1,12–13) ist kurz und rätselhaft. Der Geist „trieb“ Jesus für vierzig Tage in die Wüste, wo er „vom Satan in Versuchung geführt wurde“, „bei wildenTieren lebte“, und „die Engel ihm dienten“.

Die zwei möglichen Interpretationen hängen mit der zweifachen Symbolik der Wüste in der Bibel zusammen. Einerseits gilt die Wüste oft als unwirtlicher Ort, an dem dämonische Mächte umgehen. Wilde Tiere verkörpern häufig böse Mächte sowie Menschen, die die Gerechten angreifen. Jesus ist, als er in die Wüste kommt, plötzlich dem Ansturm satanischer Mächte ausgesetzt, die Engel könnten als Hilfe in diesem Konflikt verstanden werden (bei Matthäus 4,11 kommen die Engel Jesus erst nach seiner Versuchung zu Hilfe – vielleicht eine Anspielung an den Engel, der Elia in 1 Könige 19,4 zu essen auffordert). Die Wüste kann aber auch in positivem Licht erscheinen. Israels vierzig Jahre in der Wüste sind eine Zeit, in der eine ideale Verbindung mit Gott bestand, die später zerfiel. In der Wüste sollte die Verbindung auch dereinst wiederhergestellt werden. Markus könnte sagen wollen, daß Jesus mit den wilden Tieren friedlich zusammenlebte und auf die schöne Darstellung des messianischen Zeitalters bei Jesaja (Jes 11,6–9) anspielen.

Das Evangelium könnte auch auf die Wiederherstellung des Paradieses verweisen, in dem Adam friedlich mit den Tieren lebte und ihm und Eva die Engel dienten. Zur Zeit Jesu wurde die Schlange aus Genesis 3 oft mit dem Satan gleichgesetzt. Markus könnte Jesus als zweiten Adam sehen, der den Sündenfall Adams umkehrt (siehe auch S. 170–171).

Als nächstes stellt ihn der Satan an den höchsten Punkt des Tempels und fordert ihn auf, hinabzuspringen, da Gott Engel schicken werde, die ihn auf ihren Händen tragen würden. Bei seiner Verhaftung im Garten von Getsemani wird Jesus sagen, daß sein himmlischer Vater, würde er ihn darum bitten, Legionen von Engeln senden könnte, um seine Gefangennahme zu verhindern (Mt 26,53). Doch Jesus bittet nicht darum: „Du sollst den Herrn, deinen Gott, nicht auf die Probe stellen"(Mt 4,7).

Abschließend bietet der Satan Jesus „alle Reiche der Welt" an, eine weltliche Oberherrschaft in der Art eines römischen Herrschers. Doch Jesus lehrt in den Evangelien, daß er nicht wie heidnische Herrscher regieren wolle: „Mein Königtum ist nicht von dieser Welt" (Jh 18,36). Die Reihenfolge der Versuchungen bei Matthäus gilt als die ursprüngliche. Die Umkehrung der letzten beiden Versuchungen bei Lukas erlaubt diesem, mit dem Hinweis auf Passion und Tod Jesu zu enden. Letztendlich läßt der Satan „für gewisse Zeit" von ihm ab. Er taucht erst wieder auf, als er von Judas Iskariot Besitz nimmt (Lk 22,3) und damit die Verhaftung und Kreuzigung Jesu initiiert.

UMSEITIG: *Die Wüste Judäa nahe dem Toten Meer. Die Bibelzitate der Geschichte von der Versuchung bei Matthäus und Lukas wurden den Kapiteln 6 und 8 des Buches Deuteronomium entnommen, in denen von den vierzig Jahren die Rede ist, die die Israeliten in der Wüste verbrachten. Bei den zwei Evangelisten verweist die vierzigtägige Versuchung Jesu, der das „Neue Israel" verkörpert, auf diese Erfahrung.*

Satan führt Christus mit weltlichen Königreichen in Versuchung *von William Blake (1757– 1827), eine Illustration aus dem dritten Band von John Miltons Epos* Das wiedergewonnene Paradies.

SATAN UND DER TEUFEL

In den Jahren nach dem babylonischen Exil beschäftigten sich jüdische Religionsphilosophen intensiv mit der Natur und dem Ursprung des Bösen. Man entwickelte die Vorstellung von einem riesigen Reich des Bösen, das von einer Schreckensfigur regiert wurde – Erzfeind des guten Gottes und Quelle alles menschlichen Leides. Dieses Prinzip des Bösen war selbst eine Schöpfung Gottes. Verbreitet war die Vorstellung von zwei Zeitaltern: einem gegenwärtigen, das von den Mächten des Bösen kontrolliert wurde, in dem alle Königreiche der Welt in Händen des Teufels waren (darum kann er sie Jesus anbieten; siehe Haupttext) und ein künftiges, aus dem das Böse für immer gebannt ist.

Die Evangelien nennen den Anführer der bösen Mächte mit verschiedenen Namen wie Satan, Teufel, Beelzebub oder Versuchung. Seine Günstlinge sind die Dämonen, die Jesus bei diversen Gelegenheiten vertreibt (siehe S. 96–97). Diese Austreibungen sind nicht nur Heilungen, sondern zeigen auch die Ankunft eines neuen Zeitalters an.

DIE JÜNGER

DIE PFLICHTEN DER JÜNGERSCHAFT
Jesus verlangte von seinen Jüngern vor allem Hingabe an eine Aufgabe: die Verkündigung des kommenden Königreiches Gottes. Alle menschlichen Bande und alle Sorgen um weltliche Besitztümer mußten dahinter zurücktreten. Der Jünger gab für das Reich Gottes alles auf – Heimat, Frau, Eltern, Kinder – und keiner, der sich wehmütig nach seinem alten Leben zurücksehnte, war geeignet, in das Reich Gottes einzugehen. Die Jüngernschaft verlangte auch, das man das nomadische Leben von Jesus teilte und in Armut lebte. Diese Beschränkungen sollten jegliche Ablenkung fernhalten, aber keinen asketischen Lebensstil erzwingen; die Jünger durften Gastfreundschaft annehmen und alles essen und trinken, was ihnen angeboten wurde.

Das Wort „Jünger“ ist eine Übersetzung des griechischen Wortes *mathetes* und bedeutet „Schüler“ oder „Lernender“. Daher wird Jesus im Johannesevangelium von seinen Jüngern als Rabbi – eine gebräuchliche Anrede für einen Lehrer – angesprochen (Jh 1,37–50). Auch viele derer, die durch die Lehre Jesu stark beeinflußt wurden, könnten als seine „Jünger“ bezeichnet werden, obwohl sie ihn nie auf seinen Wanderungen begleiteten. So wird etwa auch Josef von Arimathäa Jünger genannt (Mt 27,57), und der Pharisäer Nikodemus anerkennt Jesus als Rabbi (Jh 3,2).

Ursprünglich bedeutet das Wort „Jünger“ in den Evangelien aber jemanden, der Jesus folgt und dafür radikal mit seinem früheren Leben bricht (siehe Spalte links). In diesem Sinn erscheint Jesus weniger als Lehrer denn als charismatischer Prophet, der jeden Jünger persönlich beruft. Eine Parallele findet sich in den hebräischen Schriften in der plötzlichen Berufung Elischas durch den Propheten Elia (1 Könige 19,19–21). Erst als Elischa sein Leben als Bauer aufgibt, wird er zum Jünger des Elia: Diese Geschichte ist deutlich das Vorbild für Szenen in den Evangelien, in denen Jesus jene rügt, die Zeit erbitten, um Familienangelegenheiten zu regeln (Mt 8,21–22; Lk 9,59–60).

Jesus und die Apostel, *spanisches Gemälde (ca. 1250). Als „Apostel“(griechisch* apostolos, *„Gesandter“) werden die zwölf führenden Jünger und der ebenfalls im Bild zu sehende Paulus bezeichnet.*

DIE NAMEN DER ZWÖLF

Die Apostelliste ist in allen drei synoptischen Evangelien im wesentlichen identisch (Mt 10,2–4; Mk 3,16–19; Lk 6,13–16): Simon (genannt Petrus oder Kephas) und sein Bruder Andreas, Jakobus und Johannes (die Söhne des Zebedäus), Philippus, Bartholomäus, Matthäus (oder Levi, der Zöllner), Thomas Didymus (der „Zwilling"), Jakobus (der Sohn des Alphäus), Simon der Zelot und Judas Iskariot.

Der zwölfte Jünger wird wechselnd Thaddäus, Lebbäeus oder Judas, Sohn des Jakobus, genannt (Mt 10,3; Mk 3,18; Lk 6.16). Dies könnten Namen für dieselbe Person sein, um sie von Judas Iskariot zu unterscheiden. Im allgemeinen wird er Judas Thaddäus oder einfach Judas genannt. Ihm wurde auch der Judasbrief zugeschrieben, obwohl die heutige Forschung eher der Ansicht ist, daß Judas, ein Bruder Jesu, der Verfasser sei.

Petrus wird immer als erster angeführt, was seiner zentralen Rolle unter den Synoptikern entspricht. Unmittelbar auf seine Berufung erfolgt die seines Bruders Andreas und seiner Freunde Jakobus und Johannes, den „Donnersöhnen". Andreas spielt eine geringere Rolle, während das Trio Petrus, Jakobus und Johannes in den Vordergrund tritt und Jesus bei besonderen Ereignissen, wie bei der Verklärung (siehe S. 106) und in Getsemani (siehe S. 114–115), begleitet.

Chirbet Kana in Galiläa wird heute für das geschichtliche Kana gehalten, wo die Jünger Zeugen des ersten Wunders Jesu wurden (Jh 2,1–11). Der Jünger Natanaël stammt von hier (siehe S. 93).

Das Johannesevangelium unterscheidet sich in der Darstellung der Berufung der Jünger. Andreas bekommt dabei eine bedeutendere Rolle zugewiesen: Er bringt Petrus zu Jesus und wird als einer der früheren Jünger des Täufers genannt. Erwähnt wird auch die Berufung von Philippus, der einen gewissen Natanael zu Jesu führt. Natanael könnte dem Jünger Bartholomäus in den synoptischen Evangelien entsprechen.

Die Evangelien geben an, daß Jesus viele Jünger gehabt habe, aus denen er eine Gruppe von zwölf Männern erwählte. Diesen „Zwölf" erteilte Jesus die Macht, böse Geister auszutreiben, zu heilen und das Königreich Gottes zu predigen (siehe S. 150–151). Ihre Zahl entspricht bewußt jener der Stämme des alten Israel. Jesus versprach seinen zwölf auserwählten Jüngern, ihre höchste Belohnung werde die sein, daß sie, wenn die Welt neu erschaffen wird, auf zwölf Thronen sitzen und die zwölf Stämme Israels richten würden (Mt 19,28; Lk 22,30).

Die Zwölf waren ein fester Kreis, der Jesus besonders nahestand. Nach dem Tod von Judas Iskariot mußte die Zahl durch die Ernennung von einem, der Jesus stets begleitet hatte, wieder auf zwölf ergänzt werden (Apg 1,16–26). Die neuen zwölf Apostel setzten ihre Tätigkeit als Heiler, Prediger und Austreiber von Dämonen fort.

ÖFFENTLICHES WIRKEN

Folgt man dem Aufbau der synoptischen Evangelien, läßt sich das öffentliche Wirken Jesu in drei Abschnitte unterteilen: das Wirken in Galiläa, während der Reise nach Jerusalem und während der letzten Ereignisse seines Lebens. In Galiläa beschränkte sich die Tätigkeit Jesu auf ein kleines Gebiet entlang des westlichen Seeufers und der umliegenden Hügel; gelegentlich besuchte er auch Orte außerhalb von Galiläa.

Es ist unwahrscheinlich, daß die Evangelisten in präziser chronologischer Abfolge über die Aussagen und Taten Jesu berichten wollten. Der früheste Text, das Markusevangelium, zeigt schon, daß der Evangelist die Ereignisse nicht der Reihe nach erzählte, und wenn man davon ausgeht, daß Matthäus und Lukas das Werk von Markus vor Augen hatten (siehe S. 57), fühlten sie sich sicherlich berechtigt, Anordnung und Szenerie einzelner Abschnitte des Markusevangeliums zu verändern. Alle drei Synoptiker stimmen jedoch überein, daß das Wirken in Galiläa endete, sobald

DIE ART DES WIRKENS JESU

Die Berichte der Synoptiker über das Wirken Jesu unterscheiden sich von jenen des Johannes beträchtlich. Zwar sollten Unterschiede nicht überbewertet werden (siehe S. 55), doch es ist nicht zu leugnen, daß gewisse typische Merkmale der Synoptiker – Gleichnisse, Austreibungen, die Bergpredigt, das Gebet zum Herrn und die Worte Jesu über Brot und Wein beim Letzten Abendmahl – im vierten Evangelium fast zur Gänze fehlen.

Die Lehre Jesu handelt bei den Synoptikern größtenteils von moralischen und religiösen Themen und ist durch prägnante Aussagen charakterisiert. Bei Johannes führt Jesus lange Gespräche mit seinen Gegnern. Diese Debatten sollen die wahre Natur Jesu aufzeigen und seinen Anspruch, der Sohn Gottes zu sein, untermauern.

Jesus vollbringt zwar auch im Johannesevangelium Wunder, doch größtenteils andere als bei den Synoptikern. Es handelt sich eher um Zeichen, die eine Botschaft über die wahre Natur Jesu enthalten, als um Beispiele seiner Macht. So offenbarte sich Jesus, als er einem blinden Mann sehend machte, als das Licht der Welt (Joh 9,1–5).

Bei Johannes werden die Gegner Jesu meist einfach als „die Juden" bezeichnet. Jesus wird als etwas außerhalb des Judentums stehend dargestellt und nicht als eine im wesentlichen jüdische Gestalt, wie dies bei den Synoptikern der Fall ist. Das vierte Evangelium wurde vielleicht zu einer Zeit geschrieben, in der sich eine Spaltung zwischen der judenchristlichen Gemeinde und der Synagoge abzeichnete (siehe S. 172–173). Der jüdische Ursprung Jesu ist aber auch bei Johannes eindeutig.

Das Licht der Welt *von William Holman Hunt (1827–1910). Das Werk illustriert die Worte Jesu nach Johannes 9,5.*

Die römisch-katholische (links) und die griechisch-orthodoxe Kirche in Kfar Kanna, dem historischen Kana in Galiläa. Beide beanspruchen, der Ort zu sein, an dem Jesus sein erstes „Zeichen" gab, indem er bei einer Hochzeit Wasser in Wein vor wandelte (Joh 2,1–11). Im Johannesevangelium tritt der Süden Palästinas, vor allem Jerusalem (siehe Spalte unten), stärker in den Vordergrund; erwähnt werden aber auch die Ursprünge Jesu in Galiläa sowie die Heilungen und andere Wunder, die er dort vollbrachte. Die Gelehrten halten für wahrscheinlich, daß Chirbet Qana (siehe S. 91) das Kana der Evangelien ist.

sich Jesus entschloß, nach Jerusalem zu gehen, eine Reise, die ihn den Jordan entlang Richtung Süden führte (Mk 10,1; Mt 19,1); vermutlich wollte er die direkte Straße durch das feindliche Samaria umgehen (Lk 9,51–19,28; siehe S. 109).

Als ganzes gesehen zeichnen Matthäus, Markus und Lukas ein deutlich anderes Bild vom Wirken Jesu als Johannes (siehe Kasten gegenüber). Das vierte Evangelium deutet an, daß sein Wirken sich über einen Zeitraum von zwei Jahren oder länger erstreckt habe (siehe Spalte rechts), während die Synoptiker nur von einem Jahr oder weniger sprechen und nur einen Besuch in Jerusalem, anläßlich des Paschafestes, erwähnen. Die Differenz könnte sich dadurch erklären, daß es den Evangelisten mehr um die Theologie als um präzise Chronologie ging.

Für Johannes offenbart jedes jüdische Fest einen Aspekt der Bedeutung Jesu. So verkörpert Jesus etwa das Opferlamm des Paschafestes (Joh 1,29, 36). Bei den Synoptikern ist die letzte Reise nach Jerusalem weniger aufgrund des Paschafestes bedeutsam, sondern weil Jesus fortan seinem Tod entgegenging (Mk 10,33 par.). Dies schließt aber die Möglichkeit nicht aus, daß Jesus als frommer Jude die Stadt auch an anderen Festtagen besucht hat. Das jüdische Gesetz (Dtn 16,16–17) schrieb vor, daß die Männer den Tempel zu den sogenannten „Pilgerfesten" – dem Paschafest, dem Wochenfest und dem Laubhüttenfest – besuchten. Während es aus praktischen Gründen unwahrscheinlich ist, daß ein jüdischer Mann seine Heimat dreimal jährlich verließ, wurde es doch als verdienstvoll betrachtet, das biblische Gebot zu befolgen. Für Jesus und seine Jünger, die nicht durch Heim oder Arbeit gebunden waren, wäre die Einhaltung einfacher gewesen.

DAS WIRKEN JESU BEI JOHANNES

Nach Johannes beginnt Jesus sein Wirken in Judäa, auf der anderen Seite des Jordans, in Peräa (Joh 3,22, 26); er wandert regelmäßig zwischen hier und Galiläa hin und her. Doch die meiste Zeit war Jesus dem viertem Evangelium zufolge in Jerusalem und Umgebung tätig. Jesus besuchte die Stadt anläßlich des Paschafestes und anderer jüdischer Feste und suchte dabei immer den Tempel auf.

Der Evangelist erwähnt drei Paschafeste und drei weitere Feste. Wenn die zeitliche Abfolge beabsichtigt ist, könnte man eine relativ genaue Chronologie des Lebens Jesu über den Zeitraum von zwei oder mehreren Jahren rekonstruieren.

Im ersten Jahr besuchte er Jerusalem zum Paschafest im Frühling (Joh 2,13) und ein weiteres Mal anläßlich eines nicht näher bestimmten Festes (Joh 5,1), bei dem es sich entweder um das Wochenfest oder, was wahrscheinlicher ist, um das Neujahrsfest (Anfang Herbst) handelte.

Im folgenden Jahr speiste Jesus in Galiläa um die Zeit des Paschafestes eine Volksmenge (Joh 6,4); auch zum Tempelweihfest im Dezember soll er in Jerusalem gewesen sein (Joh 10,22), vielleicht war er seit dem Laubhüttenfest im Herbst in der Stadt geblieben.

Im dritten Jahr kehrte Jesus, nachdem er Peräa (Joh 10,40), Betanien (Joh 11,1–43) und eine Stadt in der Gegend der Wüste von Judäa (Joh 11,54) besucht hatte, zu seinem letzten Paschafest nach Jerusalem zurück (Joh 12,1; 13,1).

DIE HEILUNGEN

DIE ÄRZTE ZUR ZEIT JESU

Die Zunft der Ärzte wurde zur Zeit Jesu sowohl in heidnischen als auch in jüdischen Quellentexten oft verunglimpft. Im Gesetzescode der Mischna wird ein Rabbi zitiert: „Noch der beste der Ärzte ist für Gehenna [die Hölle] bestimmt." Auch Jesus zitiert ein wenig schmeichelhaftes Sprichwort, das in der mediterranen Welt der Antike sehr bekannt war: „Arzt, heile dich selbst" (Lk 4,23). Der schlechte Ruf der Ärzte spiegelt sich auch in der Erzählung von der Frau wider, die von Jesu von chronischen Blutungen geheilt wird (Mk 5,25–34 par.): „Sie war von vielen Ärzten behandelt worden und hatte dabei sehr zu leiden; ihr ganzes Vermögen hatte sie ausgegeben, aber es hatte ihr nichts genutzt, sondern ihr Zustand war immer schlimmer geworden" (Mk 5,26).

Zur Zeit Jesu wurden Krankheiten bösen Geistern oder Dämonen zugeschrieben. Aus diesem Grund ist es auch schwierig, in den Evangelien exakt zwischen Heilung und Dämonenaustreibung (siehe S. 96–97) zu unterscheiden. Die Schwiegermutter des Petrus etwa litt an hohem Fieber, das „entwichen" sei, nachdem Jesus es befohlen hatte (Lk 4,39). In mehreren Passagen wird jedoch eine Unterscheidung zwischen Krankenheilungen und Austreibungen deutlich, vor allem bei Matthäus, der ein beachtliches diagnostisches Wissen zu haben schien (Mt 4,24; 10,8).

Zur Zeit Jesu gab es hauptsächlich zwei Gruppen von Heilern: die professionellen Ärzte, die einen schlechten Ruf hatten (siehe Spalte links), und die „Wunderheiler", die sehr beliebt waren. Letztere vollbrachten Heilungen mit Hilfe alter magischer Methoden wie Zaubersprüchen und Beschwörungen oder mit Gliedmaßen von Tieren, Getränken und Blut. Es gibt keinen Hinweis, daß Jesus solche Praktiken anwandte, obwohl er bei drei Gelegenheiten eine Person mit Speichel geheilt haben soll (Mk 7,33; 8,23; Joh 9,6). Speichel war zweifelsohne ein verbreitetes volkskundliches Heilmittel, aber das Wesentliche dabei war, daß eine physische Verbindung

Der Blinde von Jericho *von Nicolas Poussin (1594–1665). Nach Matthäus 20,30–43 gab Jesus zwei blinden Männern aus Jericho ihr Augenlicht zurück, indem er ihre Augen berührte.*

DIE AUFERWECKUNG DER TOTEN

Die Evangelien erwähnen drei Fälle, bei denen Jesus einen Toten wieder zum Leben erweckte. Im Neuen Testament ist diese wundersame Fähigkeit Jesu Teil seiner Rolle als Prophet und verbindet ihn insbesondere mit biblischen Gestalten wie Elia und Elischa. Diese zwei großen Propheten ließen beide den Sohn einer Witwe ins Leben zurückkehren (1 Kön 17,17–23; 2 Kön 4,18–36); die Erzählungen von diesen Wundern entsprechen den Geschichten der Evangelien von der Auferweckung der Tochter des Synagogenvorstehers Jaïrus (Mk 5,22–24; 35–42 par.).

Alle drei Evangelien zitieren die Worte Jesu über die Tochter des Jaïrus: Sie sei nicht tot, sondern sie schlafe nur. Dies könnte man wörtlich verstehen, aber die Evangelisten betonen, daß das Mädchens wirklich tot gewesen sei; eine ähnliche Beteuerung findet sich bei Johannes in seiner Erzählung von der Auferweckung des Lazarus (Joh 11,11–14).

Hier könnten Parallelen zu dem Buch Daniel anklingen, wo es heißt: „Du wirst ruhen, und am Ende der Tage wirst du auferstehen"(Dan 12,12). – „Wach auf, du Schläfer, und steh auf von den Toten" (Eph 5,14).

Die Auferstehung der Tocher des Jaïrus ist demnach ein Verweis auf die Auferstehung, die all jenen versprochen war, die an Jesus glaubten. So versteht auch Johannes die Wiederbelebung des Lazarus. Diese Geschichte wird nur bei ihm erwähnt (Joh 11,1–44): Jesus selbst sei „die Auferstehung und das Leben" (Joh 11,25).

Das Dorf Naïn in Galiläa; nach dem Lukasevangelium fand hier die Auferweckung des Sohnes einer Witwe statt.

Die Auferweckung des Sohnes einer Witwe in Naïn, ein Wunder, das nur bei Lukas erwähnt wird (Lk 7,11–15), ist noch stärker an die Geschichten von Elia und Elischa angelehnt. Es gibt Jesus als Propheten von der Größe seiner biblischen Vorläufer zu erkennen (Lk 7,16).

zwischen Jesus und dem Leidenden hergestellt wurde. Bei den meisten Berichten über Heilungen wird ein Körperkontakt, etwa Berührung und Handauflegen, erwähnt. Ähnlich berichten die Evangelien, daß Menschen geheilt wurden, sobald sie Jesus oder auch nur seine Kleider berührten, wie im Fall der Frau mit der Blutung (siehe Spalte gegenüber). Wenn Jesus heilte, strömte er Kraft aus (Lk 6,19); daran erkannte er selber, daß ihn jemand in einer großen Menge berührt hatte (Lk 8,46). In solchen Momenten erscheint Jesus als ein Heiliger, vergleichbar manchen israelitischen Propheten, die eine mysteriöse physische Kraft besaßen, die sie zum Wohle anderer einsetzen konnten.

Ein gleichfalls wichtiges Heilmittel Jesu war sein Wort: Manchmal genügte eine einfache Äußerung, so zum Beispiel: „Werde rein!" (Mk 1,41 par.) oder: „Streck deine Hand aus!" (Mk 3,5 par.) Die Worte Jesu sind sogar aus der Distanz wirksam (Mt 8,5–13; Lk 7,2–10). Meist wurden jedoch Berührungen und Äußerungen gemeinsam eingesetzt, wie es der Praxis des Volksheilers entsprach. Bei der Heilung des Blinden (Mk 8,22–25) gibt Jesus Speichel auf die Augen und legt seine Hände auf.

Die Ruinen der prächtigen Synagoge in Kafarnaum, die 400 n. Chr. an dem Ort jenes Gebäudes errichtet wurde, in dem Jesus gelehrt und einen Mann von einem bösen Geist befreit hatte (Mk 1,23–26).

DIE AUSTREIBUNGEN

Der Glaube an die Allgegenwart und unheilvolle Aktivität böser Geister – auch Dämonen, Teufel oder unreine Geister genannt – war in der antiken Welt allgemein verbreitet; auch in den Evangelien werden sie häufig erwähnt. Für viele Katastrophen, Krankheiten und Verletzungen wurden die Dämonen verantwortlich gemacht. In den synoptischen Evangelien werden von bösen Geistern Gebrechen verursacht, die von heftigen physischen Symptomen begleitet sind, welche anschaulich beschrieben werden.

In der Synagoge von Kafarnaum wird ein Mann von einem unreinen Geist in Krämpfe versetzt (Mk 1,26). Ein anderes Mal (Mk 9,17–27 par.) wird ein Knabe von einem Geist zu Boden geworfen, wobei ihm Schaum vor den Mund tritt, er mit den Zähnen knirscht und starr wird – Symptome, die auf einen epileptischen Anfall verweisen. Der Geist habe den Knaben auch wiederholt aufgefordert, Selbstmord zu begehen. Am dramatischsten sind die Berichte von dem Besessenen von Gerasa, der nackt in den Grabeshöhlen lebte und schreiend und um sich schlagend über die Hügel wanderte. Er verfügte über so große Kräfte, daß man ihn weder festhalten noch fesseln konnte (Mk 5,1–13; Lk 8,27–33; vgl. Mt 8,28–33).

AUSTREIBUNGEN ZUR ZEIT JESU

Durch das beschränkte medizinische Wissen zur Zeit Jesu hatte man wenig Verständnis für schwere Gemütserkrankungen: „Besessenheit durch Dämonen" lautete die übliche Diagnose. Im Laufe der Zeit hatte sich eine Gruppe von Exorzisten herangebildet, an die sich die Menschen wandten, um böste Geister zu befehligen und die Gemütsverfassung des Leidenden zu bessern. Die dabei verwendeten Techniken waren magischer Natur. Der Erfolg der Austreiber (oder zumindest ihr Ruf) beruhte auf der korrekten Abwicklung spezieller Rituale; dazu gehörten Beschwörungen, magische Formeln und der Gebrauch diverser Substanzen, denen übernatürliche Eigenschaften nachgesagt wurden.

Menschen, die nichts über ihn wußten, erschien Jesus als ein weiterer Wunderheiler und Geisteraustreiber aus Palästina. Einmal wurde er von seinen Gegnern beschuldigt, nichts als ein weiterer Magier zu sein, dessen Kräfte von Beelzebub, dem Anführer der Dämonen, stammten. Mit solchen Anschuldigen wollte man den Erfolg seiner Austreibungen nicht ableugnen, sondern der Zauberei zuschreiben. So sehr Jesus sich auch unterschied, Parallelen zwischen seinen Austreibungen und jenen jüdischer und heidnischer Exorzisten können gezogen werden. Markus 9,38 und Lukas 9,49 berichten, jemand treibe in seinem Namen Dämonen aus; dieser Exorzist hatte also erkannt, daß der Name Jesu in magischen Beschwörungen wirksam war.

Jesus selbst anerkennt die Existenz anderer erfolgreicher Exorzisten, darunter auch einiger Pharisäer (Mt 12,27); diese hatten vermutlich ein großes Interesse an Austreibungen, wie viele jüdische Religionslehrer. Beim Austreiben von Dämonen war es nötig, daß der Exorzist Autorität über die bösen Geister ausübte, und ein Lehrer hatte diese Autorität.

Bei den Synoptikern ist die Macht Jesu über die Dämonen eng mit seiner Autorität als Lehrer verbunden, denn seine Heilungen und Austreibungen bestätigten die Wahrheit und Macht seiner Predigt. Die Macht Jesu über die Dämonen verärgerte seine Gegner, da er vom Volk dafür als Prophet anerkannt wurde, der, wie die Propheten in den hebräischen Schriften, vom Geist Gottes erleuchtet sei.

Im Unterschied zu anderen Heilern (siehe Kasten gegenüber) benutzte Jesus keine magischen Techniken, sondern trieb einen Dämon einfach mit einem Machtwort aus, etwa mit: „Verlasse ihn!“ Physischen Kontakt scheint es auch im Fall der besessenen Tochter der Syrophönizierin nicht gegeben zu haben (Mk 7,25–30). Jesus hat die Leidende nie gesehen. Der Grund für diese unüblichen Methoden liegt den Evangelien zufolge in dem besonderen Verständnis, das Jesus zu seiner Tätigkeit als Dämonenaustreiber hatte: Er betrachtete die Dämonen nicht als vereinzelte Geister, sondern als Agenten der großen Macht des Bösen in der Welt. Sie agierten unter der Leitung ihres Anführers, der unter mehreren Namen, etwa Teufel und Satan (siehe Spalte S. 87), bekannt war.

Die Austreibung der Dämonen war für jene, die es verstanden, ein prophetisches Zeichen: Die Macht des Bösen würde nunmehr die Herrschaft über die Welt verlieren und das Reich Gottes anbrechen, das durch das Wirken Jesu verkündigt worden war.

Wenn auch die meisten Juden, abgesehen von den Anhängern Jesu, dieses Zeichen nicht erkannten, einige der von Jesus ausgetriebenen Dämonen verstanden es sehr wohl. Sie anerkannten ihn als den Heiligen oder den Sohn Gottes und fürchteten seine Machte. Die Dämonen des Besessenen von Gerasa baten Jesus, sie nicht in die „Hölle“ zu schicken, was andeutet, daß der Evangelist die Dämonen mit den gefallenen Engeln gleichsetzte. Die Reaktion Jesu entlarvte die Dämonen als verachtenswerte und machtlose Wesen. Er schickte sie nicht in die Hölle, sondern ließ sie, was nicht ohne Anklang von Humor ist, in eine Schweineherde fahren, die sich daraufhin einen Abhang hinabstürzte und im See ertrank.

Die Schweine von Gadara, *Abbildung auf den Mosaiken von Sant' Apollinare Nuovo, Ravenna, 6. Jh. Jesus (Mitte) treibt böse Geister aus einem Besessenen heraus und in eine Schweineherde hinein. Alte Schriften der Evangelien enthalten widersprüchliche Angaben, wonach der Besessene aus der Gegend von Gerasa oder Gadara stamme.*

DIE SPEISUNGEN

DEMONSTRATIONEN DER MACHT

Die Gelehrten unterscheiden heute zwischen den wundersamen Heilungen Jesu, die modernen Menschen glaubwürdig erscheinen, und den sogenannten „Naturwundern“ wie der Speisung großer Menschenmengen. Es ist zweifelhaft, ob die Zeitgenossen Jesu solche Unterscheidungen trafen. Man traute charismatischen jüdischen Lehrern jener Zeit zu, die Kräfte der Natur zu kontrollieren; gleiches galt auch für biblische Propheten wie Elia, mit dem Jesus von seinen Zeitgenossen oft gleichgesetzt wurde. Es ist daher verständlich, daß Jesus mehrere Wundertaten zugeschrieben wurden, wenngleich manche – wie jene vom Fisch mit der Münze im Maul (Mt 17,27) – als legendenhaft zu verstehen sind.

Interessant ist auch, wie die Wunder in den Evangelien interpretiert werden. Die Berichte, wie Jesus einen Sturm beendete (Mt 8,26 par.) oder über Wasser ging (Mt 14,25 par.), erinnern an die Gewalt Gottes über die Fluten des Rotes Meeres (Ex 14–23) und an die Überquerung des Jordans (Jos 3,14–17), ferner an den Propheten Elischa (2 Kön 3,13–14). Bei Lukas symbolisiert die Geschichte von Petrus und dem wunderbaren Fischfang (Lk 5,3–11) sowohl die göttliche Vollmacht Jesu als auch die Aufgabe seiner Anhänger, Ungläubige zu bekehren.

Jesus warnte bisweilen davor, seinen „Machtdemonstrationen“ zuviel Bedeutung beizumessen: Seinen Zuhörern sollte mehr an seiner Person und Botschaft als an seinen Wunder gelegen sein. Als die Pharisäer Jesus um ein wunderbares, prophetisches Zeichen baten, weigerte er sich (Mk 8,11–12). Wenn er Heilungen vornahm, forderte er die Geheilten auf, in der Öffentlichkeit nicht darüber zu reden.

Alle vier Evangelien berichten, wie Jesus mit einer kleinen Menge von Nahrungsmitteln eine Menge von fünftausend oder mehr Menschen speiste; Matthäus und Markus berichten über eine ähnliche Speisung von viertausend Menschen. Die Verbindung zwischen den beiden Episoden ist nicht leicht zu klären. Die Speisung der Fünftausend in der Darstellung von Markus (Mk 6,34–44) scheint vor allem an ein jüdisches Publikum gerichtet zu sein. Der Schauplatz ist Galiläa, und die Menge wird beschrieben als „Schafe, die keinen Hirten haben“ – in den hebräischen Schriften ein Symbol für Israel. Die Menge wird in Gruppen zu hundert und fünfzig Menschen unterteilt, was an die Einteilung der Israeliten durch Mose erinnert (Ex 18,25); die verbliebenen Nahrungsmittel werden in zwölf Körbe eingesammelt, was an die zwölf Stämme Israels denken läßt.

Bei Markus folgt die Speisung der Viertausend (Mk 8,1–9) auf die Erzählung von einer Heilung in der Dekapolis (siehe S. 22), die größtenteils von Heiden besiedelt war. Es wäre möglich, daß die beiden Speisungen ursprünglich einen Aufruf an die Juden und später an die Heiden symbolisierten, an dem neuen, von Jesus verliehenen Leben teilzuhaben.

Die Erzählungen von der Speisung werden von Passagen begleitet, die deren tiefere Bedeutung zu erläutern versuchen. Bei Matthäus und Markus erfolgt ein Gespräch zwischen Jesus und seinen Jüngern (Mt 16,5–12; Mk 8,14–21). Beim Überqueren des Sees bemerken die Jünger, daß sie nur ein einziges Brot mitgenommen haben. Jesus warnt sie vor dem „Sauerteig der Pharisäer“, was die Jünger als Hinweis auf ihre Vergeßlichkeit verstehen. Doch Jesus tadelt sie wegen ihrer Verständnislosigkeit und erinnert sie daran, daß er bei den wunderbaren Speisungen mit wenigen Broten vielen Menschen zu essen gegeben habe.

Bei Markus erklärt Jesus nicht, was mit dem „Sauerteig“ gemeint ist – es geht dem Evangelisten hauptsächlich darum zu zeigen, daß die Jünger immer wieder die Worte und Taten ihres Meisters mißverstehen. In den jüdischen Schriften der Rabbiner wird der Sauerteig meist als Metapher für das Böse im Menschen verwendet. Ein Lehrer aus dem 3. Jahrhundert n. Chr. meinte, daß tyrannische, heidnische Reiche und der Sauerteig – als Impuls des Bösen – die Menschen davon abhielten, Gottes Willen zu befolgen. In den Evangelien ist mit diesem Ausdruck im großen und ganzen die Feindschaft der Gegner Jesu gemeint. Markus fügt dem „Sauerteig der Pharisäer“ noch den „Sauerteig des Herodes“ hinzu, während Matthäus die Sadduzäer mit einschließt. „Der Sauerteig der Pharisäer und Sadduzäer“ bezieht sich insbesondere auf die Lehren dieser Gruppen (Mt 16,12).

Zwei weitere Motive tauchen in den Berichten von der Speisung der Fünftausend auf. Zum einen ist das der Schauplatz der Wüste, wodurch

Der See Gennesaret bei Tabgha; die moderne Kirche der Brot- und Fischvermehrung (Vordergrund) steht an jenem Ort, an dem Jesus 5000 Menschen mit nur fünf Brotlaiben und zwei Fischen gespeist haben soll (Mk 6,38 par.). In der 1982 fertiggestellten Kirche befinden sich Ruinen einer byzantinischen Basilika aus dem 3. Jahrhundert n. Chr., die hier ursprünglich stand.

eine Analogie zur Speisung der Israeliten durch Mose in der Wüste (Ex 16) deutlich wird. Zweitens nehmen das Segnen, Brechen und Verteilen von Brot und Fischen die Rituale des Letzten Abendmahls (und der christlichen Eucharistie) vorweg.

In seiner Erzählung über das Himmelsbrot entwickelt Johannes die beiden Motive weiter. Das Wunder findet zur Zeit des Paschafestes statt, bei dem die Juden ein besonderes Mahl essen, um die Befreiung aus Ägypten zu feiern. Die Speise, die Jesus bereitstellt, wird dem Manna von Mose gegenübergestellt. Jene, die das Manna aßen, starben letztendlich; nur Jesus verkörpert das wahre Brot des Himmels, das Geschenk seines Vaters, der alleine ewiges Leben und Auferstehung schenkt (Jh 6,48-50). Die Rede bewegt sich vom Bild des Brotessens hin zum Essen vom Fleisch Jesu und zum Trinken seines Blutes (Jh 6,51-57); dadurch werde der Gläubige mit der wahren Quelle des Lebens vereint. Das vierte Evangelium enthält keine Erzählung über das Letzte Abendmahl, der Bericht von der Speisung ist bei Johannes als deren Entsprechung zu verstehen.

KONFLIKTE UND KONFRONTATIONEN

In vielen Berichten der Evangelien ist vom Widerstand gegen Jesus und seine Lehre die Rede. Es gibt eine eigene Gruppe von „Konfliktgeschichten“; fünf davon sind am Beginn des Markusevangeliums (Mk 2,1–3,6) zusammengefaßt. Sie wurden überliefert, weil sie Worte Jesu enthielten, die als bedeutend für seine Lehre angesehen wurden.

Es wird oft behauptet, daß sich in den Berichten von Begegnungen Jesu mit verschiedenen jüdischen Gruppen, vor allem mit den Pharisäern, spätere Streitigkeiten zwischen den Christen und den Juden, die sich nach dem Tod Jesu entwickelten, widerspiegelten. Es ist denkbar, daß die Evangelien von späteren Begebenheiten beeinflußt sind, doch viele Aspekte der Botschaft und der Handlungen Jesu haben sicherlich auch schon zu seinen Lebzeiten feindliche Reaktionen provoziert.

Zu Beginn kam Jesus mit seinen eigenen Angehörigen in Konflikt, die sogar versuchten, ihn „mit Gewalt zurückzuholen, da er von Sinnen“ sei (Mk 3,21). Es ist unwahrscheinlich, daß die frühe Kirche derartiges erfunden hat. Die Vorstellung von Jesus in Konflikt mit seinen Angehörigen war vielen peinlich. Manche Versionen des Neuen Testaments änderten den Ausdruck „seine Angehörigen“ im Original von Markus in „die Schriftgelehrten und die anderen“. Jesus und seine Anhänger widmeten sich wie

Christus und die Ehebrecherin *von Lucas Cranach dem Jüngeren (1515–1586). Johannes 7,53–8,11 berichtet, die „Schriftgelehrten und Pharisäer“ wollten, daß Jesus die Steinigung einer beim Ehebruch ertappten Frau billige. Jesus erwiderte: „Wer von euch ohne Sünde ist, werfe als erster einen Stein auf sie.“ Die Menge zerstreute sich, und Jesus entließ die Frau mit der Warnung, nicht mehr zu sündigen.*

Ruinen der Synagoge aus der Römerzeit in Chorazin in Galiläa – eine jener Städte, über die Jesus wie über Kafarnaum und Betsaida einen Weheruf ausstieß, weil sie die Botschaft seiner Wunder ablehnten.

die Peripatetiker einem Leben in Armut; seine Lehre besagt, daß die Jünger seine einzig wahre Familie waren (Mt 12,49–50), und Jüngerschaft bedeutete den Verzicht auf Familie und Besitztümer (Mk 10,28–30 par.; Mt 10,37–39; Lk 14,26–27). Das könnte man als Infragestellung der Bande von Heimat und Familie betrachten.

Die Evangelien berichten vom Erfolg des Wirkens Jesu in Galiläa, zeigen aber auch, daß dieser nicht ungetrübt war: Jesus wurde in seiner Heimatstadt Nazaret aus der Synogoge geworfen (Lk 4,16–30) und konnte dort keine Wunder tun, weil die Bewohner seine prophetische Autorität anzweifelten (Mk 6,1–6 par.). Jesus sprach über mehrere Städte in Galiläa ihres Unglaubens wegen (Mt 11,20–24; Lk 10, 13–15) den Weheruf aus.

Die Evangelien berichten von einigen Auseinandersetzungen zwischen Jesus und den Pharisäern, den „Schriftgelehrten" (siehe S. 30–31) und anderen Experten des jüdischen Gesetzes. Sie beschuldigten Jesus, von Beelzebub, dem Anführer der Dämonen, besessen zu sein und mit dessen Hilfe die Geister auszutreiben (Mk 3,22 par.). Die Beschuldigung, Jesus sei ein falscher Zauberer, war ein Versuch, ihn als Bedrohung für die etablierte religiöse und soziale Ordnung darzustellen und zu isolieren.

Die Pharisäer vertraten jedoch ein breites Spektrum religiöser Meinungen und waren Jesus, wie auch die Evangelisten zeigen, nicht immer feindlich gesinnt. Vieles an der Lehre Jesu, wie etwa die Widerlegung der Argumente der Sadduzäer (siehe S. 35) gegen die Auferstehung von Toten (Lk 20,27–39), entsprach der Auffassung der Pharisäer. Die Worte Jesu in dieser Angelegenheit fanden die Billigung der Schriftgelehrten, und auch seine Definition des höchsten Gebotes des jüdischen Gesetzes stimmte mit jener der Schriftgelehrten überein (Mk 12,38–34; Lk 10,25–28).

Die „Weherufe", die Jesus vor allem bei Matthäus (Mt 23,13–29) gegen die Pharisäer ausruft, sind vermutlich ein Widerhall späterer Spannungen; sie könnten von ähnlichen Denunziationen und prophetischen Weherufen

Jesus im Haus von Simon dem Pharisäer, *von Jean Fouquet (ca. 1420–ca. 1481) aus* Le livre d'heures d'Etienne Chevalier. *Nach Lukas 7,36–50 wurde Jesus eingeladen, bei einem Pharisäer zu speisen; dabei kritisierte er seinen Gastgeber. Dieser habe ihn dürftig empfangen, verglichen mit der „Sünderin", die ihm die Füße wusch und salbte und mit ihrem Haar trocknete. Die Frau ist der Überlieferung nach Maria Magdalena, die erste Person, der der auferstandene Christus erschienen ist; darauf verweist die kleine Bildszenen unten (siehe Jh 20,11–17; siehe auch S. 34 und S. 186–187).*

in der Hebräischen Bibel inspiriert sein (siehe Jes 5,8–24; Hab 2,6–19). Jesus erkannte die Pharisäer offenbar als einflußreiche Lehrer an (Mt 23,2–3), wie viele Juden seiner Zeit; es heißt auch, daß er die Gastfreundschaft einzelner Pharisäer genoß. Auffällig ist, daß die drei Synoptiker die Beteiligung der Pharisäer an den Vorgängen, die zur Verhaftung und Verurteilung Jesu führten, nicht erwähnen.

Dennoch bestehen bedeutende Auffassungsunterschiede zwischen den Pharisäern und Jesus. Der wesentliche Punkt kommt in dem Vorwurf Jesu zum Ausdruck, daß die Pharisäer das Wichtigste im Gesetz – Gerechtigkeit, Barmherzigkeit und Treue – außer acht ließen. Jesus meint, die Regeln der Pharisäer über das Fasten und die priesterliche Reinheit, die das Gesetz Mose schützen und stärken sollten, würden so übertrieben, daß die wahren Prioritäten verlorengingen. Die Befolgung akribischer Regeln wurde zur Last und führte zu einer Verachtung der sozial Schwächeren; diese lagen Jesus am Herzen, wie aus der Parabel vom Pharisäer und dem Zöllner hervorgeht (Lk 18,9–14). Für Jesus hatte Menschlichkeit Priorität, weshalb er auch am Sabbat Kranke heilte oder Hungernden zu essen gab. In den Kontroversen über die wahre Einhaltung des Sabbats (Mk 2,23–28 par.) kommt diese Haltung zum Ausdruck.

Die Pharisäer betrachteten Jesus zweifelsohne als Bedrohung ihrer religiösen Autorität. In ihren Augen war er ein Provinzbewohner (siehe Kasten unten) ohne religiöse Bildung. Sie bezweifelten, daß seine Lehre (Mk 1,22; Mt 7,29), die jener der Schriftgelehrten nicht entsprach, die gleiche Autorität besitzen konnte wie die ihre (Mk 11,27–33).

GALILÄA: EIN LAND VON AUFSTÄNDISCHEN

Jesus und seine ersten Anhänger stammten aus Galiläa, vor allem aus den ländlichen Regionen, und wurden allein schon aus diesem Grund von den religiösen und zivilen Behörden mit Argwohn betrachtet. Den Evangelien zufolge scheinen die Pharisäer und Schriftgelehrten aus Jerusalem zu kommen (Mk 3,22, 7,1). Dort galten die Bewohner Galiläas als ungehobelte Provinzbewohner mit einfacher Sprache (Mt 26,73), die das Gesetz Mose wenig kannten und nicht korrekt befolgten. Diese Einstellung spiegelt sich bei Johannes wider; in einer Passage fragen einige aus dem Volk Jerusalems, ob denn der Messias aus Galiläa kommen könne (Jh 7,41); die Pharisäer beschreiben die Anhänger Jesu als „dieses Volk, das vom Gesetz nichts versteht" (Jh 7,49).

Als Nikodemus, ein Jesus freundlich gesonnener Pharisäer, zur Unterstützung Jesu eingriff, wurde er gefragt, ob er vielleicht auch aus Galiläa komme (Jh 7,51–52). Aus der Sicht der Pharisäer könnte Jesus für die religiösen Unzulänglichkeiten verantwortlich gewesen sein, die die Bewohner Galiläas ihrer Meinung nach charakterisierten. Er akzeptierte die Gastfreundschaft der verhaßten Zöllner, verkehrte mit „Sündern" und Prostituierten, und seine Jünger hielten sich nicht streng an die Gesetze der Pharisäer (siehe Haupttext).

Galiläa war lange ein Zentrum des Widerstands gegen die römische Macht und die romtreuen jüdischen Herrscher. Das Neue Testament erwähnt eine Revolte, die „Judas, der Galiläer" (Apg 5,36–37) im Jahre 4 v. Chr. nach dem Tod von König Herodes dem Großen angeführt hatte (siehe S. 24–25). Im Zuge des Aufstands wurde Sepphoris, die Hauptstadt Galiläas (siehe S. 23), geplündert und zerstört.

Dem Geschichtsschreiber Josephus zufolge wurde der Täufer von Herodes Antipas, in dessen Machtbereich auch Galiläa fiel (siehe S. 24-25), hingerichtet, weil er fürchtete, der Erfolg seiner Predigten würde einen weiteren Aufstand provozieren. Die Evangelien deuten an, daß Herodes Antipas Jesus ähnlich eingeschätzt hat (Lk 13,31–33).

Die Evangelien beschreiben eine konspirative Gruppe, die sogenannten „Anhänger des Herodes"; sie wollten Jesus umbringen (Mk 3,6) und versuchten, ihn mittels seiner Ansichten zur kaiserlichen Steuer zu Fall zu bringen (Mk 12,13–17). Es ist möglich, daß es sich um die Parteigänger des Herrschers von Galiläa handelte, wenngleich Markus sie mit den Pharisäern in Zusammenhang brachte, die der Dynastie Herodes im allgemeinen feindlich gesinnt waren.

Im Johannesevangelium befürchten die Tempelvorsteher Jerusalems, Jesus könnte eine zu große Anhängerschaft gewinnen und dadurch eine Intervention der Römer provozieren.

Ehemaliges dreiteiliges Hulda-Tor, der südliche Haupteingang des Tempelberges; durch ihn kamen die Gläubigen aus dem südlichen Ende des Ölbergs, von Betanien oder Jericho. Hier betrat Jesus vermutlich den Tempel anläßlich der Tempelreinigung (siehe S. 110–111).

DAS SCHICKSAL DES TÄUFERS

Die Enthauptung von Johannes dem Täufer *von Massimo Stanzione (1585–1656), nach der Überlieferung von Matthäus 14,10 und Markus 6,27. Nach Josephus ließ Antipas Johannes in der Festung von Machaerus im südlichen Peräa inhaftieren und hinrichten (siehe Karte S. 25).*

Die Verhaftung und Hinrichtung von Johannes dem Täufer beschäftigte die frühe Christengemeinde nachhaltig. Das Ereignis wird in den Evangelien mehrmals erwähnt; auch der jüdische Geschichtsschreiber Josephus, der Ende des 1. Jahrhunderts n. Chr. lebte, berichtet darüber. Dieses Ereignis war also nicht in Vergessenheit geraten.

Die drei Synoptiker behaupten, daß Herodes Antipas, der Tetrarch (Regent) von Galiläa und Peräa, Johannes hauptsächlich deshalb verhaften ließ, weil er seine Heirat mit seiner Schwägerin zu Lebzeiten ihres Gemahls verurteilte hatte - dem jüdischen Gesetz zufolge Inzest (siehe Spalte S. 45). Josephus hingegen vertritt die Meinung, daß die Popularität von Johannes einen Aufstand zu provozieren drohte. Beide Darstellungen klingen plausibel; Josephus schrieb in Rom für ein heidnisches Publikum, das mit den Feinheiten des jüdischen Ehegesetzes nicht vertraut war. Matthäus läßt hingegen durchblicken, daß Antipas den Täufer gerade aufgrund seiner Popularität nicht töten lassen wollte, da er die Reaktion des Volkes fürchtete, das Johannes für einen Propheten hielt (Mt 14,5).

Markus beschreibt den Tod des Täufers sehr anschaulich (Mk 6,17–29), während Matthäus eher distanziert berichtet (Mt 14,3–12). Beide Evangelisten stützen sich vermutlich auf eine Überlieferung, die die Jünger des Täufers bewahrten oder vielleicht auch den Menschen erzählten, die sein Grab besuchten (Mk 6,29; Mt 14,12).

Die Version von Markus hat die Form eines jüdischen Volksmärchens mit Anklängen an die Hebräische Bibel. Salome, die Tochter des Herodes – ihren Namen kennen wir von Josephus – tanzt für Antipas, der ihr ein vorschnelles Versprechen gibt: „Wünsch dir, was du willst; ich werde es dir geben, ... und wenn es die Hälfte meines Reiches wäre.“ Dieses Versprechen wird zweimal fast identisch zitiert: im Buch Esther (Est 5,7; 7,2), wo der Schauplatz ein großes königliches Festmahl ist; Esther verlangt die Hinrichtung ihres Feindes Haman. Bei Markus wird Salome von ihrer Mutter veranlaßt, um den „Kopf des Täufers Johannes“ zu bitten.

Markus beschreibt auch den Ärger des einfachen Volkes, wie es die Anhänger von Johannes und Jesus waren, über den Prunk und die Intrigen an den Höfen der Dynastie Herodes (siehe S. 24–25). An anderer Stelle unterscheidet Jesus den Täufer von jenen, die feine Kleidung tragen und im Luxus der königlichen Paläste leben (Lk 7,25; Mt 11,8). Die Dekadenz der königlichen Familie wird auch durch den Tanz der Tochter unterstrichen (worunter im allgemeinen etwas Laszives verstanden wurde) – diese Art der Unterhaltung wurde gewöhnlich von Kurtisanen geboten.

Münze, die von Herodes Antipas (reg. 4 v. Chr.–39 n. Chr.) herausgegeben wurde. Die Vorderseite (rechts) trägt die griechische Inschrift „Der Tetrarch Herodes“, die Rückseite den Namen seiner Hauptstadt: Tiberias in Galiläa.

JOHANNES UND ELIJA

Markus’ Bericht über den Tod des Täufers erinnert auffällig an die biblische Geschichte vom Propheten Elia. In beiden Fällen ist die Frau des Regenten die eigentliche Feindin des Propheten, während ihr Gemahl eine ambivalente Haltung zeigt. Herodias erscheint wie die Königin Isebel in 1 Könige als dominierender Part; auf ihre Anstiftung hin wird Johannes eingesperrt (Mk 6,17; Mt 14,3). Wie Isebel plant sie den Tod des Propheten (Mk 6,19; 1 Kön 19,2).

Manche hielten Jesus für Elia (Mk 6,15; Lk 9,8), aber Jesus selbst erkannte den Täufer als den wiedergekehrten Elia an (Mt 11,14). In einer Schlüsselpassage (Mk 9,9–13; Mt 17,9–13) fragten die Jünger Jesus, ob Elia im messianischen Zeitalter, wie es geschrieben steht, zurückkehren werde (Mal 4,5–6). Jesus erwiderte, Elias sei bereits gekommen: „Doch sie haben ihn nicht erkannt, sondern mit ihm gemacht, was sie wollten” (Mk 9,13) – ein indirekter Hinweis auf die Hinrichtung des Täufers (Mt 17,12–13).

Matthäus sagt, daß der „Menschensohn“ – Jesus – ebenso leiden werde wie der Täufer (Mt 17,12). Die Evangelien betrachten den Tod des Johannes als Vorwegnahme des Schicksals von Jesus.

Salome mit dem Haupt des Täufers *von Andrea Solario (ca. 1470–1524), Illustration von Matthäus 14,11 und Markus 6,28.*

DAS BEKENNTNIS DES PETRUS UND DIE VERKLÄRUNG

Alle vier Evangelien berichten davon, daß der Jünger Petrus ein Glaubensbekenntnis gegenüber Jesus als den wahren Messias ablegt (Mt 16,13–23; Mk 8,27–33; Lk 9,18–22; Jh 6,67–69). Matthäus und Markus siedeln diese Begebenheit in der Nähe von Caesarea Philippi im hohen Norden Palästinas an. Petrus beantwortet die Frage Jesu, für wen ihn seine Jünger denn hielten. Bei Matthäus, Markus und Lukas spricht Jesus nie von sich als Messias; in ihren Berichten über sein Wirken in Galiläa wird er nur einmal, von den Dämonen, als Messias angesprochen (Lk 4,41).

Im Judentum jener Zeit gab es eine Vielzahl messianischer Vorstellungen, die größtenteils davon ausgingen, daß Gott durch einen Vermittler in

DIE VERKLÄRUNG

Auf das Bekenntnis des Petrus folgt die sogenannte Verklärung, bei der Jesus als strahlende Gestalt auf einem Berg neben Mose und Elija erscheint (Mt 17,1–8; Mk 9,2–8; Lk 9,28–36). Dieses Ereignis ist eine göttliche Bestätigung der Berufung Jesu zum Erlöser und bewahrheitet seine Worte (Mk 8,34–9.1 par.) über das Leiden als Bedingung für eine Jüngerschaft.

Petrus, Jakobus und Johannes sind Zeugen der Begebenheit und erfahren die göttliche Welt, der Jesus angehört. Sie werden von einer „hellen Wolke“ überschattet (Mt 17,5), einem Zeichen der Gegenwart Gottes, aus der eine himmlische Stimme Worte ruft, die auf die Taufe Jesu verweisen (Mk 9,7 par). So wie die Taufe (siehe S. 84–85) Jesus zu seinem irdischen Wirken ermächtigte, ist die Verklärung eine Andeutung der Herrlichkeit des auferstandenen Christus.

Die Episode von der Verklärung enthält zahlreiche biblische Motive. Moses wird deutlich ins Bewußtsein gerückt (Ex 24,15–18; Ex 34,29; Mt 17,2). Er und Elia werden meist als Symbole für das „Gesetz“ und die „Propheten“ verstanden, zwei der drei Unterteilungen der Hebräischen Bibel (siehe S. 30). Sie repräsentieren den alten Bund mit Israel, den Jesus ablöst. Nach rabbinischer Überlieferung erwartete man, daß Mose und Elia am Ende der Welt wiederkehren würden. Ihre Präsenz könnte den Beginn des neuen Zeitalters andeuten, das durch Jesu Tod und Auferstehung eingeleitet wurde.

Nicht zur Bibel zählende jüdische Schriften erzählen von Personen, die eine Gotteserfahrung machten, bei der sie zu himmlischen Wesen verklärt wurden und göttliche Geheimnisse kennenlernten. Wie die Engel wären sie in glänzende weiße Gewänder gehüllt. Solche Berichte scheinen auf Visionen von Sehern zurückzugehen; die Verklärung Jesu könnte eine ähnliche mystische Verwandlungserfahrung sein, die auch seine drei Jünger teilten.

Der Berg Tabor in Galiläa ist der christlichen Überlieferung nach der „hohe Berg“ (Mk 9,2) der Verklärung. Heute wird angenommen, daß sie am Berg Hermon stattfand.

Die Quellen von Banias, dem antiken Paneas, auf den Golanhöhen. Paneas war eine bedeutende Stadt im Herrschaftsbereich des Tetrarchen Philippus (reg. 4 v. Chr.–34 n. Chr.); er war der Sohn von Herodes dem Großen (siehe S. 24–25) und der Halbbruder von Antipas, dem Herrscher des benachbarten Galiläa. Paneas, wo größtenteils Heiden lebten, wurde nach einem berühmten Schrein für den griechisch-römischen Gott Pan benannt. An seinem Standort erbaute Philippus die Stadt Caesarea Philippi („Caesarea des Philippus"). Jesus könnte dieses Land durchwandert haben, um Antipas nach der Hinrichtung des Täufers aus dem Weg zu gehen (siehe Mt 4,1–2; Mk 6,14–16).

die Geschichte eingreifen und „Israel von seinen Unterdrückern erlösen" werde (Lk 24,21). In Caesarea Philippi erkannten die Jünger Jesus als diesen Vermittler. Er ist mehr als der Vorläufer des Erlösers, mehr als ein Prophet, Lehrer oder Wundertätiger: Er ist der Erlöser selbst.

Das Erlösungswerk Jesu unterschied sich von den Erwartungen der meisten Juden (siehe S. 164–165). Es sollte sich durch seinen Tod und seine Auferstehung erfüllen, wie Jesus in den drei Vorhersagen der Passion verkündete (siehe S. 108). Er sagte den Jüngern, daß die Hohenpriester und Schriftgelehrten ihn ablehnen würden und er ihnen ausgeliefert werden würde. Als Petrus dies nicht akzeptieren kann, wird er von Jesus zurechtgewiesen (Mk 8,32–33; Mt 16,22–23).

Ein gekreuzigter Messias wäre den meisten Juden als Widerspruch erschienen. Hätte man Jesus als den Messias gepriesen, wären falsche Erwartungen erweckt worden. Deshalb verbot Jesus seinen Jüngern, über dieses Geheimnis zu sprechen, bis er von den Toten auferstanden sei (Mk 9,9; Mt 17,9). Bis zu diesem Zeitpunkt würden nicht einmal die Jünger die wahre Bedeutung der Mission Jesu verstehen können.

Das Bekenntnis kennzeichnet faktisch das Ende des Wirkens Jesu in Galiläa und den Beginn seiner letzten Reise nach Jerusalem. Auch bei Matthäus und Markus verändert sich der Inhalt der Erzählung auffällig: Sie betonen die Lehre Jesu, die er hauptsächlich seinen nächsten Jüngern vermittelt. Auch bei Lukas tritt die Lehre Jesu in der Vordergrund, der Wechsel ist aber weniger auffällig, und in seinem Bericht von der Reise werden eine Reihe anderer Themen (siehe S. 109) angeschnitten.

Nach der Episode in Caesarea Philippi wird in den Evangelien ein tragischer Ton angeschlagen. Jesus wird zunehmend isoliert, bis schließlich alle Jünger ihn verlassen haben und die Erzählung auf ihren Höhepunkt zusteuert (Mk 14,50; Mt 26,56).

DER WEG NACH JERUSALEM

Die Straße von Jericho nach Jerusalem verläuft durch die zerklüftete Landschaft des Wadi Qelt, 8 km westlich von Jericho. Hoch über dem Talboden, in den Felsen gehauen, liegt das griechisch-orthodoxe Kloster des Hl. Georg, das im 5. Jahrhundert n. Chr. begründet wurde.

Die Synoptiker berichten unterschiedlich über die Zeitspanne, in der Jesus und seine Jünger von Caesarea Philippi über Galiläa und Jericho nach Jerusalem reisten (Mt 17,9–21,11; Mk 9,9–11,10; Lk 9,51–19,28). Die Versionen von Markus und Matthäus unterscheiden sich kaum, Lukas bietet eine abweichende Darstellung (siehe Kasten gegenüber).

In allen drei Evangelien werfen die drei Vorhersagen Jesu von der Passion, die er vor und nach der Verklärung trifft (Mk 8,31; 9,31; 10,33–34 par.), dunkle Schatten voraus. Auf die erste Vorhersage folgt eine Warnung, daß die Jünger Jesu mit Ablehnung und sogar Tod zu rechnen haben. Dieses Leiden wird ihnen aber die höchste Belohnung für wahre Jüngerschaft sichern (Mk 8,34–9,1 par.; siehe S. 90–91).

Die Evangelien berichten von Rangstreitigkeiten unter den Anhängern Jesu (Mk 9,33–37 par.; Mk 10,35–45; Mt 20,20–28). Jesus lehrt sie daraufhin, daß die Mitglieder der Christengemeinde ihrem Meister folgen und eher dienen als herrschen sollen. Um das Reich Gottes zu erlangen, müssen sie den vertrauensvollen Glauben eines Kindes haben. Das Kind repräsentiere den einfachen Gläubigen, und dessen Wohl müsse das höchste Anliegen der Gemeinde sein (Mk 9,42–48 par.).

Die Sorge um die zukünftige Gemeinschaft der Gläubigen wird deutlich in einem von mehreren Gesprächen, die das Matthäusevangelium gliedern (Mt 18,1–19,2). Diese Passagen wurden als „Handbuch der kirchlichen Disziplin" bezeichnet; es werden darin teilweise Situationen vorwegge-

DIE BEDEUTUNG DES GLAUBENS

Ein wichtiges Thema, das die Evangelien an diesem Punkt aufgreifen, ist das Verständnis des Glaubens. Nach der Verklärung (siehe S. 106) folgt ein Bericht, wie Jesus einen besessenen Knaben heilt (Mk 9,14–29 par.). Die Jünger hatten vergeblich versucht, diesen zu heilen, ihr Scheitern wird als Zeichen einer ungläubigen Generation gedeutet. Markus betont den Glauben des Vaters dieses Knaben; bei Matthäus und Lukas werden die Jünger über die höchste Macht des Glaubens aufgeklärt. Bei Markus lernen die Jünger, daß die Austreibung von Geistern, nach Vorbild des Vaters, auf Gebet beruhen müsse (siehe Kasten gegenüber).

nommen, die erst nach Jesu Lebzeiten relevant wurden; etwa sind Regeln für die Beilegung von Streitigkeiten in der Gemeinde angeführt (Mt 18,15–17). Für Jesus zeichnet sich die Gemeinschaft der Gläubigen durch grenzenlose Vergebung aus (Mt 18,21–22), was in dem Gleichnis vom unbarmherzigen Gläubiger zum Ausdruck kommt (Mt 18,23–35).

Die Gleichnisse vom reichen Mann (Mk 10,17–31 par.) und von den Arbeitern im Weinberg (Mt 20,1–16; vgl. Mt 19,30 und 20,16) veranschaulichen die kompromißlosen Anforderungen an die Jüngerschaft. Ihre Aufgabe bedeutet einerseits Mühsal, andererseits aber auch ewigen Lohn.

Unmittelbar vor der Ankunft Jesu in Jerusalem findet die Heilung eines Blinden in Jericho statt (Mk 10,46–52 par.; Abb. S. 94). Jesus wird jubelnd als „Sohn Davids" begrüßt, was die Rufe vorwegnimmt, die ihm bei seinem Eintritt in die Heilige Stadt entgegenschallen (siehe S. 110).

DIE REISE BEI LUKAS

Lukas' ausführlicher Bericht über die Reise Jesu nach Jerusalem (Lk 9,51–19,28) steht im Zentrum seines Evangeliums und ist, wie manche meinen, entscheidend für das Verständnis seiner besonderen Botschaft. Er beabsichtigt vor allem, den Werdegang Jesu als den „Weg des Herrn" (Lk 3,4) darzustellen. In den Reiseberichten finden sich Bezüge zur Apostelgeschichte, dem zweiten Band des Evangelisten, der von der Verbreitung des Glaubens erzählt.

Die tatsächlichen Hinweise auf die Reise sind kurz und allgemein gehalten und unterscheiden sich von den detaillierten Reiseangaben, die der Autor der Apostelgeschichte macht. Der Reisebericht ist nicht ausführlicher als bei Matthäus und Markus, auch Lukas scheint vom Verlauf der Ereignisse kein präziseres Wissen zu haben als die anderen.

Wie auch die anderen Evangelien konzentriert sich Lukas in dieser Phase des Wirkens Jesu mehr auf dessen Lehre als auf wunderbare Heilungen. Der Evangelist hat die Überlieferungen über die Lehre Jesu in wichtige Themen wie Gebet, Reichtum und Vergebung gruppiert. Viele dieser Lehren kommen auch in den anderen Evangelien vor, bei Lukas dienen sie aber einem anderen Zweck, nämlich den Nachfolgern Jesu Argumente für ihre Mission zu liefern. Wie Markus und Matthäus hat Lukas die Situation der Kirche nach dem Tod Jesu im Auge.

Manche berühmten Gleichnisse, wie etwa jene vom Barmherzigen Samariter, vom verlorenen Sohn, vom reichen Mann und vom armen Lazarus, vom Pharisäer und dem Zöllner, kommen nur bei Lukas vor.

Der Barmherzige Samariter, *Rembrandt (1606–1669). Jesus erläutert in diesem berühmten Gleichnis (Lk 10,30–37) den Begriff des „Nächsten" aus dem Gebot: „Du sollst deinen Nächsten lieben wie dich selbst" (Lev 19,18).*

DIE REINIGUNG DES TEMPELS

JESU EINZUG IN JERUSALEM

Matthäus, Markus und Lukas siedeln die Tempelreinigung unmittelbar nach dem triumphalen Einzug Jesu auf einem Esel in Jerusalem an, der von nationalistischem Enthusiasmus der Menge geprägt war (Mt 21,1–11; Mk 11,1–11; Lk 19,29–40).

Bei Matthäus begrüßt die Menge Jesus als einen Propheten (Mt 21,11); die Tempelreinigung ist vermutlich als dramatischer, symbolischer Akt zu interpretieren, wie er für die Propheten in der Hebräischen Bibel typisch war. Sie kritisierten den Tempel häufig und sahen einer Zeit entgegen, in der die Institution von der Korruption gereinigt würde, die sich ihrer Meinung nach darin ausgebreitet hatte. Das Vorgehen Jesu könnte von einer Prophezeiung beeinflußt sein, daß es im kommenden neuen Zeitalter im Tempel keine Händler mehr geben würde (Sach 14,21).

Die Synoptiker berichten, daß Jesus kurz nach seiner Ankunft in Jerusalem zum Paschafest öffentliche Unruhen im Tempelbezirk auslöste. Auch Johannes berichtet von dem Ereignis, stellt es aber an den Beginn des Wirkens Jesu (siehe Kasten gegenüber).

Die Begebenheit wird meist „die Tempelreinigung“ genannt, wobei der Vorfall allerdings nicht leicht zu interpretieren ist. Jesus scheint die Händler am Tempelberg angegriffen zu haben, die die Gläubigen mit Speisen und Getränken versorgten und Geld für sie wechselten. Die römischen Münzen, die gewöhnlich in Umlauf waren, wurden für Tempelgaben nicht akzeptiert, weil sie das Bild des Kaisers – eines römischen Gottes also – und andere Götzenbilder zeigten. Die Händler boten auch Opfertiere an (Mt 21,12; Mk 11,15; Lk 19,45; Jh 2,14–16).

Einerseits hat Jesus zweifelsohne gegen die Gewinnsucht im Umfeld des Tempels protestiert. Der jüdische Geschichtsschreiber Josephus und rabbinische Texte bezeugen ebenfalls Fälle von Korruption unter dem Tempelpersonal, das die Anprangerung Jesu rechtfertigte: „ Mein Haus soll ein Haus des Gebetes sein. Ihr aber macht daraus eine Räuberhöhle" (Mt 21,13 par., nach einem Zitat von Jes 56,7).

Die Tempelreinigung, *Fresko in der Scrovegni-Kapelle in Padua von Giotto (1266–1337). Was immer auch die Motive Jesu gewesen sein mögen – der Reichtum und die Pracht des Tempels, der von Herodes dem Großen auch zum Zeichen seiner Dynastie luxuriös neu erbaut wurde, war sicher vielen ein Dorn im Auge. Das Bauvorhaben war so gigantisch, daß der Tempel erst sechs Jahre vor seiner Zerstörung 70 n. Chr. fertiggestellt wurde.*

DIE TEMPELREINIGUNG IM JOHANNESEVANGELIUM

Das Johannesevangelium bringt eine abweichende Schilderung der Tempelreinigung (Jh 2,13–22) und baut gewisse Themen aus, die in den Berichten der Synoptiker nur angedeutet werden. Johannes siedelt den Vorfall zu Beginn des Wirkens Jesu an, obwohl der Zeitpunkt in den anderen Evangelien – kurz vor der Verhaftung Jesu – eher historisch wahrscheinlich ist. Im Johannesevangelium geht es aber vor allem um die theologische Bedeutung des Ereignisses, das als Beispiel für das Urteil Gottes gegen das damalige Judentum betrachtet wird. Bei Johannes zeigt die Tempelreinigung, daß die existierende Religionspraxis Israels, die um das Blutopfer zentriert war, zerstört werden müsse; dies wird auch dadurch unterstrichen, daß Jesus alle Opfertiere hinaustreibt (Jh 2,15).

Im Gegensatz zu den anderen Evangelisten verneint Johannes nicht, daß Jesus von der Zerstörung und dem Wiederaufbau des Tempels gesprochen hätte (siehe Haupttext). Die „Juden“ mißverstünden hier, wie so oft in seinem Evangelium, die eigentliche Bedeutung der Worte Jesu. Sie würden sie wörtlich auf den Tempel beziehen, während Jesus eigentlich den „Tempel seines Leibes“ gemeint habe, der den Tod erleiden, aber wieder auferstehen werde (Jh 2,21–22). Durch den Tod und die Auferstehung Jesu werde ein neuer Tempel – die Kirche – entstehen. An anderer Stelle wird die Kirche im Neuen Testament (Kor 12,27) als „Leib Christi“ bezeichnet. Gemeint ist eine völlig neue Form der Anbetung „im Geist und in der Wahrheit“, die alle vorangegangenen Formen ersetzen wird (Jh 4,19–26).

Die El-Aksa-Moschee überragt den südlichen Haupteingang des Tempelberges von Herodes. Es existieren noch Überreste des alten Tores (rechts).

Manche vermuten aber auch, daß Jesus, als er den Tempel ein „Haus des Gebetes“ nannte, für eine Beendigung der Opferpraktiken eintrat. Die Evangelien liefern jedoch keinen Hinweis dafür. Das Zitat von Jesaja verweist auf ein zukünftiges Zeitalter, in dem (wie die Qumran-Sekte und andere glaubten) der Tempel von einer neuen, geläuterten Institution ersetzt werden würde. Es könnte sein, daß Jesus diese Vorstellung teilte.

Die Evangelien deuten jedenfalls an, daß die negative Einstellung Jesu gegenüber dem Tempel einer der Hauptgründe für die anschließende Verurteilung durch die Hohenpriester war. Er wurde vom Synedrium (siehe S. 118–119) verurteilt, weil er behauptet hatte, daß er den Tempel niederreißen und in drei Tagen wieder aufbauen würde (Mk 14,58; 15,29; Mt 26,61; 27,39; Apg 6,14). Das Neue Testament stellt diese Anschuldigung jedoch als falsch hin, auch ist unwahrscheinlich, daß Jesus solches tatsächlich behauptete. Seine frühere Ankündigung der Zerstörung des Tempels (Mk 13,2 par.) erwähnt keine Beteiligung seinerseits und leitet in die sogenannte „Rede über die Endzeit“ (Mk 13,5–37) über, bei der eine Katastrophe für Jerusalem vorhergesagt wird.

Das heftige Auftreten Jesu wurde von den Tempelbehörden vermutlich als Vorhersage der Zerstörung des Tempels interpretiert. Jesus, so wohl ihre Vermutung, wollte sicherlich nicht nur die Händler vertreiben.

EIN POLITISCHER AKT?

Manche Forscher betrachten Jesus als politischen Revolutionär (siehe S. 182–183) und meinen, daß er den Tempel als Anführer einer Bande militanter Anhänger regelrecht besetzte. Jede derartige Tat hätte jedoch die sofortige Intervention der Tempelpolizei oder römischer Truppen, die in der nahegelegenen Festung Antonia stationiert waren, zur Folge gehabt. Die römische Garnison wurde zur Zeit des Paschafestes verstärkt, um etwaige Störenfriede abzuschrecken. Darüber hinaus wären bei einer derartigen Demonstration sicherlich alle Anhänger Jesu herbeigeströmt, – die Evangelien erwähnen aber nur ein Komplott, um Jesus selbst zu verhaften.

DAS LETZTE ABENDMAHL

Die Evangelien berichten, daß Jesus gemeinsam mit jenen zwölf Jüngern, die ihm am nächsten standen, vor seiner Verhaftung ein letztes Mahl einnahm. Die Synoptiker lassen keinen Zweifel daran, daß das Letzte Abendmahl aus dem„Seder“ bestand; dieses traditionelle Gericht nehmen die Juden zum Paschafest oder zum Fest der ungesäuerten Brote zu sich. Alle drei Evangelien berichten von den Vorbereitungen für dieses Festmahl, etwa der Opferung des Paschalammes im Tempel, das das Hauptgericht des Mahles darstellte (Mk 14, 12–16 par.).

Dem Johannesevangelium nach kann es sich jedoch nicht um das Paschamahl gehandelt haben, weil Jesus um die Mittagszeit am Rüsttag zum Paschafest (Joh 19,14) gekreuzigt wurde. Man hat oft versucht, den Gegensatz zwischen Johannes und den Synoptikern auszugleichen. Eine Theorie besagt, Jesus und seine Jünger hätten die Bräuche der Qumran-Sekte befolgt, die einen eigenen Festkalender besaß und das Paschafest manchmal früher feierte als andere Juden. Die Qumran-Sekte hatte vieles mit den Essenern gemein (siehe S. 37), und der Schauplatz des Letzten Abendmahles ist der Überlieferung nach das alte Viertel der Essener in Jerusalem

DAS LETZTE ABENDMAHL UND DIE EUCHARISTIE

Die Bedeutung der Worte Jesu beim Letzten Abendmahl (Mk 14,22–25 par.) ist Gegenstand heftiger Diskussionen. Das Ereignis steht deutlich im Zusammenhang mit dem christlichen Sakrament, welches als Eucharistie (griechisch *eucharistia*, „Danksagung"), als Heilige Kommunion oder als Heiliges Abendmahl bezeichnet wird. Ob Jesus beabsichtigte, dieses Ereignis zu institutionalisieren, ist umstritten.

Jesus reicht den Jüngern Brot und Wein mit den Worten: „Nehmt, das ist mein Leib" (Mk 14,22 par). „Das ist mein Blut, das Blut des Bundes, das für viele vergossen wird“ (Mk 14,24; Mt 26,28). Genauso wurde das alte Israel durch das „Blut des Bundes“ (Ex 24,8) begründet. Jesus stiftet einen neuen Bund mit den „Vielen“, mit allen Menschen, denen ihre Sünden durch das Blut Jesu vergeben werden.

Jesus sagt, daß er erst im Reich seines Vaters wieder von der Frucht des Weinstocks trinken werde (Mk 14,25; Mt 26,29; Lk 22,16, 18). Damit wird angedeutet, daß er das Letzte Abendmahl als Vorbild des großen Festmahles ansah, dem der Messias vorsitzen würde und von dem viele glaubten, es werde das Endzeitalter einleiten. Bei Matthäus und Markus spricht Jesus an, daß das Letzte Abendmahl erst im messianischen Zeitalter wiederholt werden würde; diese Ansicht widerspricht seinem Willen, daß das Mahl von seinen Anhängern als Sakrament gefeiert werden soll. Die ersten Christen glaubten aber vielleicht, sie würden sich bereits im Endzeitalter befinden und feierten die Eucharistie als Vorbereitung auf das messianische Festmahl.

Nur bei Lukas begründet Jesus einen neuen Ritus: In den meisten seiner Handschriften heißt es, daß Jesus das Brot mit der Aufforderung brach: „Tut dies zu meinem Gedächtnis.“ In manchen frühen Manuskripten fehlen diese Worte; viele Gelehrte glauben, daß sie nachträglich aus dem ersten Paulusbrief an die Korinther eingefügt wurden (1 Kor 11,23–25), was aber nicht gegen ihre Authentizität spricht. Die Paulusbriefe sind die ältesten Dokumente des Neuen Testamentes, und in der zitierten Passage behauptet Paulus, einen Ritus zu beschreiben, „den er vom Herrn empfangen“ habe, was auf eine frühe christliche Überlieferung verweist.

Das Letzte Abendmahl *(1480), von Domenico Ghirlandaio (1449–1494), Fresko im Refektorium des Klosters Ognissanti in Florenz. Petrus, der als betagter Mann mit ergrautem Haar dargestellt wird, befindet sich zur Rechten Jesu; links neigt sich ihm der „Jünger, den Jesus liebte" zu (Joh 13,23). Judas Ischariot, der Jesus verraten wird, sitzt abgesondert und trägt keinen Heiligenschein. Die lateinische Inschrift an den Wänden zitiert Worte, die Jesus während des Mahles zu den Jüngern sprach: „Darum vermache ich euch das Reich, wie es mein Vater mir vermacht hat. Ihr sollt in meinem Reich mit mir an meinem Tisch essen und trinken" (Lk 22,29–30).*

(siehe Plan S. 20). Doch alle Hinweise in den Evangelien verweisen darauf, daß das Paschamahl gemäß der in Jerusalem vorherrschenden Bräuche gefeiert wurde. Der christlichen Überlieferung nach sind die letzten Ereignisse im Leben Jesu eng mit dem Paschafest verbunden.

Der ungewöhnliche Zeitpunkt des Mahles im vierten Evangelium geht vermutlich auf die Interpretation der symbolischen Bedeutung des Festes bei Johannes zurück: Jesus ist das eigentliche Opferlamm, dessen Schicksal sich erfüllt, indem er zur Zeit der Lämmerschlachtung im Tempel stirbt (Joh 19,36). Auch in der Interpretation der Speisung der Volksmenge (Joh 6,4 ff.), die in vielerlei Hinsicht Parallelen zu den Erzählungen vom Letzten Abendmahl bei den Synoptikern aufweist, scheint der Evangelist Jesus als Paschalamm zu betrachten. Die Speisung findet etwa zur Zeit des Paschafestes statt (Joh 6,4); im anschließenden Gespräch bietet Jesus sein Fleisch als Speise und sein Blut als Trank dar, um ewiges Leben zu gewähren (Joh 6,48-58; siehe auch S. 99). Auch die Synoptiker könnten Jesus als Paschalamm betrachten, als er sich seinen Jüngern beim Paschamahl als Speise darbot (Mk 14,22, 24, par.).

Keines der Evangelien erwähnt explizit den Verzehr des Lammes beim Letzten Abendmahl, es werden aber andere Riten wie die Segnung und das Teilen von Wein und ungesäuertem Brot (Mk 14,22–23 par.) erwähnt. Die Evangelisten erwähnen nur jene Teile des Pascharituals, die den Worten Jesu eine neue Bedeutung verliehen (siehe Kasten gegenüber).

VERRAT UND VERHAFTUNG

DER KUSS

Bei den Synoptikern beginnt die Verhaftung Jesu mit dem dramatischen und schmerzlichen Augenblick, als Judas Iskariot (siehe Kasten gegenüber) seinen früheren Meister mit einem Kuß oder der Andeutung eines Kusses (Mk 14,44–5) verrät. Der Kuß bedeutet, daß Jesus allein das Opfer ist; seine Anhänger entkommen (Mk 14,45 par.).

Judas spricht Jesus als „Rabbi" (siehe S. 162) an; ein Kuß war die übliche Form, in der ein Schüler seinen rabbinischen Meister begrüßte. Die Geste könnte auch von biblischen Passagen inspiriert sein, in denen ein vermeintlich freundlicher Kuß Verrat ausdrückt (z. B. 2 Sam 20,9–10 und Spr 27,6). Der Kuß unterstreicht auch die Verantwortung, die Judas an der Verhaftung Jesu trägt; in Wirklichkeit war seine Rolle vermutlich gering, wenn auch folgenschwer.

In ihren Berichten über die Verhaftung Jesu stimmen die vier Evangelien größtenteils überein. Nach dem Lobgesang beim Letzten Abendmahl (siehe S. 112–113) gingen Jesus und seine Jünger zum Garten Getsemani hinaus, einem Olivenhain am Ölberg (Mk 14,26; Mt 26,30). Die Schilderungen lassen vermuten, daß die Gruppe beabsichtigte, sich eine Weile zum Gebet und zur Meditation zurückzuziehen. Jesus verbrachte während seiner Zeit in Jerusalem offenbar alle seine Nächte außerhalb der Stadt, auf dem Ölberg (Lk 21,37) oder im nahen Betanien (Mk 11,11; Mt 21,17).

Matthäus und Markus berichten, daß Jesus auf demWeg nach Getsemani voraussagte, seine Anhänger würden ihn verlassen und selbst Petrus

Der Todeskampf im Garten, *von Corrado Giaquinto (1690–1765) zeigt die einsame Wache und das Gebet Jesu im Garten Getsemani. Der Engel (Lk 22,43) trägt einen Abendmahlskelch, ein Sinnbild der Worte Jesu: „Vater, alles ist dir möglich. Nimm diesen Kelch von mir!" (Mk 14.36 par.).*

JUDAS ISKARIOT

Die Evangelien und die Apostelgeschichte berichten von der Rolle des Jüngers Judas Iskariot bei der Verhaftung Jesu. Johannes zufolge war Judas der Sohn des Simon Iskariot (Joh 6,71; 13,2). Iskariot bedeutet „Mann aus Kariot", das war ein Dorf im Süden Judäas. In manchen Manuskripten steht bei Johannes 6,71 auch tatsächlich „Judas von Kariot". Dies erklärt sich daraus, daß Johannes mit judäischen Angelegenheiten sehr vertraut war.

Die 1924 erbaute römisch-katholische Kirche aller Völker grenzt an den Garten Getsemani und erinnert an die Ereignisse, die zur Verhaftung Jesu führten.

Judas war der einzige Jünger, der nicht aus Galiläa kam. Was seine Motive anbelangt, erklären die Evangelien nur, er sei vom Satan besessen (Lk 22,3; Joh 6,70; 13,2. 27) und habe Jesus auch um Geld betrogen (Mk 4,10–11 par.). Johannes betont sein Interesse an Geld und seine Gier (Joh 12,5–6). Heute vermuten manche Gelehrte hingegen, daß Judas den bevorstehenden Tod Jesu nicht akzeptieren konnte und ihn zwingen wollte, seine Macht als Messias zu demonstrieren. Eine andere Theorie der Rehabilitierung geht dahin, daß Judas Jesus helfen wollte, sein Schicksal zu erfüllen. Bei Matthäus und Markus folgt auf den Verrat sofort die Szene in Betanien, in der Jesus seinen Tod vorhersagt (Mk 14,3–9; Mt 26,6–13). Mit Sicherheit läßt sich nur sagen, daß Judas den Tempelpriestern zeigte, wie Jesus durch List, ohne das Volkes aufmerksam zu machen, verhaftet werden könnte (Mk 14,1; Mt 26,4; Apg 1,16).

Die Evangelien stellen Judas jedenfalls im Lichte der Erfüllung der Schrift dar. Bei Matthäus werden ihm „dreißig Silberlinge" bezahlt, eine Anspielung auf eine biblische Prophezeiung (Sach 11,12). Auch die Details von der Reue und vom Tod des Judas weisen Parallelen zu biblischen Passagen auf (Mt 27,3–10; Apg 1,16–20).

werde ihn verleugnen (Mk 14,27–31; Mt 26,31–35; vgl. Lk 22,33– 35; Joh 16,32; 13,36–38). Daß Petrus Jesus in der Folge tatsächlich verleugnete, dürfte authentisch sein; es ist unwahrscheinlich, daß die frühen Christen eine so unschmeichelhafte Geschichte über eine der führenden Gestalten ihrer Glaubensgemeinschaft erfunden hätten.

Als sie nach Getsemani kamen, zog Jesus sich zu einem Gebet zurück, in dem er das Schicksal, das ihm der himmlische Vater zugedacht hatte, akzeptiert (Mk 14,32–42 par.). Er riet seinen Jüngern zu beten, damit sie in der Zeit der Prüfung nicht in Versuchung geraten würden. Das Johannesevangelium berichtet nicht über diesen „Todeskampf im Garten"; eine Entsprechung ist das letzte Gebet Jesu beim Letzten Abendmahl (Joh 17).

Judas führt eine Schar von Männern, die Jesus verhaften wollen, in den Garten (siehe Kasten oben). Die Evangelien berichten von Handgreiflichkeiten, bei denen dem Diener des Hohenpriesters ein Ohr abgehauen wurde (Mk 14,47 par.). Markus erzählt die Episode ohne Kommentar, aber aus den anderen Evangelien geht deutlich hervor, daß Jesus die Gewalt zurückwies. „Es ist genug" (Lk 22,35–38), spricht er zu zweien seiner Jünger, welche ihm Schwerter vorweisen.

DIE SCHAR, DIE JESUS VERHAFTETE

Nach den Synoptikern wurde Jesus von einer bewaffneten Schar verhaftet, die der Tempelvorstand ausgesandt hatte. Das Johannesevangelium besagt, daß es die reguläre Tempelpolizei war; er sei von einer römischen Garnison und deren Befehlshaber abgeführt worden (Jh 18,3. 12).

Eine Kooperation zwischen römischen Behörden und Tempelvorstand ist nicht unwahrscheinlich, da es im Interesse beider lag, Unruhen zur Zeit des Paschafestes, in der Jerusalem überfüllt war, zu vermeiden. Unwahrscheinlich ist jedoch, daß so viele Männer – eine Garnison bestand aus zweihundert oder mehr Soldaten – nötig waren, um eine einzige Person festzunehmen. Es könnte jedoch sein, daß die Behörde aufgrund dessen, was sie über den Einzug Jesu in Jerusalem gehört hatte, die Größe seiner Gefolgschaft überschätzte.

DIE VERHÖRE

Jesus vor Herodes *von Duccio di Buoninsegna (ca. 1260–1318). Nur Lukas berichtet, daß Pilatus Jesus für ein Verhör zu Herodes Antipas, dem Herrscher von Galiläa, schickte (Lk 23,6–12). Das Evangelium beschreibt die Szene so: „Herodes und seine Soldaten zeigten ihm offen ihre Verachtung. Er trieb seinen Spott mit Jesus, ließ ihm ein Prunkgewand umhängen und schickte ihn so zu Pilatus zurück" (Lk 23,11).*

JESUS BEN ANANIAS

Josephus berichtet von einer interessanten Begebenheit aus der Zeit des römischen Präfekten Albinus (62–64 n. Chr.), in der sich Parallelen zu den Evangelienerzählungen von den zwei Verhören Jesu finden: Ein gewisser Jesus ben Ananias prophezeite während des Laubhüttenfestes im Tempel wiederholt die Zerstörung Jerusalems. Er wurde von führenden Bürgern der Stadt verhaftet und geschlagen; er bestand jedoch auf seinen Vorhersagen, weshalb er, vermutlich zum Zweck der Hinrichtung, vor den Präfekten gebracht wurde. Als Albinus den Mann fragte, wer er sei, woher er käme und was der Grund für sein Handeln sei, gab Jesus ben Ananias keine Antwort, sondern setzte sein Reden fort. Albinus schloß daraus, daß er krank sei, ließ ihn verprügeln und gehen – ganz wie Pilatus es im Falle Jesu gerne getan hätte.

Etwa ein Fünftel jedes Evangeliums ist der Passion (lateinisch *passio*, „Leiden") gewidmet – den letzten Tagen des irdischen Lebens Jesu; diese umfassen die Zeit vom Letzten Abendmahl bis zu seinem Begräbnis (Mk 14–15; Mt 26–27; Lk 22–23; Joh 18–19). Während es praktisch unmöglich ist, das frühe Wirken Jesu chronologisch festzulegen, vermitteln die Erzählungen von der Passion eine detaillierte und erstaunlich konsistente Abfolge der Ereignisse. Dies läßt vermuten, daß die Evangelisten sich auf eine Überlieferung stützten, der zu der Zeit, als die Evangelien verfaßt wurden, bereits etabliert war; Lukas und Johannes scheinen zudem aus weiteren Überlieferungen zu schöpfen.

Die Synoptiker – Johannes ist in diesem Punkt weniger deutlich – berichten von zwei aufeinanderfolgenden Verhören und Verurteilungen Jesu: eine vor dem Hohen Rat (siehe S. 28) und eine vor Pontius Pilatus, dem römischen Präfekten von Judäa. Die Gelehrten haben die Berichte von den Verhandlungen mit anderen jüdischen und römischen Prozessen (siehe S. 119–121) jener Zeit verglichen. Derartiges Material ist aber mit Vorsicht zu bewerten: Die meisten Nachweise über die Rechtspraxis der Juden stammen vom Gesetzeskodex der Mischna, der etwa 200 n. Chr. zusammengestellt wurde. Obwohl die Mischna zweifelsohne zahlreiche seit langem bestehende Praktiken aufzählt, besteht doch Unklarheit darüber, welche

DIE TODESSTRAFE IM RÖMISCHEN PALÄSTINA

Das vierte Evangelium erklärt, daß die Tempelbehörden Jesus an Pilatus ausliefern mußten, weil es dem Hohenpriester und dem Synedrium nicht gestattet war, Hinrichtungen vorzunehmen (Joh 18,31–32). Es wird heftig diskutiert, ob diese Behauptung historisch richtig ist oder eine Erfindung des Evangelisten ist; vielleicht wollte der Evangelist die Vorhersagen Jesu bestätigen, daß er den Tod an einem römischen Kreuz finden werde.

Dieses Ossuarium aus dem 1. Jh. n. Chr. wurde 1990 in einem Familiengrab, 2 km vom Tempelberg entfernt, entdeckt. Es trägt die Inschrift „Yehoseph bar Qypa“ – Joseph Kajaphas – den Namen des Hohepriesters, der Jesus verhörte.

Es scheint in den Provinzen des Reiches üblich gewesen zu sein, daß nur die römischen Behörden die Todesstrafe verhängen durften. Ausnahmen mag es gegeben haben. Eine berühmte griechische Inschrift am Tempel droht Heiden den Tod an, wenn sie in Bereiche eindringen sollten, die Juden vorbehalten waren. Dies wurde als Beweis dafür betrachtet, daß das Synedrium selbst unter römischer Herrschaft das Recht besaß, Hinrichtungen durchzuführen – ein Recht, das ihm dem jüdischen Gesetz nach zustand. Diese Theorie wird durch die Steinigung des ersten christlichen Märtyrers Stephanus (Apg 6–7) und des Bruders Jesu, Jakobus, im Jahre 62 n. Chr. untermauert.

Beide Hinrichtungen sind aber als Sonderfälle zu erklären. Der Tod des Jakobus, über den Josephus berichtet, scheint nicht genehmigt gewesen zu sein: Er wurde getötet, als ein Präfekt gerade gestorben und sein Nachfolger aus Rom noch nicht eingetroffen war.

davon bereits zur Zeit Jesu in Kraft waren. Auch gibt die Mischna die Meinung der Pharisäer wieder (siehe S. 34–37), und man kann nicht davon ausgehen, daß die von den Sadduzäern dominierten Tempelbehörden, von denen Jesus verhört wurde, unbedingt die Bestimmungen der Pharisäer akzeptierten. Die Evangelisten waren natürlich auch keine Gerichtsreporter, wie wir sie heute kennen. Ihr vordringliches Anliegen war eine theologische Darstellung der Leiden und des Todes Jesu.

Es ist nicht unwahrscheinlich, daß Jesus zweimal kurz hintereinander verhört wurde. Eher ungewiß ist jedoch die Behauptung der Evangelien, die Priesterschaft Jerusalems sei in erster Linie für die Verhaftung verantwortlich. Sie habe Jesus verhört und vor den römischen Statthalter geführt. Manche Gelehrten meinten, daß die religiösen Behörden nur auf Anstiftung der Römern agierten, oder radikaler, daß die ganze Geschichte vom Verhör vor dem Synedrium eine christliche Erfindung sei, um die Juden zu verleumden. Es stimmt zwar, daß antijüdisch und antisemitisch Gesinnte oft Rechtfertigung in diversen Passagen des Neuen Testamentes suchten (S. 188-189), doch ist die einstimmige Aussage der Evangelien über die Beteiligung der jüdischen Priesterschaft an der Verhaftung und Auslieferung Jesu schwer zurückzuweisen. Daß Jesus vor Pilatus gebracht wurde, ist allgemein akzeptiert, da nur er die Todesstrafe verhängen konnte.

VOR DEM HOHEN RAT

Die Evangelien berichten, daß Jesus vom Hohenpriester und dem Synedrium (siehe S. 28) verhaftet und zum Tode verurteilt wurde. Es werden verschiedene Gründe für seine Verhaftung angeführt (siehe Spalte links), aber im großen und ganzen wird als Hauptgrund genannt, daß Jesus Unzufriedenheit mit der geltenden religiösen und sozialen Ordnung erweckt habe und daher eine Bedrohung für die Stabilität der ganzen Region sei. Insbesondere Lukas zeigt, daß diese Anschuldigung gegen Jesus vor Pilatus erhoben wurde (Lk 23,2. 5. 14; siehe S. 120–121).

Um die Todesstrafe zu rechtfertigen, mußte das Synedrium ein schweres Vergehen Jesu gegen das jüdische Gesetz beweisen können. Die Priesterschaft fühlte sich vermutlich durch seine Ankündigung, den Tempel zu zerstören, provoziert (siehe S. 111). Matthäus und Markus berichten, daß Jesus diesen Anschuldigungen während des Verhörs nichts entgegensetzte, jedenfalls konnte der Vorwurf nicht bewiesen werden.

DIE GRÜNDE FÜR DIE VERHAFTUNG
Die Evangelien erwähnen verschiedene Gründe für den Befehl der Tempelbehörden zur Verhaftung Jesu. Die Berichte sind nicht unbedingt widersprüchlich, da alle erwähnten Faktoren letztendlich zu der Entscheidung für die Festnahme beigetragen haben.

Markus führt an, daß die Priesterschaft nach der dramatischen Vertreibung der Händler aus dem Tempel einen Weg suchte, Jesus zu beseitigen (Mk 11,18; siehe S. 110–111). Man war wohl auch durch die Umstände seines Einzuges in Jerusalem (siehe S. 110), den bei Matthäus und Lukas ein Tempelbesuch krönte, alarmiert.

Lukas gibt an, daß „die Hohenpriester, die Schriftgelehrten und die übrigen Führes des Volkes" ihn aufgrund seiner Lehre im Tempel umzubringen suchten (Lk 19,47–48). Alle Synoptiker sagen aus, daß man versuchte, ihn aufgrund des im Tempel vorgetragenen Gleichnisses von den bösen Winzern (Mk 12,1–12 par; siehe S. 167) zu verhaften.

Dem vierten Evangelium zufolge war das Synedrium durch die Popularität Jesu alarmiert, die nach der Auferweckung des Lazarus in Betanien sprunghaft angestiegen war (siehe S. 97, 210–211). Man befürchtete, daß es zu Unruhen und in der Folge zu einer Intervention der Römer kommen könnte (Jh 11,45–53).

Der Einzug Christi in Jerusalem, *russische Ikone der Novgorod-Schule (14. Jh.). Diese dramatische Episode, von der alle Evangelien berichten (siehe S. 110), war vermutlich mitentscheidend für die Verhaftung.*

Die römisch-katholische Kirche des Hl. Petrus in Gallicantu wurde 1931 an jenem Ort erbaut, an dem sich der Überlieferung nach das Haus des Hohenpriesters, wo Jesus verhört wurde, befand. Die Kirche steht zum Gedenken an die Reue des Petrus im Hof jenes Hauses, wo er erkannte, daß er seinen Meister dreimal verraten hat, wie Jesus vorhergesagt hatte: „Noch ehe der Hahn zweimal kräht, wirst du mich dreimal verleugnen" (Mk 14,30. 66–72 par.).

Den Evangelien zufolge wurde Jesus vom Hohen Rat letztendlich verurteilt, nachdem der Hohepriester ihn gefragt hatte, ob er sich für den Messias halte. Die Antwort Jesu wird von den Synoptikern unterschiedlich wiedergegeben: „Ich bin es." (Mk 14,62); „Du hast es gesagt." (Mt 26,64), „Auch wenn ich es euch sage, ihr glaubt es mir ja doch nicht." (Lk 22,67–68). Wie auch immer seine Antwort war, sie wurde als Bejahung aufgefaßt. Bei Matthäus und Markus bezeichnet der Hohepriester die Antwort Jesu als „Gotteslästerung". Der Mischna zufolge galt alleine schon das Aussprechen des heiligen und unaussprechbaren Namens Gottes (JHWH) als ein großes Vergehen, es gibt aber keinen Beweis, daß Jesus das tat. An anderer Stelle in den Evangelien wird jeder schwerwiegende theologische Verstoß als „Lästerung" begriffen (Mk 3,28–29 par.).

Die Behauptung, der Messias zu sein, war genau genommen kein Vergehen gegen das jüdische Gesetz. Bei Matthäus und Markus wird in der Frage des Hohenpriesters jedoch „Messias" mit „Sohn Gottes" gleichgesetzt. Dieser Vergleich war der entscheidende Punkt für die Verurteilung: „Sag uns, ob du der Messias, der Sohn Gottes bist." (Mt 26,63); „Bist du der Messias, der Sohn des Hochgelobten?" (Mk 14,61). Bei Lukas stellt das Synedrium Jesus zwei getrennte Fragen (Lk 22,67.70); erst nach der zweiten Frage: „Bist du denn der Sohn Gottes?", auf die Jesus antwortete: „Ihr sagt es – ich bin es", wird er veruteilt. Johannes berichtet nur, daß behauptet wird, Jesus würde sich als Sohn Gottes ausgeben (Jh 19,7).

Als „Sohn Gottes" bezeichneten sich zu jener Zeit auch manche Wundertäter, die wie Jesus (siehe S. 96–97) beschuldigt wurden, Zauberei mit Hilfe von Dämonen auszuüben. Wenn es dem Synedrium gelang, Jesus aufgrund seiner Selbstbezeichnung als „Sohn Gottes" als einen Magier zu überführen, konnte man ihn als falschen Propheten verurteilen, der das Volk Israel verführte, an Wunder zu glauben, die nicht vom wahren Gott kamen. Dafür sah das Gesetz Mose die Todesstrafe vor (Dtn 13,1.5).

DAS VERHÖR UND DAS JÜDISCHE GESETZ

Die Berichte von dem Verhör Jesu vor dem Synedrium wurden oft im Kontext der jüdischen Gerichtsbarkeit und der Befugnisse des Synedriums, wie sie in der Mischna dargelegt sind, untersucht. Manche meinen, daß das Erscheinen Jesu vor dem Hohenpriester nur ein Vorverhör war, bevor er der römischen Rechtsprechung überantwortet wurde. Doch alle Synoptiker erwähnen, daß Jesus vor dem „Rat" verhört wurde, was auf eine Ratsbehörde schließen läßt.

In der Mischna heißt es, daß ein Kapitalverbrechen nicht am Vorabend eines Festes odes des Sabbats verhandelt werden darf. Dies steht im Widerspruch zu den Evangelienberichten, doch war diese Vorschrift möglicherweise zur Zeit Jesu noch nicht in Kraft. Matthäus und Markus deuten indirekt an, daß Jesus des Nachts im Haus des Hohenpriesters verhört wurde, was eine weitere Vorschrift der Mischna verletzen würde, die besagt, daß derartige Verhandlungen tagsüber im Ratszimmer im Tempel stattfinden müssen. Lukas deutet an, daß die Verhandlung tagsüber vor dem gesamten versammelten Hohen Rat stattgefunden habe (Lk 22,66).

Bei Johannes finden sich keine Details zur Verhandlung vor Kajaphas und dem Hohen Rat, obwohl manche Vorwürfe, die gegen Jesus bei den Synoptikern erhoben werden, hier in einem anderen Zusammenhang auftauchen (10,24–25. 33–36).

JESUS UND PILATUS

Eine von Pilatus in Judäa ausgegebene Bronzemünze. Auf der linken Seite steht in Hebräisch eine Jahreszahl. Das „siebzehnte Jahr" bezeichnete die Herrschaftszeit von Kaiser Tiberius (30–31 n. Chr.). Die griechische Inschrift rechts lautet: „[Von] Tiberius Caesar". Die Münzen zeigen kein Porträt des Kaisers, um die Gebote der Juden nicht zu verletzten.

Die endgültige Verurteilung Jesu erfolgte nach seinem Erscheinen vor Pontius Pilatus, dem römischen Präfekten von Judäa. Die Gelehrten stimmen überein, daß der Hauptgrund für die Entscheidung des Pilatus, Jesus hinzurichten, in den Worten zum Ausdruck kommt, die auf der Tafel am Kreuz standen: Er behauptete, „König der Juden" zu sein (siehe S. 184). Während der Wortlaut der ganzen Inschrift in den vier Evangelien variiert, herrscht über diesen Schlüsselsatz Einigkeit, und das Thema des Königtums Jesu ist ein zentrales Moment aller Evangelienberichte über die Verhandlung vor Pilatus (Mk 15,2. 9. 12 par.). Dies würde auch zu dem Urteil des Synedriums passen, daß sich Jesus als der Messias ausgebe (siehe S. 118–119); allgemein wurde erwartet, daß der Messias als Nachkomme von König David königliches Blut haben und Israel von der Herrschaft der Heiden befreien werde. Bei Matthäus und Lukas ist die Frage, ob Jesus der Messias sei, sowohl im Verhör vor dem Hohen Rat als auch vor Pilatus (Mt 27,17; Lk 23,2) ein Thema.

Als Pilatus Jesus fragt, ob er der „König der Juden" sei, gibt Jesus eine ausweichende Antwort (Mk 15,2 par., Jh 18,37), ähnlich wie dem Hohenpriester, als dieser ihn fragte, ob er der Messias sei (siehe S. 11). Die Römer waren sich der Bedrohung für den öffentlichen Frieden, die ein Anspruch auf das Königtum darstellte, sehr wohl bewußt. Wie der jüdische Geschichtsschreiber Josephus berichtet, fiel Palästina nach dem Tod von Herodes dem Großen im Jahre 4 v. Chr. in einen Zustand der Anarchie, in dem mehrere gefährliche Rebellen sich mit beachtlichem, wenn auch nur zeitweiligem Erfolg zum König ausriefen.

Zwar stellt jedes Evangelium das Verhör vor Pilatus auf eigene Weise dar, doch herrscht Einigkeit darüber, daß es dem regulären juristischen Prozedere entsprach, das mit wenigen Ausnahmen (siehe Spalte links) in allen Provinzen des Reiches galt. Den Evangelien zufolge wurde das Gericht öffentlich vor dem *praetorium*, dem militärischen Hauptquartier, auf einem gepflastern Platz abgehalten – bei Johannes 19,13 wird dieser Platz Gabbata genannt –, wo auch das endgültige Urteil verkündet wurde. Das Verhör begann mit formalen Beschuldigungen, die von den Anklägern des Gefangenen vorgetragen wurden, anschließend wurde der Angeklagte befragt. Nach römischer Gerichtspraxis hatte der Angeklagte dreimal die Möglichkeit, sich zu verteidigen, bevor der Vorsitzende das Urteil sprach. Als Jesus nach wiederholter Befragung sein Schweigen beibehielt, hatte Pilatus keine andere Wahl, als ihn für schuldig zu befinden.

Die Evangelien berichten, Pilatus habe gezögert, die Todesstrafe zu verhängen. Es könnte stimmen, daß er Jesus nach römischem Brauch auspeitschen und freilassen wollte, wie Lukas berichtet (Lk 23,16. 22). (Lukas ver-

LEGENDENHAFTE EPISODEN BEI DER VERHANDLUNG JESU

Während die Evangelienberichte von der Verhandlung Jesu vor Pilatus zwar das reguläre römische Rechtsverfahren wiedergeben, ist die historische Authentizität mancher Episoden zweifelhaft.

So gibt es etwa keine Beweise für eine Amnestie zu Pascha, bei der der Präfekt einen Gefangen nach Wunsch des Volkes freigelassen hätte, in diesem Fall einen Aufrührer namens Jesus Barabbas (Mk 15,6 par.). Lukas erwähnt keine Amnestie und berichtet über die Freilassung von Barabbas, ohne einen Grund anzugeben (Lk 23,18–19).

Bei Matthäus wäscht sich Pilatus die Hände (Mt 27,24–25). Auch dies ist vermutlich eine Anlehnung an die hebräische Bibel (Dtn 21,6–9) und ist wie der Traum von Pilatus' Frau (Mt 27,19) am ehesten als Erfindung des Evangelisten zu werten.

Johannes erwähnt zwei Wortwechsel zwischen Jesus und Pilatus im *praetorium* (Jh 18,33–38; 19,8–11). Es ist möglich, daß sowohl Pilatus als auch Herodes Antipas (Lk 23,8) an Jesus interessiert waren, aber Johannes hätte schwerlich wissen können, was die beiden unter vier Augen besprachen. Die Dialoge sprechen wiederkehrende Themen des Evangelisten an und sind vermutlich seine eigene Schöpfung.

Ecce Homo, *von Antonio Ciseri (1821–1891). Der lateinische Titel dieser Szene geht auf die Worte Pilatus' zurück, als er Jesus vor die Menge führt: „Seht, da ist der Mensch!" (Jh 19,5)*

wendet den präzisen griechischen Ausdruck für eine vergleichsweise milde Strafe; Mk 15,15 und Mt 27,26 verwenden einen Ausdruck für eine sehr harte Auspeitschung, die gewöhnlich vor einer Hinrichtung erfolgte.) Es wird berichtet, daß der Präfekt sich aus der Verantwortung herausnehmen und Jesus entweder zum Synedrium (Joh 18,31; 19,6) oder zu Herodes Antipas zurückschicken wollte. Herodes herrschte auch über Galiläa, von wo Jesus herstammte (Lk 23,6–12), und er befand sich gerade in Jerusalem. Ob diese Episoden historische Richtigkeit besitzen oder nicht, es handelte sich sicherlich um legitime Optionen eines römischen Statthalters.

Wie ungern Pilatus Jesus auch hinrichten ließ, er änderte seine Meinung. Alle Evangelisten berichten, daß er Jesus hinrichten ließ, um die von den Tempelbehörden aufgestachelte Menge zufriedenzustellen, die seinen Tod verlangte (Mk 15,15 par.). Das Hauptanliegen eines römischen Statthalters war es, die öffentliche Ordnung aufrechtzuerhalten (Mt. 27,24). Pilatus wußte, welche Tumulte der aufgebrachte Mob auslösen konnte (vgl. S. 26); dieses Risiko wollte er zugunsten eines vermeintlich unwichtigen Individuums nicht eingehen. Johannes zufolge gab er der Menge nach, als er der Untreue gegen den Kaiser beschuldigt wurde (Jh 19,12).

DIE VERURTEILUNG

Alle Evangelien berichten, wie Jesus von den römischen Soldaten vor seiner Hinrichtung verspottet wurde (Mk 15,16–20 par.). Sie beklagen auch, daß er schon während seines Erscheinens vor dem Hohenpriester von der Tempelpolizei brutal behandelt wurde. Man verhüllte ihm das Gesicht, schlug ihn und fragte ihn anschließend, wer von ihnen dies getan habe, um ihn als falschen Propheten und als Betrüger bloßzustellen (Mk 14,65; Lk 22,64).

Die römischen Soldaten mißhandelten Jesus auch deshalb, weil er Anspruch auf das Königtum erhoben hatte. So lautete die Anklage, deretwegen er letztendlich verurteilt wurde. Bei Lukas findet die Verspottung Jesu nicht während der Verhandlung vor Pilatus im *praetorium* statt, sondern während des Gespräches mit Herodes Antipas, dem Herrscher von Galiläa.

Das vierte Evangelium nennt als Zeitpunkt der Verspottung nicht das Ende, sondern den Höhepunkt der Verhandlung vor den Römern. Johannes schildert mit seiner charakteristischen Ironie, wie Pilatus Jesus als Parodie eines Königs und als einfachen Menschen vorführte (Joh 19,4–5); das Evangelium möchte

DIE TÖCHTER JERUSALEMS

Nur Lukas erwähnt, daß Jesus auf seinem Weg nach Golgota einer Gruppe von Frauen begegnet sei, die sein Schicksal beklagten (Lk 23,27–31). Das ist gut möglich: Trauernde Frauen, die einen Verurteilten begleiten, sind im Nahen Osten nichts Ungewöhnliches. Jesus spricht die Frauen als „Töchter Jerusalems“ an, eine bedeutungsvolle Formulierung, die das tragische Ende der Stadt andeutet.

Obwohl Jesus die Zerstörung Jerusalems vermutlich während der Zeit seines Wirkens prophezeit hat, wurden seine Worte an dieser Stelle wohl von Lukas eingefügt. Die Klage ist vielleicht von einer Passage aus dem Buch Sacharja beeinflußt, nach der eine große Trauer unter den Einwohnern Jerusalems um den, „den sie durchbohrt haben“, ausbricht, wobei der Kummer der Frauen besonders hervorgehoben wird (Sach 12,10–14). Die Episode ist mit einer weiteren Vorhersage des Falles von Jerusalem bei Lukas verbunden, wo Jesus über die Stadt weint (Lk 19,41–44).

Diese Skulptur steht in einer Kapelle an der Via Dolorosa – an jenem Weg, den Jesus nach Golgota ging; sie kennzeichnet die Stelle, an der Jesus, kurz bevor er die Frauen Jerusalems traf, das erste Mal unter dem Gewicht des Kreuzes zusammenbrach.

Jerusalem am Todestag Jesu von Olivier Pichat (gest. 1912). Der Künstler zeigt eine erwartungsvolle Menge, die den Weg nach Golgota säumt (vorne rechts). Die Stadt ist ein Entwurf seiner Phantasie, während die Landschaft präzise nachgebildet ist. Die drei teilweise noch existierenden Türme gehörten zum Palast des Herodes.

damit zu verstehen geben, daß Jesus tatsächlich ein weitaus größerer König ist, als es jeder irdische Herrscher je sein könnte (Joh 18,36–37).

Die Szene, bei der die römischen Soldaten Jesus als Spottkönig verkleiden, wurde mit Praktiken verglichen, die bei dem persischen Fest Sacaea in Babylon und bei den römischen Saturnalien üblich waren. Auffälligere Parallelen finden sich im Bericht des jüdischen Schriftstellers Philo über die Verspottung des Königs Herodes Agrippa I. in Alexandria im Jahre 38 n. Chr. Dabei wurde das bedauernswerte Opfer mit einem Stück Rinde gekrönt. Er erhielt eine Papyrusrolle als Zepter, Lumpen als königliche Robe, während die Zuseher ihm huldigten und als König begrüßten.

Vielleicht war diese Anekdote in Palästina in weiten Kreisen bekannt und wurde von den Evangelisten adaptiert. Es wäre auch möglich, daß die Soldaten auf eigene Initiative handelten und die kaiserlichen Insignien mit Dingen, die sie zur Hand hatten – dem Umhang eines Soldaten und den Pflanzen aus den Gärten des *praetorium* – nachbauten und ihn dann als Kaiser – „Heil dir, Caesar“ (Mk 15,18 par.) – begrüßten.

Die Kreuzigung wurde vom Militär vorgenommen. Als die Soldaten ihr Spiel beendet hatten, gaben sie Jesus seine Kleider zurück und brachten ihn zum Ort der Hinrichtung, nach Golgota, das aus dem Aramäischen übersetzt „Schädelhöhe“ heißt. Die Überlieferung des Namens in den Evangelien läßt vermuten, daß der Ort, der sich nicht mehr genau eruieren läßt, gut bekannt war. Die Bezeichnung Schädelhöhe verweist auf eine kleine Anhöhe, die vermutlich außerhalb von Jerusalem lag, da sowohl jüdische als auch römische Hinrichtungen außerhalb der Stadtmauern durchgeführt wurden; das vierte Evangelium berichtet, daß sich in der Nähe ein Garten mit einem Grab befand (Joh 19,41); die Archäologie hat bestätigt, daß auch Begräbnisse vor dem Stadtgebiet stattfanden.

In seiner Erzählung von dem Weg nach Golgota erwähnt Lukas, daß Jesus von zwei weiteren Verbrechern begleitet wurde, was andeutet, daß die Verhandlung über Jesus im Rahmen eines größeren Prozesses gegen Unruhestifter stattfand (Lk 23,32). Jesus wurde vermutlich von einer Volksmenge begleitet; wie aus anderen Texten hervorgeht, diente die Zurschaustellung von Verbrechern als abschreckendes Beispiel.

SIMON VON ZYRENE

Ein Verurteilter mußte sein Kreuz bis zur Stätte der Hinrichtung tragen. Auch Jesus hat dies anscheinend anfangs getan (Joh 19,17). Die Synoptiker berichten jedoch, daß Jesus das Kreuz, vielleicht infolge der Geißelung und der Entbehrungen, die er erlitten hatte, nicht weitertragen konnte. Simon, ein Umstehender, wurde gezwungen, ihm zu helfen (Mk 15,21; Mt 27,32). Angeblich kam er aus Zyrene in Nordafrika, wo eine jüdische Gemeinschaft existierte. Die Juden von Zyrene besaßen in Jerusalem eine eigene Synagoge (Apg 6,9). Die Erwähnung der Söhne Simons, Alexander und Rufus (Mk 15,21), ist ein Beweis für die Historizität des Ereignisses; die beiläufige Art, in der sie erwähnt werden, deutet darauf hin, daß sie der Leserschaft von Markus bekannt waren.

Markus und Lukas führen an, daß Simon „gerade vom Feld kam“, was man als Hinweis verstand, daß er das Arbeitsverbot am Paschafest nicht einhielt und deshalb kein Jude gewesen sein könne. Die Worte sind aber zu vage, um diese Schlußfolgerung zu ziehen. Auch die nicht hebräischen Namen seiner Söhne beweisen nicht, daß es sich um eine heidnische Familie handelte, da griechische Namen bei den Juden jener Zeit verbreitet waren.

Das von einem Nagel durchbohrte Fersenbein eines Gekreuzigten aus dem 1. Jh. n. Chr., dessen Überreste 1968 in der Nähe von Jerusalem entdeckt wurden.

DIE KREUZIGUNG

Im römischen Reich galt die Kreuzigung als die demütigendste und leidvollste aller Strafen. Sie wurde nur über Sklaven und Fremde, nicht über römische Bürger verhängt. Für die historische Authentizität der Kreuzigung spricht nicht zuletzt die Tatsache, daß die ersten Christen kaum ein so unrühmliches Schicksal für ihren Meister erfunden hätten. Sie waren sich bewußt, wie schmählich diese Strafe war (1 Kor 1,23).

Die Evangelisten haben in die Schilderung der Kreuzigung legendenhafte Episoden (siehe Spalte links) eingebaut und stellen ihre eigene Interpretation der Ereignisse von Golgota dar. Sie wollen vor allem aufzeigen, daß die Art und Weise des Todes Jesu in der Schrift vorhergesagt sei und somit Gottes Wille erfüllt wurde. Vor allem Lukas versucht, Jesus als Vorbild für das eigene Verhalten bei Leid und Verfolgung darzustellen.

Trotz ihrer theologischen Anliegen liefern die Evangelien auch interessante historische Informationen. Bevor Jesus an das Kreuz genagelt wurde, hat man ihm angeblich ein Getränk gereicht (Mk 15,23; Mt 27,34). Der Talmud gibt zu der Vermutung Anlaß, daß es sich dabei um ein Betäubungsmittel gehandelt haben könnte, das den Schmerz abzuschwächen half. Diese Hilfeleistung war im Judentum üblich; in den Evangelien wird nur vage angedeutet, daß der Trank von römischen Soldaten gereicht wurde. Matthäus versteht die Geste anscheinend als Erfüllung des Psalmes 69,22 („für den Durst reichten sie mir Essig") und eine eher feindselige als menschliche Handlung. Es heißt, daß Jesus den Trank verweigerte, vielleicht um zu zeigen, daß er den Schmerz mit Gottes Hilfe besiegen konnte.

In einer anderen Szene wurde Jesus seiner Kleider entledigt, da Verbrecher nackt an das Kreuz gehängt wurden. Nach römischem Brauch fielen die Kleider und andere Besitztümer eines Verurteilen dem Hinrichtungstrupp zu. Es heißt, daß die Soldaten um seine Kleider würfelten (Mk 15,24; Mt 27,35), eine Szene, die an Psalm 22,18 angelehnt sein könnte, den Johannes an dieser Stelle tatsächlich zitiert (Joh 19,23–24). Sein Hinweis auf vier Soldaten könnte authentisch sein, da dies der üblichen römischen Einheit für eine Wachmannschaft entsprach (Apg 12,4); das nahtlose Untergewand Jesu, das er erwähnt, bezeichnet präzise jene Art von Kleidung, die direkt am Körper getragen wurde.

Es gab mehrere Methoden der Kreuzigung, doch scheint erwiesen zu sein, daß Jesus an das Kreuz genagelt wurde. Bei Johannes zeigt der auferstandene Christus deutlich die Male der Nägel an seinen Händen (Joh 20,24–27), bei Lukas 24,39 gibt es einen ähnlichen Hinweis. Lukas 24,40 verweist darauf, daß auch die Füße Jesu, wie jene des gekreuzigten Mannes, den man kürzlich in einem Grab in der Nähe von Jerusalem fand (siehe Abb. oben links), angenagelt wurden.

LEGENDENHAFTES IN DEN BERICHTEN VON DER KREUZIGUNG

Die Synoptiker beschreiben in ihren Erzählungen von der Kreuzigung übernatürliche Geschehnisse, die kaum authentisch sein können. Sie sollen zeigen, daß der Kreuzestod Jesu entgegen allem Anschein eine siegreiche Begebenheit war, die das messianische Zeitalter einleitete.

Die drei Stunden der Finsternis zur sechsten Stunde (Mk 15,33 par.) können keine Sonnenfinsternis gewesen sein, wie Lukas 23,45 andeutet, da dies zur Zeit des Paschafestes astronomisch nicht möglich war. Das Ereignis verkörpert eher eines jener Phänomene, die den „Tag des Herrn", den Beginn des Endes (Amos 8,9; Joël 2,31), kennzeichnen sollten.

Das Zerreißen des Tempelvorhanges, der das Allerheiligste abschirmte (Mk 15,38 par.), repräsentierte die höchste Entweihung des Tempels – eigentlich seine Zerstörung, wie Jesus sie prophezeit hatte. Bei Matthäus folgen auf das Zerreißen des Vorhangs ein Erdbeben und die Auferstehung der Heiligen (Mt 27,51–53) – Phänomene, die nach jüdischen Vorstellungen den Anbruch der Endzeit verkündeten. Für die Evangelisten ist dieser Zeitpunkt gekommen, wenn der Menschensohn in aller Herrlichkeit wiederkehrt, wie es in den apokalyptischen Passagen mit vielen Anklängen an die Hebräische Bibel (Mk 13,24–27 par.) geschrieben steht.

Die Kreuzigung *von Antonello da Messina (ca. 1430–1479). Unter dem Kreuz Jesu trauern seine Mutter und der „geliebte Jünger" (vgl. Joh 19,26–27). Im Gegensatz zu den beiden anderen Opfern sind Jesus seine Qualen nicht anzumerken. Über seinem Kopf ist die Inschrift angebracht (Mk 15,26 par.), auf der seine Schuld geschrieben steht. Die Tafel wurde vermutlich vor ihm hergetragen, oder er trug sie um den Hals, als er zur Stätte der Hinrichtung schritt. Die Buchstaben INRI stehen für: Iesus Nazarenus Rex Iudaeorium („Jesus von Nazaret, König der Juden"; (Inschrift nach Jh 19,20; siehe auch S. 182)*

DIE BEIDEN VERBRECHER

Alle Evangelien berichten, daß Jesus zwischen zwei anderen Opfern gekreuzigt wurde (Mk 15,27 par.); es gibt keine Hinweise, die die Authentizität dieser Angabe in Zweifel ziehen. Markus 15,28 zitiert Jesaja: „Er wurde zu den Verbrechern gerechnet." („ … und sich unter die Verbrecher rechnen ließ" Jes 53,12). Vielfach wird angenommen, daß dieser Vers im ursprünglichen Text von Markus nicht enthalten war. Er wurde vermutlich unter dem Einfluß von Lukas, der den Vers in einem anderen Kontext zitiert, hinzugefügt (Lk 22,37).

Der gekreuzigte Jesus wird von der Menge, den Tempelbehörden, den Soldaten und den beiden anderen Verbrechern (Mk 15,29–32; Mt 27,39–44; Lk 23,35–39) verspottet. Aller Wahrscheinlichkeit nach pflegten Umstehende einen Gekreuzigten tatsächlich zu verspotten. Jesus wird von der Menge verhöhnt, weil er gedroht hatte, den Tempel zu zerstören.

Nach den Zeitangaben des Markusevangeliums (Mk 15,25. 34), die von Matthäus und Lukas bestätigt werden, blieb Jesus etwa sechs Stunden lang am Kreuz am Leben, von neun Uhr morgens bis drei Uhr nachmittags. Johannes spricht von einer kürzeren Zeitspanne, da Jesus seinem Bericht nach mindestens drei Stunden später gekreuzigt wurde (Jh 19,14). Gekreuzigte überlebten oft lange Zeit, manchmal sogar Tage lang, weshalb Pilatus überrascht war zu hören, daß Jesus schon tot sei (Mk 15,44).

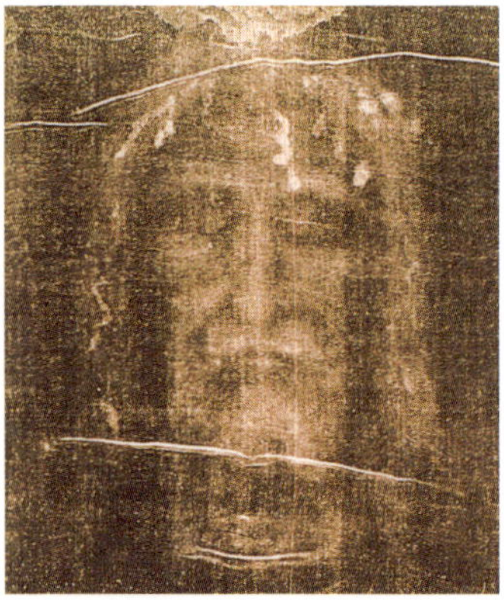

Negativabbildung des Turiner Leichentuches; es weist exakt die in den Evangelien beschriebenen Wunden auf. Interessanterweise zeigt die Gestalt Wunden an den Handgelenken. Viele meinen, daß dies eine wahrscheinlichere Methode der Kreuzigung war, als Nägel durch die Handflächen zu schlagen.

DAS TURINER GRABTUCH

Jahrhundertelang wurde ein Leinentuch aus der Kathedrale von Turin von vielen Christen als das Tuch verehrt, in dem Jesus begraben wurde. Das 4,5 Meter lange Tuch zeigt das schwach sichtbare, aber ausdrucksstarke Bild eines Mannes, der gekreuzigt und zur Bestattung bereitgelegt wurde.

In den letzten Jahren erregte das Tuch weltweit große Aufmerksamkeit, da man versuchte, mit modernen wissenschaftlichen Methoden Alter und Herkunft festzustellen. 1988 ergab ein Test mit der C^{14}-Methode, daß das Tuch etwa zwischen 1260–1390 hergestellt worden ist, wodurch es sich als mittelalterliche Fälschung entpuppte.

Diese Erkenntnis hat das Rätsel nicht ganz gelöst. Andere Beweismittel wie die Tatsache, daß einige frühe mittelalterliche Bilder Christi große Ähnlichkeit mit den Gesichtszügen des Mannes auf dem Tuch aufweisen, deuten auf ein früheres Datum hin. Es ist kein Gemälde, und es ist schwer zu erklären, wie es im Spätmittelalter erzeugt werden konnte. Ob es aus dem 1. Jh. n. Chr. stammt oder gar den Körper Jesu abbildet oder nicht, das Grabtuch bleibt jedenfalls für viele ein Mysterium.

Die frühen Christen erinnerten sich, welche Worte Jesus am Kreuz gesprochen hatte, obwohl es unwahrscheinlich ist, daß er alle sieben Äußerungen tat, die ihm die Evangelien zuschreiben. Die Authentizität des berühmten Ausspruches: „Vater, vergib ihnen, denn sie wissen nicht, was sie tun“ (Lk 23,34) ist zweifelhaft, da er in mehreren frühen Manuskripten fehlt. Das ebenfalls bei Lukas erwähnte Versprechen, das Jesus einem der zwei Verbrecher an seiner Seite gab („Amen, ich sage dir: heute noch wirst du mit mir im Paradies sein“ Lk 23,43) könnte den Glauben des Evangelisten reflektieren, daß die Gerechten unmittelbar nach dem Tod in das Reich der Gnade gelangen (Lk 16,22).

Johannes 19,26–27 schildert eine bewegende Szene zwischen Jesus, seiner Mutter und dem „Jünger, den er liebte.“ Jesus sagt zu Maria: „Frau, siehe dein Sohn“ und zu seinem Jünger: „Siehe, deine Mutter.“ Die Szene scheint nicht von der Theologie des vierten Evangeliums beeinflußt zu sein, sondern eine Überlieferung widerzuspiegeln, wonach Jesus tatsächlich Vorkehrungen für seine Mutter getroffen hat.

Die Evangelien enthalten vier Äußerungen im Augenblick seines Todes, die alle von den Psalmen beeinflußt sind. Markus und Matthäus berichten nur über jenen Ausspruch, der vielleicht am ehesten Anspruch auf Historizität hat: „Mein Gott, mein Gott, warum hast du mich verlassen?“ (Mk 15,34; Mt 27,46) Die frühe Kirche hätte diese Äußerung – die einleitenden Worte des Psalmes 22 – dahingehend mißverstehen können, Jesus sei von Gott verstoßen worden, weshalb die Worte in den anderen Evangelien ausgelassen oder ersetzt wurden. Der Ausruf muß nicht als Ausdruck der Hoffnungslosigkeit verstanden werden: Psalm 22 versichert in der Folge die Leidenden der Hilfe Gottes. Markus gibt den Satz in Aramäisch, der Muttersprache Jesu wieder, was für dessen Authentizität spricht. Matthäus ersetzt *eloi* („Mein Gott") durch das hebräische *eli*, vielleicht um klarzustellen, warum manche Umstehenden dachten, Jesus würde den Propheten Elia anrufen (Mt 15,35). Markus und Matthäus geben an, daß Jesus im Sterben aufschrie. Bei Lukas rief er aus: „Vater, in deine Hände lege ich meinen Geist", (Lk 23,46) – ein Zitat des Psalmes 31,5.

Die zwei letzten Äußerungen Jesu bei Johannes (19,28. 30) sind, wie so oft, doppeldeutig. Erstere – „Mich dürstet“ – verleiht einerseits einem menschlichen Bedürfnis Ausdruck, läßt aber auch den spirituellen Durst anklingen, der in den Psalmen angesprochen wird (Ps 42,2; 63,1). Die zweite Äußerung – „Es ist vollbracht“ – bedeutet einerseits, daß Jesus sein physisches Ende nahen sieht, aber auch, daß seine Mission erfüllt ist.

Alle Evangelien berichten, Jesus habe „Essig“ zu trinken erhalten. Dies könnte man als einen Akt der Hilfestellung verstehen, da Essig jüdischen Belegen zufolge der Erfrischung diente (Rut 2,14). Lukas beurteilt die Geste jedoch als Verspottung. Der Hinweis auf den Schwamm und den Stock, mit denen der Trank gereicht wurde, hat keine theologische Bedeutung und könnte authentisch sein.

KREUZABNAHME UND BEGRÄBNIS

Gewöhnlich überließ man die gekreuzigten Körper den Geiern zum Fraß, einer einflußreichen Persönlichkeit wurde jedoch bisweilen das Recht auf ein Begräbnis des Toten zugestanden. Nach jüdischem Gesetz mußte ein Gekreuzigter vor Sonnenuntergang begraben werden (Dtn 21,31); Johannes berichtet, daß die „Juden" – vermutlich meinte er damit eine Abordnung der Tempelbehörde – Pilatus baten, Jesus und seine zwei Leidensgenossen vom Kreuz nehmen zu lassen, um den Sabbat nicht zu entweihen (Joh 19,31).

Die Delegation nahm an, daß die Opfer noch am Leben seien und forderte, daß ihnen, wie bei den Römern üblich, (*crurifragium*) die Beine gebrochen würden. Der Sterbende verlor dadurch das Bewußtsein, da nun ein unerträgliches Gewicht auf seiner Brust lastete, das einen raschen Erstickungstod bewirkte. Die Soldaten brachen die Beine der beiden Verbrecher, Jesus schien bereits tot zu sein. Einer der Männer stieß ihm eine Lanze in die Seite, um sich seines Todes zu vergewissern, und sogleich flossen Blut und Wasser heraus.

Johannes erwähnt einen Augenzeugen, der sich für dieses Ereignis verbürgt (Joh 19,35); bei Johannes bekommt diese Episode tiefen Symbolgehalt. Er betrachtet das Geschehnis als Erfüllung der Schrift (Ex 12,46; Sach 12,10). Im ersten Brief des Johannes, der im Umkreis des Evangelisten geschrieben wurde, offenbaren Wasser und Blut Jesus als den Retter, der nun gekommen ist (1 Joh 5,6).

Ein als Verbrecher hingerichteter Mann hätte kaum ein angemessenes Begräbnis bekommen; die Leichname von Jesus und seinen Gefährten wären vermutlich in einen Graben geworfen worden. Vermutlich hat Josef von Arimathäa den Körper Jesu aus dem Graben geborgen, denn anders als Lukas 23,53 schreibt, hätte er den Leichnam kaum selbst vom Kreuz nehmen können. Dieser Mann besaß genügend Ansehen, um Pilatus zu überreden, ihm den Leichnam Jesu zu überlassen. Bei Matthäus und Johannes gilt er als Jünger (Mk 15,42–45 par.).

Johannes berichtet, daß Josef und sein Begleiter Nikodemus den Körper nach jüdischer Sitte einsalbten (Joh 19,39–40). Die Synoptiker berichten nur, der Leichnam sei vor dem Begräbnis in ein Leinentuch gehüllt worden (Mk 15,46 par.). Diese Version ist wahrscheinlicher, da Johannes eine übergroße Menge an Gewürzsalben nennt, und es gibt Hinweise, daß aufgrund des nahenden Sabbats Eile geboten war (Lk 23,54; Joh 19,42; siehe S. 129). Die Evangelien stimmen überein, daß Josef den Leichnam in einem Felsengrab begrub (Mk 15,46 par.), das seiner Familie gehörte und mit einem Stein verschlossen war (Mk 15,46; Mt 27, 60; Abb. S. 128).

Das Begräbnis, Kastilische *Schule, ca. 1475. Josef von Arimathäa und Nikodemus legen Jesus in das Grab; die übrigen Trauernden sind Johannes und die vier Frauen namens Maria, darunter auch die Mutter (Mitte) und Maria Magdalena.*

DIE AUFERSTEHUNG

Das Innere eines Grabes in Jerusalem aus der Zeit Jesu. Wie in den Evangelienberichten über das Begräbnis Jesu dargestellt, wurde das Grab verschlossen, indem man einen Stein vor den Eingang rollte.

Jeder Evangelist stellt die Ereignisse, die auf die Beerdigung Jesu folgten, auf eigene Weise dar. Die Gelehrten versuchten vergeblich, die Gegensätze der vier Erzählungen auszugleichen. Die vier Versionen weisen jedoch eine einheitliche grundlegende Thematik und Struktur auf, die auf eine allen gemeinsame, etablierte Überlieferung schließen lassen.

Am bedeutendsten ist ihre übereinstimmende Aussage, am dritten Tag nach der Beerdigung sei entdeckt worden, daß das Grab Jesu leer war. Matthäus, Markus und Lukas betonen, daß es sich bei dem leeren Grab bestimmt um das Grab Jesu gehandelt habe; diejenigen, die das Grab aufsuchten, seien sich darin vollkommen sicher gewesen (Mk 15,47 par.). Zwar ist unwahrscheinlich, daß die Geschichte historische Authentizität besitzt, doch geht daraus hervor, daß die Geschichte von dem leeren Grab allgemein verbreitet und akzeptiert war.

Ein zweites gemeinsames Element ist, daß von einer oder mehreren Frauen entdeckt wurde, daß der schwere Stein vor dem Grab weggewälzt und der Körper Jesu verschwunden war (Mk 16,3–4 par.). Sie hatten das

Grab besucht, da sie befürchteten, der Körper Jesu könnte nicht gebührend bestattet worden sein (siehe S. 127). Diese Sorge entspricht der Art, in der die Frauen Jesus während der Zeit seines Wirkens gedient hatten (Mk 15,40–41 par.). Übereinstimmend berichten die Synoptiker, daß den Frauen übernatürliche Wesen erschienen, die ihnen versicherten, Jesus sei von den Toten auferstanden. Bei Markus und Matthäus bekamen die Frauen den Auftrag, den Jüngern zu berichten, Jesus sei ihnen nach Galiläa vorausgegangen, wo sie ihn sehen würden (Mk 16,5–7 par.).

Auffällig für die damalige Zeit ist, daß Frauen als erste Zeugen der Auferstehung genannt werden; diese Tatsache spricht für eine gewisse historische Grundlage der Evangelien. Nach jüdischem Gesetz waren Frauen als Zeugen nicht zugelassen, und auch die Jünger wiesen die Erzählung der Frauen zuerst zurück (Mk 16,11; Lk 24,10–11).

In weiterer Folge berichten die Evangelien über verschiedene Erscheinungen des auferstandenen Jesus. Hier beginnen die Berichte beträchtlich abzuweichen. Vermutlich entschied sich jeder der Autoren für bestimmte

DER SCHLUSS IM MARKUSEVANGELIUM

Alle Erscheinungen des auferstandenen Christus werden im Markusevangelium in den letzten Versen dargestellt (Mk 16,9–20). Die Gelehrten sind sich einig, daß diese Passagen später hinzugefügt wurden und daß das Evangelium zuvor mit Markus 16,7–8 schloß: Ein engelhaftes Wesen verkündet, daß Jesus „auferstanden“ ist; das Wesen befielt den drei Frauen, die zum Grab gekommen sind, den Jüngern zu berichten, daß Jesus ihnen nach Galiläa vorausgehen würde. Doch „die Frauen flohen und sagten niemandem etwas davon, denn sie fürchteten sich“.

Konnte Markus das Evangelium nicht abschließen, weil er vorzeitig starb, oder ging der ursprüngliche Schluß verloren? Beide Theorien wurden erörtert, heute meinen viele Gelehrte, daß Markus tatsächlich mit dem Vers 16,8 schließen wollte. Sein Schluß hätte verdeutlichen wollen, wie erschütternd die Auferstehung auf einfache Gläubige wirkte. Es wurde hervorgehoben, daß Markus dreimal an die Vorhersage Jesu erinnert, er werde am dritten Tage auferstehen (Mk 8,31; 9,31; 10,34).

Die Auferstehung *von Fra Angelico (1387–1455). Ein „junger Mann mit weißem Gewand“ (Mk 16,5) begrüßt die Frauen am Grab. Christus hält als Symbol der Auferstehung ein Banner.*

Der einem Engel gleiche „junge Mann“ bestätigt lediglich, daß sich das Versprechen Jesu nunmehr erfüllt habe; weitere Beweise sind nicht nötig. Darüber hinaus waren die Berichte von den Erscheinungen des Auferstandenen seinen Lesern wohl gut bekannt.

In einer frühen Phase hatten viele Leser mit dem vermeintlich abrupten Schluß und dem fehlenden Bericht von der Auferstehung Probleme. Es wurden Verse hinzugefügt, die sich wie eine Auswahl der Berichte von den Erscheinungen des Auferstandenen in den anderen Evangelien ausnehmen: die Erscheinung vor Maria Magdalena (vgl. Mt 28,1–10), die Begegnung auf der Straße nach Emmaus (Lk 24,13–32) sowie die Erscheinung vor den Jüngern, die den Auftrag zur Mission erhalten (Mt 28,16–20; Lk 24,36–53; Joh 20,26–29; 21,1–23).

Der wunderbare Fischfang, *Antoniazzo Romano (1460–1506). Die Szene zeigt die Geschehnisse rund um die Erscheinung des auferstandenen Jesus, wie sie in Johannes 21,1–8 (vgl. Abb. S. 43) erzählt werden.*

DIE AUFERSTEHUNG BEI JOHANNES
Das vierte Evangelium beschreibt Erscheinungen des auferstandenen Christus, die mit den Berichten der Synoptiker zwar grundsätzlich übereinstimmen, aber die für Johannes charakteristischen Abweichungen aufweisen. Nur eine Frau, Maria Magdalena, entdeckt das leere Grab (Joh 20,1–2). Sie begegnet dem auferstandenen Jesus und versucht ihn zu berühren (Joh 20,11–17). Jesus erscheint später zweimal vor seinen Jüngern; er bestätigt ihnen, daß er der Gekreuzigte ist und beauftragt sie zu ihrem Wirken, wobei er ihnen die Autorität verleiht, Sünden durch die Kraft des Heiligen Geistes zu vergeben (Joh 20,19–29). Das vierte Evangelium berichtet auch von einer Begegnung des Auferstandenen mit sieben Jüngern in Galiläa, wobei mehrmals auf Episoden während des Wirkens in Galiläa Bezug genommen wird (Joh 21,1–19).

Auffällig an der Version des Johannes ist die herausragende Rolle des Petrus. Er bezeugt als erster, daß das Grab leer ist (Jh 20,6–7), was manche Stellen bei Lukas bestätigen (Lk 24,12); auch ist er die Hauptperson am See Tiberias: In bewegenden Worten trägt Jesus Petrus auf, die Herde der Christen zu hüten (Joh 21,15–17).

Überlieferungen, die seinem theologischen Interesse entgegenkamen. Paulus, dessen Briefe vermutlich das älteste Zeugnis des Glaubens der frühen Kirche über die Auferstehung sind, erzählt ebenfalls, daß Jesus mehreren Personen und Gruppen erschienen sei (1 Kor 15,5–7).

Matthäus erzählt die Ereignisse, die auf die Entdeckung des leeren Grabes folgten, zusammenhängend und mit einem klaren Verständnis ihrer Bedeutung. Die Frauen treffen Jesus und umfassen seine Füße. Dies entspricht den Berichten von Lukas und Johannes über die physische Realität des Auferstandenen (Mt 28,9; Lk 24,36–42; Joh 20,20; 24–27).

Nach Matthäus und wohl auch Markus ist Galiläa der wahre Schauplatz der Erscheinung des Auferstandenen (Mt 28,10; vgl. Mk 16,7). Jesus erscheint den Jüngern auf einem Berg, vermutlich auf jener Anhöhe, auf der er einst in der Bergpredigt das neue Gesetz verkündigt hatte (Mt 5–7; siehe S. 148–149). Hier verkündet er ihnen seinen letzten Auftrag, zukünftig alle Völker zu missionieren (Mt 28,16–20). Für Matthäus bestätigt die Auferstehung Jesus als Herrscher der christlichen Gemeinschaft, die durch seine immerwährende Gegenwart ihres Triumphes gewiß sein darf.

Bei Lukas ereignen sich die Erscheinungen des Auferstandenen in Jerusalem und alle am ersten Ostertag, was eher unwahrscheinlich ist. Präzise Chronologie ist jedoch nicht das vordringliche Anliegen von Lukas. Es geht ihm wie Matthäus um die Bedürfnisse und Aufgaben der Kirche; auch hat er bereits seinen zweiten Band, die Apostelgeschichte, vor Augen, in der die Mission der Kirche in Jerusalem beginnt.

Lukas betont, daß der Tod und die Auferstehung Jesu in der Schrift vorhergesagt worden seien (Lk 24,25–27; 44–45); dies ist auch das Hauptthema der ersten Predigt von Petrus (Apg 2,14–36). Die Jünger werden damit betraut, allen Völkern das Evangelium der Umkehr und der Vergebung der Sünden zu predigen (Lk 24,47; Apg 2,38; 5,31). Sie sollen in Jerusalem bleiben, bis die verheißene Kraft des Geistes über sie herabkommt (Apg 1,4–5. 8; 2,1–4; siehe S. 132–133).

DER AUFERSTANDENE UND DIE KIRCHE

Von Beginn an war die Auferstehung ein zentrales Moment des christlichen Glaubens. Die Bücher des Neuen Testaments bewerten sie übereinstimmend als historisches Ereignis, wenngleich sich ihre wahre Bedeutung nicht unter historischen Gesichtspunkten erfassen läßt. Es handelt sich um eine Offenbarung göttlicher Macht, vergleichbar dem Schöpfungsakt (Röm 4,16–24), die wie die Schöpfung kein wahrnehmbares Phänomen war. Niemand sah, wie Jesus sein Grab verließ, und selbst die Wächter, die nach Matthäus anwesend waren, sahen nur einen Engel kommen (Mt 28,2–4). Vom Moment der Auferstehung gibt es keine Beschreibung: Das leere Grab und die Erscheinungen Jesu dienen den Evangelien als Beweis, daß die Auferstehung tatsächlich stattfand.

Die römisch-katholische Kirche in Emmaus ist eine Gedenkstätte der Begegnung zwischen den Jüngern und dem Auferstandenen (Lk 24,13–32).

Viele Gelehrte vermuteten, daß die Überlieferungen vom leeren Grab und von den Erscheinungen des auferstandenen Christus nicht zeitgleich entstanden sind. Dieser Theorie zufolge entwickelte sich der Glaube an die Auferstehung Jesu aus der Überzeugung seiner Anhänger, daß sie die fortwährende Anwesenheit Jesu nach der Kreuzigung erfahren hätten; die Geschichte vom leeren Grab wäre demnach eine spätere Legende, die die Realität der physischen Auferstehung beweisen sollte.

Es ist richtig, daß nur die Evangelisten das leere Grab erwähnen, nicht aber Paulus, dessen Briefe vor den Evangelien entstanden sind. Möglicherweise ließ Paulus die Geschichte vom leeren Grab aus, da er sie für selbstverständlich und allgemein bekannt hielt. Außerdem wollte er seine persönliche Erfahrung des auferstandenen Jesus bekräftigen und damit die Wahrheit der Auferstehung beweisen.

Wenn hingegen das Schlußwort der ursprünglichen Version des Markusevangeliums der Vers 16,6 ist, dann berichtet dieser Evangelist nicht über die Erscheinungen des Auferstandenen und weist nur durch die Worte des engelhaften Mannes am leeren Grab auf diese hin. Zusammenfassend sind die Erfahrungsberichte über den Auferstandenen und das leere Grab am besten als eine Quelle des Glaubens an die Auferstehung zu verstehen.

Andere meinen, daß die Erscheinungen des Auferstanden subjektive mystische oder visionäre Erfahrungen seiner Anhänger wären, die aus der tiefen Überzeugung, daß Jesus auferstehen würde, entstanden seien. Die Grundlage dieser Überzeugung ist jedoch nicht bewiesen. Es gibt keine Nachweise dafür, daß die Juden jener Zeit glaubten, der erwartete Messias werde sterben und wieder auferstehen.

Die Vorhersagen von Jesus über seinen eigenen Tod und die folgende Auferstehung stammen bei den Synoptikern nach Meinung der meisten Gelehrten von den Evangelisten und der frühen Kirche, nicht jedoch von Jesus selbst.

DIE HIMMELFAHRT

Von allen Schriften des Neuen Testaments beschreibt nur der zweite Band von Lukas (Apg 1,2–11) die Himmelfahrt Jesu als historisch authentisches Ereignis und sichtbares Phänomen. Die meisten Schriften des Neuen Testaments, vor allem ein früher Hymnus, der im Brief an die Philipper zitiert wird (Phil 2,6–11), sprechen von der „Erhöhung" Jesu. Das gleiche Bild dominiert im Brief an die Hebräer (Hebr 1,3–4) und an anderen Stellen. Nach seinen irdischen Leiden steht der Sohn Gottes über allen irdischen Mächten (Eph 1,20–22). Er leitet das messianische Zeitalter ein und läßt seine Anhänger an seiner Erhabenheit teilhaben (Eph 2,4–6). Dies kann geschehen, weil Jesus in das Gottesreich aufgenommen wurde und fortan zur Rechten Gottes sitzt (Mk 16,19; Röm 8,34). Jesus besitzt wieder den göttlichen Status, wie er ihn als Mittler der Schöpfung vor seiner Menschwerdung genoß (Kol 1,15–17; Heb 1,2).

Wie die physische Auferstehung Jesu (siehe S. 131) wird auch der Augenblick der Himmelfahrt Jesu kaum beschrieben. Das Evangelium nach Lukas berichtet, daß Jesus seine Jünger „verließ" und „zum Himmel emporgehoben wurde" (Lk 24,51). In der Apostelgeschichte heißt es, daß Jesus „vor den Augen der Jünger emporgehoben" wurde, und daß „eine Wolke ihn ihren Blicken entzog" (Apg 1,9). In den Versen, die dem Markusevangelium hinzugefügt wurden, wurde Jesus in den „Himmel aufgenommen", wo er sich"zur Rechten Gottes" setzte (Mk 16,19). Matthäus spricht von der höchsten Macht, die Jesus verliehen wurde, und von seiner anhaltenden Gegenwart (Mt 28,18–20). Bei Johannes kündigt Jesus indi-

MYSTISCHER AUFSTIEG IN DEN HIMMEL

Den sogenannten Pseudepigraphen zufolge, den nicht zum Kanon zählenden jüdischen Schriften, stiegen mehrere Gestalten aus der Vergangenheit Israels in den Himmel auf, darunter Adam, Henoch, Abraham, Mose und Jesaja. Im Himmel verwandelten sie sich in engelhafte Wesen, denen göttliche Geheimnisse offenbart wurden. Solche Erzählungen sind vermutlich subjektive Erfahrungen jüdischer Mystiker, wie aus den Zeugnissen von Qumran und dem Bericht von Paulus, der geheimnisvoll in den Himmel entrückt sei und göttliche Geheimnisse vernommen habe (2 Kor 12,1–7), zu schließen ist.

Manche behaupten, daß es sich bei Jesus ebenso verhielt, wie vor allem aus der Beschreibung seiner Verklärung (siehe S. 106) ersichtlich wird. Auch die Hinweise im Neuen Testament auf seine Himmelfahrt sind vermutlich teilweise von einer mystischen Tradition geprägt.

Ostansicht der Altstadt von Jerusalem. Im Hintergrund ist der Ölberg, der Schauplatz der Himmelfahrt Jesu (Apg 1,12) zu sehen. Daneben ragt der Glockenturm der russisch-orthodoxen Himmelfahrtskirche aus dem 19. Jahrhundert empor.

DIE GABE DES HEILIGEN GEISTES

Nur Lukas (Apg) und Johannes berichten von der Übergabe des Heiligen Geistes an die Jünger (Joh 20,22; Apg 2,1–13,33). Er ist das letzte Vermächtnis Jesu: Der Heilige Geist tritt an seine Stelle, nachdem Jesus sich in den Himmel zurückgezogen hat. Bei Lukas ist die Ausgießung des Geistes ein öffentliches, sichtbares und dramatisches Ereignis. Bei Johannes empfangen die Jünger den Geist im Geheimen (Joh 20,19–23); nur sie wissen davon (Joh 14,17).

In fünf Aussprüchen stellt Johannes dar, wie die Christen die Natur und die Wirkung des Geistes, der auch „Beistand" genannt wird, zu verstehen hätten (Joh 14,15–17. 25–26; 15,26; 16,4–11; 12–15). Er wird sie alles lehren, was Jesus gesagt hat, (Joh 14,26; 15,26; 16,14) und „zur Wahrheit" führen, die Jesus selbst ist (Joh 16,13–15; siehe S. 153). Bei Matthäus entspricht dem das Versprechen Jesu, er werde bei den Jüngern sein bis zum Ende ihrer Tage (Mt 28,20).

Den Evangelien zufolge war der Heilige Geist in Schlüsselmomenten des Erdendaseins Jesu präsent und leitete sein ganzes Leben und seine Lehre (Joh 3,34). Er wurde empfangen durch das Wirken des Geistes (Mt 1,18; Lk 1,35), der auch bei seiner Taufe auf ihn herabkam (Mk 1,10 pa.r; Joh 1,32–33); zu Beginn seines Wirkens behauptete Jesus, der vom Geist erfüllte Prophet zu sein, den Jesaja prophezeit hatte (Lk 4,16–21). Durch den Geist vollbrachte Jesus Wunder wie die Austreibung der Dämonen (Mk 16,17–20). Die Jünger wurden durch die Gabe des Geistes mit „Kraft aus der Höhe" erfüllt (Lk 24,49), um zu heilen und „Zeichen" zu vollbringen (Mk 16,17).

Die Himmelfahrt *von Pietro Perugino (ca. 1448–1523). Jesus wird inmitten von Engeln und Cherubinen emporgehoben, während die Apostel zum Himmel emporblicken (Apg 1,9–10); anwesend sind auch die Jungfrau und Paulus (mit Schwert).*

rekt Maria Magdalena seine Himmelfahrt an (Joh 20,17). Die Apostelgeschichte will mit der Erzählung von der Himmelfahrt klarstellen, daß die Erscheinungen nach der Auferstehung nun ein Ende hätten.

Jesus verläßt die Erde bis zu seiner Wiederkehr zu unbekannter Zeit. Seine Gegenwart wird ersetzt durch jene des Heiligen Geistes, der die Kirche stärken und inspirieren wird (Apg 1,8). Der Bericht von Lukas scheint sich an die Himmelfahrt Elijas (2 Könige 2,9–12) anzulehnen. Die vierzig Tage zwischen Auferstehung und Himmelfahrt erinnern an Elijas vierzigtägige Reise zum Berg Horeb (1 Könige 19,8), und die Gabe des Heiligen Geistes weist Parallelen zur Gabe von Elias Geist an Elischa auf.

Einzigartig an der Himmelfahrt Jesu ist ihre eschatologische Bedeutung. Sie symbolisiert das Ende der alten Weltordnung und den Anbruch der Endzeit. Seine letzte Wiederkehr wird einen völlig neuen Himmel und eine völlig neue Erde bringen (Offb 21,1).

EGO
SUM
VIA

DIE LEHREN

OBEN: Das Letzte Abendmahl, *Mosaik in der Kirche Sant' Apollinare Nuovo in Ravenna, Italien. Die Evangelienberichte vom Letzten Abendmahl sind ein zentrales Moment für die christliche Lehre von der Eucharistie.*
GEGENÜBER: Christus der Erlöser *(Ausschnitt), von Agnolo Gaddi (ca. 1350–1396). Jesus zeigt (lateinische)* Worte *aus einem seiner Diskurse: „Ich bin der Weg, die Wahrheit und das Leben" (Jh 14,6).*

AUSSPRÜCHE UND GLEICHNISSE

Die Evangelien heben die „Gleichnisse“ Jesu als eine wesentliche Ausdrucksform seiner Verkündigung hervor. Weniger klar ist die Definition eines Gleichnisses (griechisch *parabole*). Meistens wird eine der zahlreichen Erzählungen, in denen Jesus seine Lehre erläutert (siehe Spalte gegenüber), als Gleichnis verstanden. Doch *parabole* hat eine Vielzahl weiterer Bedeutungen: Es wird beispielsweise für den metaphorischen Ausspruch bei Markus 7,14–17 verwendet und bei Lukas 4,23 als „Sprichwort“ übersetzt. Lukas erzählt einige der berühmtesten Gleichnisse Jesu wie jenes vom Barmherzigen Samariter (Lk 10,30–37) und vom Verlorenen Sohn (Lk 15,11–32), ohne sie aber Gleichnisse zu nennen.

In der Septuaginta, der ältesten griechischen Fassung der hebräischen Schrift, ist *parabole* die Übersetzung des hebräischen Wortes *mashal*, das ein Sprichwort, eine Anspielung, eine höhnische Bemerkung, ein Rätsel oder ein prophetisches Orakel bezeichnen kann. *Mashal* bedeutete ursprünglich „ist gleich“ und kommt in den hebräischen Schriften (z. B. Ez 16,44) und in rabbinischen Texten sehr oft mit Vergleichssätzen vor. Ähnliche Redewendungen treten in den Evangelien im Sinne einer *parabole* auf (siehe Mk 4,30; Mt 13,24; 25,1) und leiten häufig ein Gleichnis ein, selbst wenn dieses nicht als solches bezeichnet wird (Mt 18,23; 20,1).

Das Bild „Die zehn Jungfrauen“ *von Frans Francken dem Jüngeren (1581–1642) illustriert das Gleichnis von Matthäus über die Wachsamkeit, die jene haben müssen, die Eintritt in das Reich Gottes begehren (Mt 25,1–13). Die fünf klugen Jungfrauen haben im Unterschied zu den fünf törichten Jungfrauen (rechts) ihre Lampen in Erwartung der Ankunft des Bräutigams (des Messias) mit Öl gefüllt. Als sich die Ankunft des Messias ereignet, sind die törichten Jungfrauen vom messianischen Festmahl ausgeschlossen, da sie Öl kaufen müssen.*

Mosaikbild eines Weinstockes in der Kirche Santa Maria di Capua Vetere, Italien; eine Anspielung auf das Gleichnis Jesu vom Weinstock und den Reben (Joh 15,1–10).

Ein Gleichnis könnte in weiterem Sinne als Redeform definiert werden, die ein fesselndes und erhellendes Bild, eine Allegorie oder Analogie enthält. In diesem Sinn ist die Aussage von Markus zu verstehen, daß „Jesus nur in Gleichnissen" zum Volk redete (Mk 4,34); heutige Wissenschafter würden etwa Sprichwörter, Metaphern, Aphorismen und Fabeln unterscheiden.

Im vierten Evangelium wird die Lehre Jesu weniger bildhaft dargestellt, wenngleich sich die Art des Lehrens nicht wesentlich von den Synoptikern unterscheidet. Johannes enthält nicht nur zwei Passagen, die deutlichen Gleichnischarakter haben – der gute Hirt (Joh 10,1–18) sowie der Weinstock und die Reben (Joh 15,1–10) –, er vermittelt auch die Botschaft Jesu mit Hilfe einer Vielzahl von Metaphern und bildhaften Ausdrücken.

Es stellt sich die Frage, inwiefern es möglich ist, die tatsächlichen Worte Jesu und die Bedeutung, die er selbst in den Gleichnissen sah, zu rekonstruieren. Die Evangelisten präsentieren die Gleichnisse, wie sie in diversen Kreisen der frühen Kirche bewahrt, verwendet und verstanden wurden (Mt 22,1–14; Lk 14,15–24). Die neue Bedeutung eines Gleichnisses wird aus der Variation derselben Geschichte von Evangelium zu Evangelium deutlich. Ein Beispiel ist das Gleichnis vom königlichen Hochzeitsmahl, zu dem die Gäste nicht erscheinen (Mt 22,1-14; Lk 14,15-24). Bei Lukas enthält die Geschichte eine Warnung, Gottes gnädige Vorladung auszuschlagen. Bei Matthäus bezieht sich das Gleichnis auf das künftige, messianische Hochzeitsfest von Gottes Sohn und auf die Zerstörung Jerusalems.

Die Evangelien gruppieren die Gleichnisse (z. B. Mt 13,1–50; 25,1–46; Mk 4,1–34; Lk 6,39–49; 12,35–59). Vermutlich waren die Evangelisten der Meinung, diesen Gleichnissen würde ein gemeinsames Thema zugrunde liegen. Manche Gleichnisse etwa sind so ausführlich erklärt, als wären es Allegorien (Mk 4,13–20 par; Mt 13,36–43; 49–50). In den nur bei Lukas

ERZÄHLENDE GLEICHNISSE JESU

Man kann zahlreiche Gleichnisse auflisten, für die das erzählerische Element charakteristisch ist – Kurzgeschichten, die einen oder mehrere Gedanken veranschaulichen:

GLEICHNISSE BEI ALLEN SYNOPTIKERN:
Das gespaltene Reich (Mk 3,23–26 par.)
Der Sämann (Mk 4,2–9 par.)
Das Senfkorn (Mk 4,30–32 par.)
Die bösen Winzer (Mk 12,1–11 par.)
Der Feigenbaum (Mk 13,28–29 par.)

GLEICHNISSE BEI MATTHÄUS UND LUKAS:
Vom Haus auf dem Felsen (Mt 7,24–27; Lk 6,47–49)
Vom Sauerteig (Mt 13,33; Lk 13,20–21)
Vom verlorenen Schaf (Mt 18,12–14; Lk 15,4–7)
Vom Hochzeitsmahl (Mt 22,1–14; Lk 14,15–24)
Vom treuen und vom schlechten Knecht (Mt 24,45–51; Lk 12,42–46)
Vom anvertrauten Geld (Mt 25,14–30; Lk 19,11–27)

NUR BEI MARKUS VORKOMMENDE:
Vom Wachsen der Saat (Mk 4,26–29)

NUR BEI MATTHÄUS VORKOMMENDE:
Vom Unkraut unter dem Weizen (Mt 13,24–30)
Vom vergrabenen Schatz (Mt 13,44)
Von der Perle (Mt 13,45–46)
Vom Fischnetz (Mt 13,47–48)
Vom unbarmherzigen Gläubiger (Mt 18,23–35)
Von den Arbeitern im Weinberg (Mt 20,1–16)
Von den ungleichen Söhnen (Mt 21,28–31)
Von den zehn Jungfrauen (Mt 25,1–13)
Vom Weltgericht (Mt 25,31–46)

NUR BEI LUKAS VORKOMMENDE:
Vom Geldverleiher (Lk 7,41–43)
Vom Barmherzigen Samariter (Lk 10,30–37)
Vom bittenden Freund (Lk 11,5–8)
Von der falschen Selbstsicherheit (Lk 12,16–21)
Vom unfruchtbaren Feigenbaum (Lk 13,6–9)
Von der Auswahl des Sitzplatzes (Lk 14,7–11)
Von der verlorenen Drachme (Lk 15,8–10)
Vom verlorenen Sohn (Lk 15,11–32)
Vom klugen Verwalter (Lk 16,1–8)
Vom reichen Mann und vom armen Lazarus (Lk 16,19–31)
Vom gottlosen Richter und der Witwe (Lk 18,1–8)
Vom Pharisäer und vom Zöllner (Lk 18,9-14)

„GLEICHNISSE" BEI JOHANNES:
Vom guten Hirten (Joh 10,1–18)
Vom Wein und den Reben (Joh 15,1–10)

GLEICHNISSE IN DER BIBEL UND BEI DEN RABBINERN

Einen bedeutenden Einfluß auf die Gleichnisse des Neuen Testaments haben die Gleichnisse in den hebräischen Schriften. Die Wirkungsweise eines Gleichnisses zeigt sich in der Geschichte, die der Prophet Natan dem König David erzählt; damit möchte er ihm die Augen über die Folgen seiner Untaten öffnen (2 Sam 12,1–15). Der Hörer soll sich in der Geschichte wiedererkennen und sein Handeln überdenken. Die gleiche Absicht steht hinter dem Gleichnis vom Kampf zwischen König Joasch und König Amazja (2 Kön 14,8–10).

In beiden Fällen fügt der Sprecher nach Art einer Allegorie eine Erklärung über die Intention der Geschichte hinzu, ein Merkmal, das in den hebräischen Schriften immer mehr in den Vordergrund tritt. Ezechiels Gleichnis vom Adler und vom Wein wird als „Rätsel" und als „Allegorie" bezeichnet (Ez 17,1–21). Die Art, in der die Rabbiner in ihren Lehren Gleichnisse verwendeten, wirft auch ein Licht auf die Gleichnisse der Evangelien. Die meisten Beispiele sind nach der Zeit Jesu oder des Neuen Testaments verfaßt, aber die Annahme ist berechtigt, daß sie eine verankerte Tradition widerspiegeln. Wie Jesus entnahmen die Rabbiner ihre Beispiele dem täglichen Leben, und viele ihrer typischen Metaphern entsprechen den Gleichnissen in den Evangelien.

Der verlorene Sohn *(Ausschnitt) vom Meister der weiblichen Brustbilder (ca. 1490–1540). Das Gleichnis vom verlorenen Sohn (Lk 15,11–32) schöpft aus Motiven der Geschichte des Josef.*

Die Gleichnisse der Rabbiner verdeutlichen häufig Passagen der Schrift. Als die einzige deutliche Parallele dieser Methode in den Evangelien läßt sich das Gleichnis von den bösen Winzern (Mk 12,1–12 par.) heranziehen, das mit einem Hinweis auf Jesaja 5,2 beginnt und mit einem Zitat des Psalmes 118,22–23 endet.

Es gibt auch indirekte Anspielungen auf die Schriften in den Gleichnissen. Die Geschichte vom Barmherzigen Samariter zitiert Levitikus 19,18 (Lk 10,27), während die Rolle des Samariters an das zweite Buch der Chronik 28,15 erinnert. Das Gleichnis vom verlorenen Sohn läßt die Geschichte Josefs anklingen (Gen 37–47), die Lehre vom richtigen Sitzplatz (Lk 14,7–11) interpretiert Sprichwort 25,6–7.

vorkommenden Gleichnissen sind Allegorien ausgeklammert, die ethische Botschaft wird sehr direkt vermittelt. Die Passagen im Thomasevangelium (siehe Kasten S. 59), in denen sich Parallelen zu den Gleichnissen der Synoptiker finden, weisen ebenfalls keine allegorischen Züge auf.

In der Folge versuchten einige Gelehrte, die „ursprüngliche" Form und Bedeutung der Gleichnisse Jesu freizulegen, indem sie sie von allen allegorischen und eschatologischen Elementen befreiten. Wenn Jesus jedoch von den hebräischen Schriften oder der rabbinischen Praxis (siehe Kasten oben) beeinflußt war, hat er wohl gelegentlich Allegorien verwendet. Tatsächlich sind Gleichnisse wie jenes vom Sämann und den bösen Winzern nur in Form von Allegorien verständlich.

Man vermutete, daß die Gleichnisse Jesu hauptsächlich das Reich Gottes als zentrales Motiv behandeln (siehe S. 150–151), doch er hat sie wahrscheinlich zu vielen Zwecken eingesetzt, etwa um moralische Pflichten zu betonen. Die Evangelien deuten an, Jesus habe nicht erwartet, daß seine Gleichnisse von vielen verstanden würden und daß er ihre wahre Bedeutung nur den Jüngern in privatem Kreis offenbarte (Mk 4,10–12 par; Mk 4,33–34). Damit könnte die frühe Kirche aber auch erklaren wollen, warum die öffentliche Lehre Jesu zu seinen Lebzeiten so wenig Widerhall fand. Hingegen erscheint es plausibel, daß sich Jesus in seinen Gleichnissen mit Bildern aus dem täglichen Leben verständlich machen wollte.

Moderne literaturwissenschaftliche Studien zu den Schriften der christlichen Kultur betonen, daß die Gleichnisse viele Möglichkeiten zu deren Interpretation zulassen. Die Art der Vermittlung durch die frühe Kirche sollte daher nicht als Verschleierung der Lehre Jesu betrachtet werden, sondern als erster Versuch der christlichen Gemeinde, die Worte ihres Erlösers verstehen zu lernen und zu verinnerlichen.

Der Mann, der Weizen säte *von Domenico Fetti (ca. 1589–1623). Wie viele der Gleichnisse Jesu beruht die Geschichte des Matthäus über das Königreich Gottes (Mt 13,24–30) auf einem Vergleich aus dem ländlichen Leben: „Mit dem Himmelreich ist es wie mit einem Mann, der guten Samen auf seinen Acker säte. Während nun die Leute schliefen, kam sein Feind und säte Unkraut unter den Weizen.“ Das Unkraut repräsentiert jene, die als unwürdig betrachtet werden, das Königreich zu betreten: „Wenn die Zeit der Ernte da ist, werde ich den Arbeitern sagen: Sammelt das Unkraut und bindet es in Bündel, um es zu verbrennen; den Weizen aber bringt in meine Scheune.“*

JESUS UND DIE SCHRIFT

Anspielungen auf die Hebräische Bibel oder auch direkte Zitate daraus sind in den Evangelien überaus zahlreich. Wie diese Zitate zeigen, existierten die Schriften der Bibel im 1. Jahrhundert n. Chr. in vielen Varianten. Die meisten der von den Evangelisten zitierten Passagen entstammen einer Version der Septuaginta (der ältesten griechischen Fassung der Hebräischen Schrift); manche Zitate, vor allem bei Matthäus, scheinen eher auf dem ursprünglichen hebräischen Text zu beruhen, andere wiederum entsprechen keinem bekannten griechischen oder hebräischen Text. Es ist möglich, daß die Evangelisten oft ungenau aus dem Gedächtnis zitierten oder sich die Freiheit nahmen, eine Bibelpassage zu adaptieren, um ein theologisches Anliegen zu untermauern. Eine andere Vermutung geht dahin, daß sie von den Targumim, den paraphrasierenden aramäischen Übersetzungen der Schrift, beeinflußt wurden; diese hat man in den Synogogen damals für Juden, die nicht Hebräisch verstanden (siehe S. 46), verwendet.

Alle Evangelisten greifen in ihren Erzählungen auf Verse der Hebräischen Schriften zurück, um die Bedeutung der Worte und Taten Jesu

DER MIDRASCH

Forschungen aus jüngerer Zeit haben ergeben, daß die Art der Schriftinterpretation Jesu mit den Methoden biblischer Zitierungen und Analysen, die in Palästina zu jener Zeit üblich waren, vergleichbar ist. Im Judentum waren Analyse und Interpretation der Bibel das Vorrecht der rabbinischen Schule, deren Interpretationssysteme unter dem Namen Midrasch (hebräisch: „Forschung") zusammengefaßt sind.

Die meisten vorhandenen Zeugnisse der Rabbiner entstanden erst nach der Zeit Jesu, doch da der Midrasch im Umkreis der Schriftgelehrten und Pharisäer kursierte, könnte er schon im 1. Jahrhundert n. Chr. existiert haben.

Das Ziel der Midraschim war es, die Relevanz und die Autorität der alten Schriften für die jeweilige Generation zu bewahren. Um den Bedürfnissen der Zeit zu entsprechen, wurden zusätzliche Rechtsregeln und ethische Lehren aus der Hebräischen Bibel hinzugefügt. Manchmal wurde eine Textpassage der Schrift durch eine andere erhellt, indem man auf die mündliche Überlieferung Bezug nahm (siehe S. 30); oder man brachte allgemeine theologische oder rechtliche Prinzipien mit ein, um den Spielraum zur Auslegung einer bestimmten Passage zu erweitern.

Christus im Streitgespräch mit den Pharisäern, *aus einer Serie von Glasbildern aus dem 13. Jh., der sogenannten „Bibel des armen Mannes", in der Kathedrale von Canterbury, England.*

herauszuarbeiten. Ihre Vorgehensweise weist Parallelen zum Judentum jener Zeit auf (siehe Spalten); natürlich nicht, wenn sie verschiedene biblische Prophezeiungen interpretieren, die sich durch Episoden im Leben Jesu erfüllten. Die Frage erhebt sich, inwieweit Jesus selbst in seiner Lehre die Schrift zitierte, was die Frage nach der Authentizität der ihm zugeschriebenen Worte zusätzlich verkompliziert.

Jesus war als Lehrer akzeptiert (siehe S.162–163), und von einem anerkannten Lehrer erwartete man, daß er mit der Schrift vertraut war und sie in seine Lehre integrierte. Die Evangelien schildern Jesus als jemanden, der die Schrift gut kannte. In mehreren seiner Aussprüche, Gleichnisse und Gebete klingen biblische Themen und Redewendungen an. Markus 13,24–26 (par.) etwa ist eine Anspielung auf Jesaja 13,10, Jesaja 34,4 und Daniel 7–13; der Schluß des Gleichnisses vom Wachsen der Saat (Mk 4,26–29) erinnert an Joël 3,13; das Gebet am Kreuz bei Markus 15,34 und Matthäus 27,46 zitiert den Psalm 22,1, während es bei Lukas 23,46 eine Paraphrase des Psalmes 31,5 darstellt.

Jesus war jedoch ein Wanderprediger und gehörte keiner der „offiziellen" jüdischen Lehrgruppen an, und man weiß, daß die Hohenpriester, Ältesten und Schriftgelehrten (siehe S. 30) seine Qualifikation in Frage stellten (Mk 11,27–33 par.). Die Evangelien betonen, daß er sich von den Schriftgelehrten, deren Metier die Analyse und Interpretation der Schrift war, insofern unterschied, als er die „Vollmacht" hatte, eine neue Lehre zu verkünden (Mk 11,27–28 par.). Dies zeigt an, daß Jesus von seinen Anhängern als Prophet verstanden wurde, der wie seine biblischen Vorfahren eine unmittelbar von Gott kommende Botschaft überbrachte. Diese Botschaft mußte nicht durch biblischen Beweise untermauert werden, weshalb es nicht überrascht, daß Jesus in den Evangelien relativ selten auf die Schrift zurückgreift, um die Wahrheit seiner Worte zu beweisen.

Jesus nahm nur dann Anleihen aus den Hebräischen Schriften, wenn er seine Lehren oder Handlungen vor gelehrten Widersachern zu rechtfertigen hatte. In solchen Fällen verwendete er die seinen Herausforderern vertraute Sprache, um sie leichter überzeugen zu können (Lk 20,39). Eine seiner Techniken bestand darin, einen biblischen Vers durch einen anderen zu erhellen, was auch eine Methode des Midrasch (siehe Spalte links) war; so etwa in seiner Kontroverse mit den Pharisäern über die Scheidung (Mk 10,2–9, Mt 19,3–8) oder im Disput mit den Sadduzäern über die Lehre der Auferstehung (Mk 12,26–27 par.).

Mit Hilfe einer Technik namens *pesher*, die auch der Qumran-Sekte bekannt war, konnte Jesus auf Ereignisse seines Lebens verweisen und sie als Erfüllung einer biblischen Prophezeiung darstellen; etwa veranschaulichte er die Rolle des Täufers als Vorläufer des Messias (Mt 11,10; Lk 7,27) und die Flucht der Jünger (Mt 26,31; Mk 14,27). Jesus verkündete insbesondere, daß er und seine Mission die Erfüllung früherer prophetischer Schriften seien (Mt 12,39–40; Lk 4,16–21; 11,29–30; 22,37).

Ruinen der Siedlung in Qumran in der Wüste Judäas. Diese Stufen führen zu dem Becken, das die Bewohner von Qumran für die rituelle Reinigung verwendeten.

QUMRAN UND *PESHER*

Seit der Entdeckung der Schriftrollen vom Toten Meer (siehe Spalte S. 37) erforschen die Gelehrten die analytischen und interpretatorischen Techniken der Qumran-Sekte; hier finden sich Parallelen zu den Methoden Jesu, die jüdischen Schriften zu erläutern. Die charakteristischste Methode des Bibelkommentars in Qumran nennt sich *pesher* (hebräisch „Interpretation"); dabei wird ein Vers der Schrift zitiert und anschließend in einer Passage erläutert; sie beginnt mit der einleitenden Formel: „In der Auslegung ist dies zu verstehen als ..."

Jeder so zitierte Vers wurde als Prophezeiung verstanden und war meist den prophetischen Büchern der Hebräischen Bibel entnommen. Die so bearbeiteten Prophezeiungen beziehen sich auf Ereignisse der Endzeit, die nach dem Glauben der Qumran-Sekte bereits angebrochen war. Dennoch versuchte die Sekte auch festzustellen, auf welche Personen und Ereignisse ihrer Gemeinschaft sich die Prophezeiungen beziehen könnten. Die wahre Bedeutung der Prophezeiungen wurde, wie sie glaubten, dem Begründer der Gemeinschaft, dem Lehrer der Gerechtigkeit, offenbar.

JESUS UND DIE TORA

DAS GESETZ UND DIE EVANGELISTEN

Es stellt sich die Frage, inwieweit die Aussprüche über das Gesetz, die Jesus zugeschrieben werden, authentisch sind oder mehr die Vorstellungen der Evangelisten und verschiedener Strömungen innerhalb der frühen Kirche widerspiegeln. Das Matthäusevangelium enthält die positivsten Äußerungen Jesu über das Gesetz (Mt 5,17–19); hier billigt er sogar die Lehre – und auch die tatsächliche Praxis – der Pharisäer (Mt 23,2–3). Gibt Matthäus hier die Einstellung der jüdischen Christen im damaligen Palästina wieder?

Anders bei Markus: Der Kommentar zu der Lehre Jesu von der Reinheit aller Speisen (Mk 7,14–19) etwa reflektiert die Vorstellungen der paulinischen Christenheit und ihrer Mission, den Sieg über die Heiden davonzutragen (vgl. Röm 14,14).

Jesus nahm eine kohärente und deutliche Haltung gegenüber der Tora, dem jüdischen Gesetz (siehe S. 30), ein. Dies wird aus den Evangelien ersichtlich. Er wird als ein sich streng an die Regeln haltender Jude, der regelmäßig die Synagoge besuchte, dargestellt. Jesus trat für die Einhaltung der gesetzlichen Vorschriften ein, auch in rituellen Angelegenheiten wie der Darbringung von Opfergaben im Tempel (Mt 5,23). Aber er warnte auch davor, auf die präzise Durchführung von Äußerlichkeiten zu großen Wert zu legen.

Jesus verstand die tiefere religiöse Bedeutung des Gesetzes als ein Mittel, durch das die Menschen ein gutes Leben in Übereinstimmung mit dem Willen Gottes führen könnten. Aber er legte vor allem auf die richtigen Einstellung des Einzelnen wert. Vieles von der Lehre Jesu über die Tora weist Parallelen zum jüdischen Denken seiner Zeit auf.

Die Vorstellung von der Ewigkeit des Gesetzes ist ein zentrales Thema des Judentums, und die Worte, die Jesus zu diesem Thema in den Evangelien findet, erscheinen authentisch (Mt 5,18; Lk 16,17), obwohl ihr absoluter Anspruch etwas modifiziert wird (Mt 11,13; Lk 16,16). Möglicherweise hatte Jesus im Auge, daß das Gesetz nur für die vergleichsweise kurze Zeit vor Anbruch des neuen Zeitalters gelten würde.

DAS GESETZ IM DAMALIGEN JUDENTUM

Steingravur, ca. 400 n. Chr. auf einem Toraschrein, in dem die Schriftrollen in der Synagoge aufbewahrt wurden.

Alle Juden akzeptierten die höchste Autorität der Tora, auch wenn das Judentum im 1. Jahrhundert n. Chr. keine einheitliche Größe war. Das alte Gesetz mußte interpretiert und ausgelegt werden, um es den sozialen Verhältnissen der Zeit anzupassen, und es gab mehrere Gruppen (siehe S. 34–37) mit jeweils eigenen Methoden der Auslegung. Es ist daher anzunehmen, daß Jesus als unabhängiger Lehrer ebenfalls das Gesetz auf eigene Weise interpretierte.

Gleichzeitig wurde oft auch hervorgehoben, daß der Ausdruck „Gesetz", wie er im Neuen Testament gebraucht wird, problematisch ist. Das in den Evangelien verwendete griechische Wort *nomos* bedeutet zwar „Gesetz", hat aber nicht die volle Bedeutung des hebräischen Wortes Tora, das „Lehre" oder „Richtung" bedeutet. Dieser Ausdruck umfaßt die gesamte Offenbarung Gottes an die Menschheit – den vollständigen Schriftenkorpus und die damit verbundenen religiösen Lehrsätze. Für die Pharisäer war auch das mündliche Gesetz (die „Überlieferung der Ältesten" Mk 7,3. 5; Mt 15,2) verbindlich, was andere Gruppen, vor allem die Sadduzäer (siehe S. 35), ablehnten. Es hatte manchmal den Anschein, als ob die Tora, in diesem umfassenden Sinn verstanden, widersprüchliche Lehren beinhalten würde, so daß man entscheiden mußte, welche Vorrang hätte, wie es Jesus bisweilen tat (siehe S. 30–31).

Christus und die Ehebrecherin *von Nicolas Colombel (1646–1717). In der Evangelienerzählung (Joh 8,2–11) bringen die Pharisäer eine Ehebrecherin zu Jesus. Sie zweifeln an ihm, weil er sich der biblischen Lehre widersetzt, der zufolge eine treulose Frau den Tod verdient (Dtn 22,22). Die berühmte Antwort Jesu – „Wer von euch ohne Sünde ist, der werfe als erster einen Stein auf sie" – warnt davor, den Äußerlichkeiten des Gesetzes zu große Bedeutung beizumessen, anstatt auf das eigene Gewissen zu hören. Schließlich gehen die Pharisäer einer nach dem anderen fort, und Jesus vergibt der Frau und ermahnt sie, nicht mehr zu sündigen.*

Die Bergpredigt beinhaltet sechs Abschnitte (Mt 5,21–48), in denen Jesus aus dem Gesetz zitiert und diesem sein eigene Regel gegenüberstellt: „Ihr habt gehört, daß gesagt worden ist: Auge für Auge und Zahn für Zahn [vgl. Ex 21,24]. Ich aber sage euch: Leistet dem, der euch etwas Böses antut, keinen Widerstand ..." (Mt 5,38–39). Die Wendung „Ich aber sage euch" wurde auch von den Pharisäern verwendet (Mt 15,4–6; Mk 7,9–13), und sie besagt nicht, daß Jesus dem Gesetz widersprechen oder es erneuern hätte wollen. Jesus wollte die Tora vielmehr oft bekräftigen, indem er auf die innere moralische Einstellung verwies, die allein die wahre Befolgung des Gesetzes gewährleiste. Jesus erläutert, daß Mord aus Zorn (Mt 5,22) und Ehebruch aus Lüsternheit (Mt 5,28) entstehen könne. Wahre Liebe müsse auch die Feinde miteinschließen (Mt 5,43–48). Ein Versprechen solle nicht verstärkt werden, indem man vor Gott schwört (Mt 5,34–35; 23,16–22) – das Wort einer Person genüge (Mt 5,37). Philo and Josephus berichten, daß die Essener diese Ansichten teilten.

Bei anderen Gelegenheiten interpretiert Jesus das Gesetz im Rahmen regulärer rabbinischer Methoden der Interpretation und der Analyse. Seine Lehre über Heirat und Scheidung (Mt 19,3–8; Mk 10,2–9) beruht auf der Grundlage, gewisse Texte der Schrift (Gen 2,24) hätten mehr Gewicht als andere (Dt 24,1). Jesus wird einmal beschuldigt, durch eine Heilung die Sabbatruhe zu brechen. Doch er verweist auf das anerkannte Prinzip, daß es wichtiger sei, ein Leben zu retten als die Sabbatruhe einzuhalten (Mk 3,4 par.; Mk 14,5 par.). Die Pharisäer beschwerten sich darüber, daß die Jünger am Sabbat Ähren abrissen (Mk 2,23–28 par.), denn das Ernten sei an diesem Tag verboten. Jesus verteidigt seine Jünger, indem er nach Art der Rabbiner auf einen Präzedenzfall in der Schrift verweist (1 Sam 21,1–7; Matthäus erwähnt auch Num 28,9–10), und die Schrift hatte größeres Gewicht als die Regeln der Pharisäer.

DIE ESSENZ DES GESETZES

Jesus faßte das ganze Gesetz bei diversen Gelegenheiten in kurzen Aussagen zusammen. Er zitierte die Zehn Gebote (Mk 10,17–19 par.) und verkündigte die sogenannte Goldene Regel (Mt 7,12; Lk 6,31); die ganze Schrift ließe sich auf nur zwei Gebote reduzieren, nämlich darauf, daß man Gott und seinen Nächsten lieben soll (Mk 12,28–34 par.). Die Klarheit der Worte Jesu und die Art und Weise, in der sämtliche ethischen und religiösen Aspekte der Tora berücksichtigt werden, läßt vermuten, daß hier seine eigene und authentische Lehre zum Ausdruck kommt.

Auch sonst im Judentum versuchten manche, die Essenz des Gesetzes in einfachen Aussagen zu definieren. Parallelen zu den drei Zusammenfassungen Jesu finden sich bei jüdischen Autoren und in frühen rabbinischen Quellentexten. Hillel, ein berühmter Lehrer des 1. Jahrhunderts v. Chr., soll den Ausspruch getan haben: „Was du nicht willst, daß man dir tu, das füge auch keinem anderen zu. Das ist die ganze Tora. Alles übrige ist Kommentar."

HEIDEN UND SAMARITER

Nach Jesu Tod verwandelte sich die entstehende Kirche innerhalb weniger Jahre in eine aktive Missionsgemeinde mit Zentrum in Jerusalem. Nach traditioneller christlicher Ansicht war die Führung in Jerusalem damit befaßt, Juden zu bekehren, während der Apostel Paulus und sein Begleiter Barnabas Dienst unter den Heiden versahen (Gal 2,7–10).

Vieles weist darauf hin, daß Jesus selbst sich nicht an Heiden wandte. Er selbst sei nur zu den „verlorenen Schafen des Hauses Israel" gesandt worden (Mt 15,24). Gelegentlich zeigte er eine deutliche Antipathie gegenüber den Heiden, die er einmal sogar als „Hunde" bezeichnete (Mk 7,27 par.). Als Jesus die Apostel auf ihre missionarische Reise schickte, gebot er ihnen, nicht zu den Heiden und Samaritern zu gehen (Mt 10,5).

Solche Aussagen scheinen die persönliche Haltung Jesu widerzuspiegeln, da sie weder mit der Praxis der Juden noch mit den heidnischen Flügeln der frühen Kirche übereinstimmen. Erwähnenswert ist, daß sich die ersten Christen in ihrem Umgang mit den Heiden und in der Frage der Beschneidung nie auf eine Lehre Jesu beriefen.

Manche Worte und Handlungen Jesu weisen jedoch in eine andere Richtung. Er erklärte, daß die Apostel am Tag des Jüngsten Gerichts auf zwölf Thronen sitzen und über die zwölf Stämme Israels richten würden (Mt 19,28; Lk 22,28–30); beide Evangelien berichten jedoch auch über seine Aussage, die Heiden würden im Königreich Gottes sitzen, während die Juden ausgeschlossen blieben (Mt 8,11–12; Lk 13,28–29). Jesus sagt einmal, er habe mehr Glauben bei einem römischen Hauptmann gefunden als irgendwo in Israel (Mt 8,10; Lk 7,9). Er akzeptierte zudem die Ansicht der kanaanitischen Frau, daß ein Heide an jüdischen Privilegien teilhaben dürfe (Mt 15,27–28; Mk 7,28–29). Es wird vielfach berichtet, daß er nicht nur Juden heilte, sondern auch die vielen anderen , die aus nichtjüdischen Gebieten zu ihm kamen (Mk 3,7–8 par.).

Christus und die Frau von Samaria am Brunnen *von Philippe de Champaigne (1602–1674). Als Jesus eine samaritische Frau um Wasser bat, war sie erst mißtrauisch (Joh 4,9), da Juden und Samariter sich oft anfeindeten. Nach Johannes 4,7–29 gab Jesus sich ihr als Prophet und Messias zu erkennen und erklärte, daß auch die Samariter am „lebendigen Wasser" – der Gabe des göttlichen Geistes, den Jesus gebracht hatte – teilhaben würden. Samaria war einer der ersten Orte, den die Apostel missionierten. Philippus gewann in diesem Gebiet angeblich viele Anhänger (Apg 8,5–8). Ob Jesus selbst den Auftrag zur Missionierung der Samariter erteilte, ist nicht sicher.*

Diese unterschiedliche Haltung Jesu den Heiden gegenüber spiegelt das jüdische Denken seiner Zeit wider (siehe Kasten gegenüber). Jesus könnte sein Wirken in erster Linie als Vorbereitung Israels

JUDEN UND HEIDEN ZUR ZEIT JESU

Die meisten Juden waren sich ihrer Sonderstellung gegenüber den Heiden bewußt. Die Heiden wurden häufig als Götzendiener und wegen moralischer Verstöße verurteilt; die Vorschriften der Tora – insbesondere bezüglich reiner und unreiner Nahrung und der Beschneidung – dienten den Juden auch dazu, sich als das erwählte Volk Gottes zu bezeichnen.

Es gibt aber auch viele Hinweise auf eine positivere Einstellung gegenüber Heiden. Manche wurden als rechtschaffen angesehen; von ihnen erwartete man die Einhaltung der sieben Grundgebote, die Gott Noah nach der Flut (Gen 9) gegeben hat. Manche jüdischen Denker glaubten, diese rechtschaffenen Heiden würden mit einem Platz im künftigen messianischen Zeitalter belohnt. Andere jüdische Gelehrte waren indessen bemüht, ihren Glauben gegenüber heidnischen Feindseligkeiten zu verteidigen. Das Judentum war zwar keine aktive Missionarsbewegung, doch Konvertiten und Proselyten waren willkommen und durchaus auch gesucht (Mt 23,15).

Ein Bekehrter mußte allen Erfordernissen des jüdischen Gesetzes nachkommen; viele Heiden fühlten sich davon überfordert, waren aber angezogen vom strengen Monotheismus, den ethischen Anliegen und der Moralität der Juden, über die sie in den Synagogen, die ihnen offenstanden, erfuhren. Viele Heiden, wie der Hauptmann von Kafarnaum (Lk 7,2–5), waren mit Juden befreundet.

Die vorherrschende Einstellung gegenüber Heiden zur Zeit Jesu hatte ihre Wurzeln in der Hebräischen Bibel. Einerseits gab es eine Tendenz, die Heiden vom jüdischen Leben auszuschließen, vor allem in den Schriften nach dem Exil. Bei Esra und Nehemia etwa wird die Heirat mit Nichtjuden verboten.

In anderen Stellen wird jedoch ein Universalismus spürbar: Israel ist ein Licht für die Völker (Jes 49,6), mit dem Auftrag, sich mit den Heiden zu verbinden (Jes 55,5). Dies wird durch das Bild von den Völkern symbolisiert, die nach Jerusalem wandern (Jes 60,3, 11; Sach 8,20–21), um dem wahren Gott zu huldigen (Sach 14,6). Der jüdische Tempel wird ein „Haus des Gebets für alle Völker“ (Jes 56,7; Mk 11,17).

Relief in der Synagoge von Kafarnaum. Nach Lukas 7,5 wurde die Synagoge zur Zeit Jesu von einem heidnischen Wohltäter, einem Hauptmann der römischen Besatzungsarmee, erbaut.

auf die unmittelbar bevorstehende Ankunft der vollkommenen Herrschaft Gottes betrachtet haben (Mt 10,23); das Reich Gottes hätte auch Heiden und Samariter miteinbezogen.

Auch wenn der Gedanke von der Missionierung aller Völker erst nach der Kreuzigung entstanden ist (Mt 28,18–20; Mk 16,15; Lk 24,47), kann er als legitime Fortsetzung der Worte und Taten Jesu betrachtet werden. Der Universalismus zieht sich wie ein Faden durch seine Lehre, wie etwa in dem Gedanken, daß Gott für alle Männer und Frauen gleichermaßen sorgt und sogar seine Feinde liebt (Mt 5,43–48; Lk 6,27–28. 32–36).

Eines der charakteristischsten Merkmale des Wirkens Jesu war sein Mitgefühl für die von der Gesellschaft Verstoßenen: Steuereintreiber, Sünder, Samariter und Arbeitsunfähige. Dieses Mitgefühl könnte die Grundlage eines Evangeliums für die ganze Menschheit sein, wie es bei Paulus formuliert steht: „So gibt es keinen Unterschied zwischen Juden und Griechen. Alle haben denselben Herrn“ (Röm 10,12).

GOTT VATER

Gott Vater auf dem Thron *aus dem Meßbuch von Limoges (spätes 15. Jh.). Gott ist mit der päpstlichen Tiara dargestellt; eine Hand hebt er zur Segnung, in der anderen Hand hält er eine Weltkugel mit einem Kreuz, Symbol der Herrschaft Christi über die Welt. Er ist von den Evangelisten mit ihren jeweiligen Symbolen umgeben.*

Die Vorstellung von Gott als Vater ist ein zentrales Thema in der Lehre Jesu; entsprechend wird dieser Umstand in den Evangelien gewürdigt; auch war er im Judentum jener Zeit sicherlich bekannt. Die Vorstellung geht auf die hebräischen Schriften zurück, wo Gott als Vater des israelitischen Volkes (Dtn 32,6; Jes 63,16; Jer 31,9) und seines Königs (2 Sam 7,14) beschrieben wird.

„Vater" ist jedoch in der Hebräischen Bibel weniger üblich als andere Umschreibungen und Titel für Gott, während Jesus fast ausnahmslos vom „Vater" spricht (manche Beispiele für diese Wortwahl Jesu könnten von den Evangelisten oder der Liturgie der frühen Kirche stammen). Doch obwohl „König" ein häufiger Titel für Gott im damaligen Judentum war und das Reich Gottes ein konstantes Thema der Lehre Jesu (siehe S. 150–151), spricht Jesus Gott nur einmal als König an (Mt 5,35), und sogar dieses Beispiel ist fragwürdig. Es besteht kaum ein Zweifel, daß die Vorstellung von Gott als Vater im Denken Jesu tatsächlich fest verankert war.

Für Jesus bedeutet die Vaterschaft Gottes, daß es sich um einen vergebenden Gott handelt, und die Kraft zu vergeben müsse auch den wahrhaft Gläubigen auszeichnen (Mt 6,14; Mk 11,25). Der „himmlische Vater" oder der „Vater, der im Himmel ist" – Umschreibungen, die besonders häufig bei Matthäus vorkommen – verweisen auf Gottes Vollkommenheit, die auch seine wahren Anhänger auszeichnen soll (Mt 5,48); ihnen werde sein Geist helfen (Mt 10,20; Lk 11,13).

Jesus lehrt, daß der himmlische Vater für seine ganze Schöpfung, für alle menschlichen Wesen, ob gut oder sündig, sorgt; diese Barmherzigkeit soll vorbildhaft für alle Menschen sein (Mt 5,43–46; Lk 6,32–36). Gottes Fürsorge schließt auch die Natur mit ein (Mt 6,25–34; 10,29; Lk 12,6, 12,22–30). Er ist mit einem menschlichen Vater zu vergleichen, der immer versuchen wird, seinen Kindern Gutes zu tun (Mt 7,7–11; Lk 11,9–13); daher können die Kinder des himmlischen Vaters im Gegensatz zu anderen der väterlichen Obhut sicher sein – vorausgesetzt, ihr primäres Streben ist die Suche nach Einlaß in das Reich Gottes (Mt 6,31–34; Lk 12,29–31).

Die „Kleinen" – vermutlich sind nicht nur Kinder gemeint, sondern alle, die mit kindlicher Offenheit glauben – werden vom Vater immer gesehen (Mt 18,10. 14). Gott kennt die Geheimnisse des menschlichen Herzens, was zur Folge hat, daß er nicht auf äußerliche Handlungen wie

Almosen, Gebet und Fasten blickt, sondern die innere Einstellung des Einzelnen belohnt (Mt 6,2–8, 16–18).

Die Evangelien berichten von fünf Gebeten, in denen Jesus Gott als „Vater" anspricht, das bekannteste ist das „Vaterunser" (siehe Spalte rechts). In den zwei Gebeten am Kreuz, von denen Lukas berichtet (Lk 23,34. 46) spricht Jesus ebenfalls zu seinem „Vater"; im zweiten Gebet wird die Anrede einem Zitat aus Psalm 31 hinzugefügt. Von besonderer Bedeutung ist das beeindruckende Dankgebet Jesu (Mt 11,25–27; Lk 10,21–22), das die einzigartige Verbindung zwischen Jesus und seinem göttlichen Vater schildert. Diese Worte charakterisieren Jesus auf ähnliche Art wie das Johannesevangelium. In der Folge wurde diese Passage unter dem Einfluß des Hellenismus (siehe S. 22–3) oder vielleicht der Gnosis (siehe S. 176–177) wieder gestrichen. Doch die in diesem Gebet ausgedrückte Idee, daß ein einzelner Zugang zu göttlichen Geheimnissen finden und sie dann anderen offenbaren könne, wird auch durch jüdische Schriften belegt, etwa durch die Bücher von Henoch und einige Qumran-Schriften.

Das fünfte „Vatergebet" spricht Jesus in Getsemani (Mk 14,36 par.). Markus behält den aramäischen Ausdruck *abba* (richtig übersetzt als „mein Vater" oder „unser Vater") bei, und die meisten Gelehrten sind sich einig, daß Jesus dieses Wort verwendet habe. Es kommt auch zweimal außerhalb der Evangelien vor (Röm 8,15; Gal 4,6) und wurde von den griechischsprechenden Kirchen verwendet; dieser Umstand zeigt an, wie tief der Ausdruck in der christlichen Tradition verankert war.

Über das Wort *abba* ist viel diskutiert worden. Manche behaupteten, daß es die Sprechweise eines kleinen Kindes wiedergibt und die Vertrautheit Jesu mit seinem himmlischen Vater ausdrückt. Es ist jedoch nicht erwiesen, daß *abba* etwas anderes als „Vater" bedeutet, und die präzise Bedeutung läßt sich nur im Kontext bestimmen. Mit *abba* wurde beispielsweise auch ein angesehener rabbinischer Lehrer angesprochen.

DAS VATERUNSER

Das berühmteste Gebet Jesu ist das „Vaterunser" (Mt 6,9–13; Lk 11,2–4). Eine bessere Bezeichnung wäre „Gebet der Jünger", da es im Unterschied zu den „vielen Worten", die charakteristisch für die Gebete der Heiden waren (Mt 6,7), eine vergleichsweise kurze und einfache Anleitung für die Jünger ist. Es besteht kein fundamentaler inhaltlicher Unterschied zwischen den Versionen des Matthäus und des Lukas, und die Bitten, die auf die Einleitung folgen, entsprechen der allgemeinen Lehre Jesu über das Wesen des himmlischen Vaters (siehe Haupttext).

Die Formulierung „Dein Wille geschehe" bei Matthäus betont, daß das irdische Leben dem himmlischen entsprechen muß: Nach der Lehre Jesu müssen jene, die zur Familie des Vaters gehören wollen, erst danach trachten, den himmlischen Willen zu erfüllen (Mk 3,35 par.; Mt 7,21). Die Bitte um das „tägliche Brot" bezieht sich vermutlich auf Gottes Sorge um die gewöhnlichen menschlichen Bedürfnisse, von denen Jesus auch an anderer Stelle spricht. Die Kommentatoren meinten, daß das griechische Wort, das mit „täglich" übersetzt wurde, eigentlich „für morgen" bedeutet und sich auf den bevorstehenden Tag des Jüngsten Gerichts beziehe; das entsprechende aramäische Wort läßt vermuten, daß der Ausdruck „alle Tage" bei Lukas den wahren Sinn wiedergibt – Jesus sagt an anderer Stelle, man solle sich nicht um das Morgen sorgen (Mt 6,34).

Die Bitte um Vergebung der Sünden spricht die göttliche Gnade an sowie die Bereitschaft, daß die Menschen in ihren Beziehungen auch vergeben sollten (siehe Mt 18,23–35; Lk 7,41–43. 47). In der letzten Bitte werden die Gläubigen ihres beschützenden Vaters versichert.

Das Vaterunser steht an den Wänden der Pater-Noster-Kirche am Ölberg in einhundert Sprachen geschrieben. Die Kirche, deren lateinischer Name „Vaterunser" bedeutet, steht an jener Stelle, an der Jesus das Gebet gesprochen haben soll.

DIE PREDIGTEN:

DIE BERGPREDIGT NACH MATTHÄUS:
5,3–12 Die Seligpreisungen
5,13–16 Die neue Gemeinschaft
5,17–48 Die Erfüllung des Gesetzes
6,1–18 Pflichten gegenüber Gott
6,19–7,12 Über die rechte Lebensweise
7,13–27 Wie man den rechten Weg wählt

DIE FELDREDE NACH LUKAS:
6,20–23 Die Seligpreisungen
6,24–26 Die Weherufe
6,27–36 Von der Liebe zu den Feinden
6,37–45 Von den menschlichen Beziehungen
6,46–49 Wie man den rechten Weg wählt

PREDIGTEN UND DISKURSE

Den Synoptikern zufolge lehrte Jesus meist in kurzen, prägnanten Aussprüchen oder Gleichnissen (siehe S. 136–139). Im Johannesevangelium hingegen wird die Lehre Jesu fast durchgehend in langen Diskursen präsentiert (siehe S. 154–155). Es werden Jesus jedoch auch bei den Synoptikern ausführliche Reden zugeschrieben, etwa die sogenannte „Rede über die Endzeit“ (Mk 13,5–37 par.). Im Evangelium nach Matthäus gibt es mindestens fünf solcher Reden, die eine wichtige Stellung im Aufbau des Werkes haben (siehe Kasten unten).

Natürlich ist es vorstellbar, daß Jesus gelegentlich feierliche Reden in der Art der Propheten des alten Israels hielt. Vieles deutet aber darauf hin,

DIE REDEN JESU BEI MATTHÄUS

Viele neutestamentliche Forscher konstatieren dem Matthäusevangelium einen fünfteiligen Aufbau, der sich aus den fünf großen Reden Jesu ergebe, welche jeweils mit dem Satz enden: „Als Jesus die Unterweisung beendet hatte ...“ (Mt 5–7; 10; 13; 18; 23–25). Man hat vermutet, daß dieses Muster Parallelen zum Pentateuch, den fünf Büchern Mose (Genesis bis Deuteronomium, die Gesetzessammlungen) anzeigen wolle; das Matthäusevangelium sei folglich eine Religionslehre und das neue Gesetz der Gemeinschaft.

Es ist jedoch umstritten, ob das Evangelium nur fünf bedeutende Reden aufweist. Matthäus 11 enthält ebenfalls eine erweiterte Sammlung von Aussprüchen Jesu. Außerdem würden die Erzählungen von der Geburt, der Passion und der Auferstehung aus dem Rahmen fallen, wenn man Matthäus ausschließlich als Gesetzeskodex verstehen wollte.

Andere Gelehrte meinen, daß die Rahmenstruktur von Matthäus an den Hexateuch, die ersten sechs Bücher der Bibel, erinnert. So ähneln die Geburtserzählungen der Genesis, die Passion dem Deuteronomium (das mit dem Tod Mose endet) und die Erzählungen von der Auferstehung dem Buch Josua (die Israeliten betreten das versprochene Land).

Der Evangelist selbst gibt keinen Hinweis, daß dieses Schema beabsichtigt wäre. Es erscheint plausibler, daß Matthäus sein Werk als Geschichte, als Bericht vom Leben und Wirken Jesu, verstanden wissen wollte.

Die Flucht nach Ägypten *von Gentile da Fabriano (ca. 1370–1427). Die Reise der Heiligen Familie nach Ägypten (siehe S. 74–77) im Matthäusevangelium weist Parallelen zum Pentateuch auf und erinnert an die Geschichte Josefs im Buch Genesis.*

Dieser Hügel in der Nähe von Kafarnaum, dem sogenannten Berg der Seligpreisungen, ist der Überlieferung nach der Ort der Bergpredigt. Auf seinem Gipfel steht die 1936 erbaute römisch-katholische Kirche der Seligpreisungen.

daß die Reden bei Matthäus, Markus und Lukas aus einzelnen Aussprüchen zusammengestellt sind. Einzelne kleinere Teile tauchen in den Evangelien beispielsweise in unterschiedlichen Szenen auf.

Die bekannteste Rede existiert in zwei verwandten Versionen; die als „Bergpredigt" (Mt 5–7) und „Feldrede" (Lk 6,20–49) bekannten Texte handeln von den ethischen Forderungen Jesu. Ein Vergleich zwischen den Versionen von Matthäus und Lukas läßt vermuten, daß beide auf eine frühere mündliche oder schriftliche Sammlung von Aussprüchen zurückgreifen und sie auf ihre Weise erweitern und interpretieren. In beiden Evangelien wendet Jesus sich an ein allgemeines Publikum (Mt 7,28; Lk 6,17; 7,1), wenngleich die Wahrscheinlichkeit groß ist, daß diese Rede ursprünglich für die Jünger alleine gedacht war (Mt 5,1; Lk 6,20) und als Handlungsanleitung für die frühe Kirche überliefert wurde.

Sowohl bei Matthäus als auch bei Lukas steht die Verkündigung des Königreiches durch den Messias im Zentrum der Rede. Dies kommt noch deutlicher bei Matthäus zum Ausdruck; die Predigt leitet jenen Abschnitt seines Evangeliums ein, der vom Messias und der Lehre Jesu handelt (Mt 4,17–16,20). Die Interpretation der Predigt als Gesetz – und sei es nur als neues Gesetz für Israel – wäre ein Mißverständnis. Die sittlichen und ethischen Lehren, die es enthält, sind als verpflichtend für jene zu verstehen, die das Geschenk des Königreichs annehmen.

Die Seligpreisungen werden an den Beginn der Predigt von der Verkündigung des Königreiches gestellt. Sie sind der Schlüssel für alles Folgende. Bei Lukas finden sich nur vier der neun Seligpreisungen, die auch bei Matthäus zitiert werden. Es bestehen geringfügige Unterschiede im Wortlaut der gemeinsamen Passagen. Der Aufbau der Seligpreisungen orientiert sich in seiner Form an ähnlichen Stellen der Hebräischen Bibel oder anderen jüdischen Schriften. So finden sich etwa neun ähnliche Seligpreisungen im Buch Jesus Sirach (Sir 25,7–10).

DIE VERKÜNDIGUNG DES KÖNIGREICHES

Die Seligpreisungen in der Bergpredigt bei Matthäus und in der Feldrede bei Lukas scheinen sich bewußt an die einleitenden Verse von Jesaja 61 anzulehnen, wodurch sich auch ihr Charakter erklärt. Jesaja 61 war jener Text, über den Jesus bei seiner ersten Predigt in der Synagoge von Nazaret sprach (Lk 4,18–20). Die Seligpreisungen sind prophetische und apokalyptische Aussprüche; sie geben den Kern der Predigt Jesu in den Synagogen von Galiläa wieder, in denen er das Evangelium vom Reich Gottes verkündigte (Mt 4,23). Bei Lukas kommen zu den vier Seligpreisungen vier „Klagerufe", die das Schicksal jener schildern, die die Forderungen des Königreiches nicht erfüllen (Lk 6,24–26).

In den ersten vier Seligpreisungen bei Matthäus verspricht Jesus jenen, die „arm sind vor Gott", den „Trauernden", denen, die „keine Gewalt anwenden" und denen, die „hungern und dürsten nach der Gerechtigkeit" eine Wende ihres Schicksals. Außerdem ist vom späteren Lohn im Himmel die Rede, wenngleich beide Evangelien die Überzeugung ausdrücken, daß die Erfüllung kurz bevorsteht. Die Rede gipfelt in einem Aufruf an das Volk, angesichts des kommenden Gerichts nach den Worten Jesu zu handeln. Dasselbe besagt das Gleichnis von den Häusern, die auf Fels oder auf Sand gebaut wurden (Mt 7,24–27; Lk 6,47–49); dem liegt die israelitische Vorstellung von den zwei Wegen zugrunde, der Wahl von Leben oder Tod (Dtn 30,15; Ps 1,6; Spr 4,10–19).

DIE BOTSCHAFT VOM REICH GOTTES

Christus Pantokrator *(„Allherrscher"), Mosaik in der Kuppel der byzantinischen Kirche in Daphni, Griechenland (ca. 1200). Jesus, der Sohn Gottes, wird als König der Könige dargestellt; als allmächtiger Herrscher der Welt hält er in seiner Linken das Buch des neuen Gesetzes.*

In den Predigten von Galiläa verkündet Jesus die „frohe Botschaft vom Reich Gottes" (Mt 4,23; Lk 8,1); Synonyme wie „Reich Gottes" und „Himmelreich" werden bei den Synoptikern an die hundert Mal genannt. Wie dieses Reich aussieht, wird an keiner Stelle explizit erläutert, was darauf hindeutet, daß Jesus von etwas sprach, das seinen Zuhörern vertraut war. Gleichzeitig scheint Jesus, trotz der vielen Erwähnungen des Königreiches, nie von Gott als „König" gesprochen zu haben; auch in seinen Aussprüchen findet sich keine entsprechende Metaphorik.

Die Gelehrten konzentrieren sich in ihren Forschungen über das Königreich in den Evangelien hauptsächlich auf die Frage, ob Jesus es als zukünftiges Phänomen oder als gegenwärtige Realität betrachtete. Es gibt Passagen, die andeuten, das Reich Gottes werde erst kommen, etwa in der Bitte „Dein Reich komme" im Vaterunser (siehe S. 147) und in dem Versprechen, das Jesu einigen seiner Jünger gab, daß sie „den Tod nicht erleiden werden, bis sie gesehen haben, daß das Reich Gottes gekommen ist" (Mk 9,1 par). Beim Letzten Abendmahl sagt Jesus, daß er nicht wieder von der Frucht des Weinstocks trinken werde bis zu dem Tag, an dem er im Reich Gottes davon trinkt (Mt 26,29; Mk 14,25; siehe S. 112–113) – eine

Anspielung auf das große Festmahl, mit dem der Anbruch des messianischen Zeitalters gefeiert wird. Dieses Festmahl wird auch in einem Vers erwähnt, in dem davon die Rede ist, daß alle Völker in das Reich Gottes Aufnahme finden werden (Mt 8,11; Lk 13,29). Hier klingen die Vorstellungen der hebräischen Schriften an (Jes 2,3; Mi 4,3).

Andererseits sprechen viele Passagen (wie Mk 1,15) davon, daß das Königreich bereits gegenwärtig sei. Die Dämonenaustreibungen Jesu sind ein Zeugnis dafür (Mt 12,28; Lk 11,20), auch müsse man nicht auf Zeichen achten, wann das Reich Gottes komme, denn es sei schon da (Lk 17,21). In den Gleichnissen vom Wachsen der Saat (Mk 4,26–29), vom Senfkorn (Mk 4,30–32 par.), von der Hefe (Mt 13,33; Lk 13,20), vom Unkraut unter dem Weizen (Mt 13,24–30) und vom Fischnetz (Mt 13,47–50) wird das Reich Gottes als reale Gegenwart angesehen.

In der Frage, ob die Evangelien das Reich Gottes als gegenwärtig oder zukünftig betrachten, entschieden sich die Kommentatoren oft einfach für eine von zwei Möglichkeiten. Heute wird zunehmend anerkannt, daß sich

DAS GOTTESREICH IM JUDENTUM

Dem Begriff vom „Reich Gottes“ kommt in der Hebräischen Bibel das „Reich des Herrn“ am nächsten. Es wird einmal in bezug auf Israel genannt (1 Chr 28,5). Die Schriften beziehen sich jedoch regelmäßig auf Gott als „König“ und „Herrscher“ und sprechen vom „seinem Königreich“ (Ps 145,12), „deinem Königreich“ (Ps 145,11. 13) und „meinem Königreich.“ (1 Chr 17,14) Anfänglich wurde der Gott Israels wie andere nationale Gottheiten des Mittleren Ostens als göttlicher König eines Volkes betrachtet. Als sich der israelitische Monotheismus weiter ausbreitete, wurde Gottes Oberhoheit als universell und ewig angesehen (Ps 22,28; 103,19; 145,13; Weish 10,10). Seine Herrschaft wurde jedoch nicht allgemein anerkannt, weshalb spätere jüdische Schriften die Vorstellung vom Reich Gottes als Hoffnung für die Zukunft darstellten. Dieses werde entweder durch sein direktes Eingreifen oder durch den Messias kommen.

Im 1. Jahrhunder v. Chr. war diese Hoffnung besonders stark und an den Glauben von einem gegenwärtigen Königreich des Bösen, das mit dem Reich Gottes kämpfte, gekoppelt. Die vielen Katastrophen, von denen die Juden heimgesucht wurden, interpretierte man als Zeichen, daß dieser Konflikt vor seinem Höhepunkt stand. Das Böse werde besiegt und das Reich Gottes könne beginnen.

Der Doppelbegriff vom gegenwärtigen und künftigen Reich Gottes kommt auch im Denken der Rabbiner vor. Der gläubige Israelit kann das Reich Gottes hier und jetzt betreten, indem er das „Joch das himmlichen Reiches“ auf sich nimmt und das Gesetz befolgt. Andererseits wird in einem Kaddisch, einem Gebet für Verstorbene, darum gebeten, daß das Reich Gottes „in naher Zukunft“ kommen möge.

Der Ölberg von den Stadtmauern Jerusalems aus gesehen. Nach jüdischer Überlieferung wird das Reich Gottes durch die Ankunft des Messias am Ölberg eingeleitet. Hier werde auch die Auferstehung der Toten beginnen, weshalb an dieser Stelle tausende von jüdischen Gräbern den Hügel bedecken.

Christus und der reiche Jüngling *von Bartolomäus Breenberg (ca. 1599–1657). Ein reicher, junger Mann fiel vor Jesus auf die Knie und fragte, wie er das ewige Leben erlangen könne. Jesus erwiderte, daß er die Gebote einhalten, all seinen Besitz verkaufen und das Geld den Armen geben müsse. Betrübt ging der Mann weg, und Jesus sagte zu den Jüngern: „Eher geht ein Kamel durch ein Nadelöhr, als daß ein Reicher in das Reich Gottes gelangt" (Mk 10,17–25par.).*

JESU WORTE VON DER ENTSCHEIDUNG

Um die Notwendigkeit der absoluten Hingabe an den Willen Gottes zu veranschaulichen, verwendete Jesus oft lebhafte, auch übersteigerte Bilder, etwa in seiner berühmten Analogie vom Kamel und vom Nadelöhr (siehe oben). Wie ein Pflügender immer nach vorne sehen solle, sollte auch derjenige, der für das Reich Gottes wirken will, nie auf sein altes Leben zurückblicken (Lk 9,62). Das Reich Gottes hatte sogar Vorrang vor der heiligen Pflicht, die Toten zu bestatten: „Laßt die Toten ihre Toten begraben", lauten die scharfen Worte Jesu über jene, die das Reich Gottes nicht an die erste Stelle setzen (Mt 8,22; Lk 9,60).

Außerdem erklärt Jesus, daß jener, den seine Hand oder sein Fuß zum Bösen verführe und vom Reich Gottes fernhalte, sie abhauen und wegwerfen solle (Mt 18,8–9; Mk 9,43–48). Eine weitere Äußerung in diese Richtung lautet: „Manche haben sich selbst unfähig zur Ehe gemacht, um des Himmelreiches willen" (Mt 19,11–12).

die Evangelien nicht unbedingt widersprechen, da im Judentum die Vorstellung vom Reich Gottes als zugleich gegenwärtige und zukünftige Realität existierte (siehe Kasten S. 151). Die Lehre Jesus besagt, daß das Reich Gottes bereits existiert, aber erst durch die Botschaft und das Wirken Jesu „aktiviert" und in der nahen Zukunft endgültig vollendet wird. Doch der Triumph des himmlischen Reiches hängt davon ab, ob die Menschen seine Anforderungen erfüllen. Das Reich Gottes muß ihr oberstes Ziel sein (Mt 6,33), und sie müssen Jesus unterstützen, indem sie andere zur Umkehr bewegen und das Himmelreich verkünden (Mt 10,7; Lk 9,2).

Die meisten Aussagen Jesu über das Königreich sprechen die religiösen und moralischen Eigenschaften an, die die Menschen benötigen, wenn sie aufgenommen werden wollen; dies ist die Kernaussage seiner ethischen

Lehre. Es wurde oft festgestellt, daß sich Jesus nicht direkt zu sozialen Themen äußerte. Auch finden sich keine spezifischen politischen Programme. Die Lehre Jesu ist eine systematische und universell anwendbare Sittenlehre. Wie die Evangelien berichten, entstand sie allerdings spontan und war an zeitgenössische Themen gebunden. Oftmals kam es zu einer Aussage, indem Jesus bestimmte Fragen, die ihm gestellt wurden, beantwortete. Somit dürfte seine Lehre für viele Zeitgenossen eine Kritik an der sozialen Situation nach sich gezogen haben. Die radikalen Forderungen Jesu verursachten häufig Konflikte; sie brachen mit Konventionen und stellten akzeptierte soziale Prioriäten in Frage.

Jesus forderte vom einzelnen zuerst die Überzeugung von der Notwendigkeit der Umkehr sowie den Glauben an die Frohbotschaft, wonach das Reich Gottes bereits gekommen sei. Dies ist die Kernaussage seiner Predigten in den Evangelien (Mt 4,17; Mk 1,14–15). Allein die Reue über vergangene Sünden war nicht genug – hier unterscheiden sich Jesus und Johannes, für den die Reue im Zentrum stand (Mt 3,6; Mk 1,4–5). Obwohl Jesus die Abkehr von der Sünde lehrt, ist seine Botschaft positiver: Sein Ziel ist die Veränderung des Lebens einer Person hin zum ungeteilten Dienst an Gott. Dies ist die Bedingung für den Zugang zum Reich Gottes, in dem der Gläubige die göttliche Vergebung – das Leitmotiv der Botschaft Jesu – erfährt.

Die Hinwendung zum Reich Gottes muß bedingungslos sein: Seine Ansprüche sind über alles zu stellen, nichts darf dem im Wege stehen. Das impliziert die Loslösung von Besitz und Familienbanden und eine völlige Umkehrung der sozialen Wertungen (Mk 10,29–31 par.). Die plastische Sprache, in der Jesus schilderte, wie sich der einzelne Gott hingeben sollte (siehe Spalte gegenüber), darf nicht als Verhaltensvorschrift mißverstanden werden. Sie weist darauf hin, daß im Zentrum der ethischen Lehre Jesu die innere Einstellung und Hingabe steht. So ruft die Bergpredigt nicht nur zur äußerlichen Einhaltung der Gebote auf, sondern dazu, auf den Geist dieser Gebote zu hören (siehe S. 142–143).

Zur Umkehr kommt das Vertrauen zu Gott, der, wenn die Menschen auf alles verzichten, um ihm zu dienen, alle ihre Bedürfnisse stillen und sie von jeder Angst befreien werde. Das Vorbild für jene, die in das Königreich zu kommen hoffen, ist der bedingungslose Glaube eines kleinen Kindes (Mk 10,15 par.; Mt 11,25; Lk 10,21). In ihrem persönlichen Verhalten spiegeln die Kinder des Königreiches die Vollkommenheit ihres himmlischen Vaters wider (Mt 5,48; 19,21). So wie der Vater die Menschen ungeachtet ihrer Verdienste liebt, sollen die Menschen selbst ihre Feinde lieben (Mt 5,43–48; Lk 6,27–36) und barmherzig zu allen Bedürftigen sein (Lk 10,29–37).

Das oberste ethische Prinzip Jesu ist jenes der Liebe. Seine Liebe grenzt niemanden aus, und daran sollen sich auch seine Anhänger orientieren: „Darum sollst du den Herrn, deinen Gott, lieben mit ganzem Herzen und ganzer Seele, mit all deinen Gedanken und all deiner Kraft. Du sollst deinen Nächsten lieben wie dich selbst“ (Mk 12,29–31 par.).

JESUS UND DIE „ENDZEIT“

Den Evangelien zufolge scheint Jesus das Reich Gottes in seiner Verkündigung sowohl in der Gegenwart als auch in der Zukunft angesiedelt zu haben (siehe Haupttext). Viele Gelehrte meinen, Jesus habe vom zukünftigen Königreich gesprochen, da er glaubte, daß das gegenwärtige Zeitalter bald ein Ende haben und durch ein von Gott eingeleitetes ersetzt werde. Jesus habe eine Zeit erwartet, in der das Königreich in seiner Vollendung realisiert wird. Manche seiner ethischen Forderungen, wie z. B. seine Lehre über das erforderliche Verhalten, um dem Weltgericht getrost entgegensehen zu können (Mt 25,31–46), bestätigen diese Theorie. Es ist jedoch umstritten, ob diese Passage wirklich von Jesus stammt.

Aber Jesus war nicht in erster Linie ein Prophet, der das Ende der gegenwärtigen Welt vorhersagte. Er lehrte auch nicht, daß eine solche Erwartung dem rechten Verhalten zugrundeliegen dürfe. Er relativierte die zu jener Zeit sehr verbreiteten Spekulationen über „Zeichen“, die die Ankunft des Königreiches verkündigen sollten (Mk 8,11–12; Lk 17,20). Vielmehr erklärte er, daß niemand den Tag und die Stunde kenne (Mt 24,36; Mk 13,32), weshalb die Menschen jederzeit bereit sein sollten (Lk 12,39–40).

Die Worte Jesu enthüllen seinen Glauben, daß er und seine Anhänger sich bereits in der „Endzeit“ einer Epoche befanden. Er forderte von den Menschen weniger, auf das Ende der Welt zu warten, als an den rettenden Gott und den göttlichen Willen zu glauben. Das Königreich sei bereits gegewärtig, die Menschen müssten es aber entdecken und entsprechend handeln (Mt 13,44–46).

DIE LEHRE BEI JOHANNES

Im Johannesevangelium wird die Lehre Jesu anhand dreier ausführlicher Reden (Joh 3; 4,7–26; 5,19–46; 6,25–65; 8,12–59; 10) sowie anhand der Abschiedsworte an die Jünger (Joh 14–17) vermittelt. Die Lehre bei Johannes unterscheidet sich nicht nur in der Form, sondern auch inhaltlich von jener der Synoptiker. Diese Unterschiede sollten nicht überbewertet werden. Auch bei Johannes gibt es Passagen, in denen der Evangelist Themen und Vorstellungen der synoptischen Evangelien zu verfolgen scheint. Entweder kannte der Autor das eine oder andere Evangelium, oder er berief sich auf einen gemeinsamen Fundus von Überlieferungen.

Bei den Synoptikern konzentrieren sich die Predigten Jesu auf das Reich Gottes und auf die moralischen Anforderungen, die jene erfüllen müssen, die aufgenommen werden wollen (siehe S. 150–53). In den Reden des vierten Evangeliums erläutert Jesus hauptsächlich die wahre Bedeutung seiner eigenen Person und was mit dieser Erkenntnis verbunden ist.

DER GLAUBE IM VIERTEN EVANGELIUM

Das ganze Johannesevangelium wurde geschrieben, um den Glauben zu stärken (Joh 20,31): Der Evangelist verwendet den Ausdruck „glauben" häufiger als alle anderen Evangelien zusammen. Glauben bedeutet weniger, eine Lehre zu akzeptieren, als Jesus selbst als die einzige, authentische Offenbarung des Vaters und als einzigen Weg zu ihm anzunehmen. Die Wunder Jesu sind nicht nur Machttaten, sondern sie sind vor allem „Zeichen", die uns die Natur Jesu offenbaren (Joh 9,3).

Dieser Fels in der Franziskanerkirche in Kana (Kafr Kanna) ist angeblich jener Ort, an dem Jesus nach Johannes 2,1–11 sein erstes Wunder vollbrachte.

Der komplexen Theologie des Evangelisten zufolge erhalten die Gläubigen von Jesus das Geschenk des ewigen Lebens (Joh 10,10). Eine Vorstellung, die auf vielerlei Art zum Ausdruck kommt, ist, daß die Gläubigen am Leben und am Leib Christi teilhaftig werden. Sie sind die Reben des „wahren Weinstocks" (Joh 15,1ff.). Sie werden sein Leben in sich aufnehmen, wenn sie von seinem Fleisch essen und von seinem Blut trinken (Joh 6,53).

Nachdem Jesus die Erde verlassen hat, wird der „Geist der Wahrheit" über seine Jünger kommen (Joh 14,6); durch den Beistand des Geistes werden die Jünger alles über Jesus und über Gott erfahren; er wird sie bestärken, weiterhin für Jesus Zeugnis abzulegen (Joh 14,26; 15,26–27; 16,13–15).

Zu Lebzeiten Jesu ist die Welt in Dunkelheit und Irrtum gefangen (Joh 3,19). An Jesus, das „Licht der Welt" (Joh 8,12) zu glauben, bedeutet, sich von der Finsternis abzuwenden. Die Gemeinschaft der Gläubigen zeichnet sich durch Nächstenliebe aus. Das einzige Gebot, das Jesus im vierten Evangelium äußert, ist, daß seine Anhänger einander lieben sollen (Joh 13,34; 15,12). Diese Liebe schafft eine vollendete Einheit (Joh 17,23), die eine Entsprechung der Liebe Jesu zu seinen Jüngern ist (Joh 17,26).

Johannes verwendet den Ausdruck „Reich Gottes" nur zweimal, und dann im gleichen Zusammenhang (Joh 3,3; 5), ergänzt durch seine eigene Interpretation. An einer anderen Stelle spricht Jesus von „meinem Reich" und akzeptiert die Anrede „König" (Joh 18,36–37). Es gibt jedoch auch bei den Synoptikern Hinweise darauf, daß das Reich Gottes mit der Person und dem Werk Jesu verbunden ist (Lk 11,20), und in manchen Aussprüchen bei Matthäus und Lukas wird Jesus als dessen Herrscher bezeichnet (Mt 16,19; 16,28; 25,31–46; Lk 22,29).

Im vierten Evangelium spricht Jesus von sich selbst zumeist als dem Sohn und von Gott als seinem Vater. Bei den Synoptikern ist die Vater-Sohn-Beziehung ein zentrales Moment der Selbstdefinition Jesu (siehe S. 166–167). Johannes entwickelt diese Vorstellung noch weiter und stellt Jesus in einzigartiger Weise als Sohn Gottes dar: Er selbst sei göttlich, wie im Prolog des Evangeliums zum Ausdruck kommt (Jh 1,1–18). Hier werden die Hauptthemen seiner Tätigkeit umrissen. Dasselbe besagt das Glaubensbekenntnis des Jüngers Thomas (Joh 20,28) kurz vor dem ursprünglichen Schluß des Evangeliums (Joh 20,31).

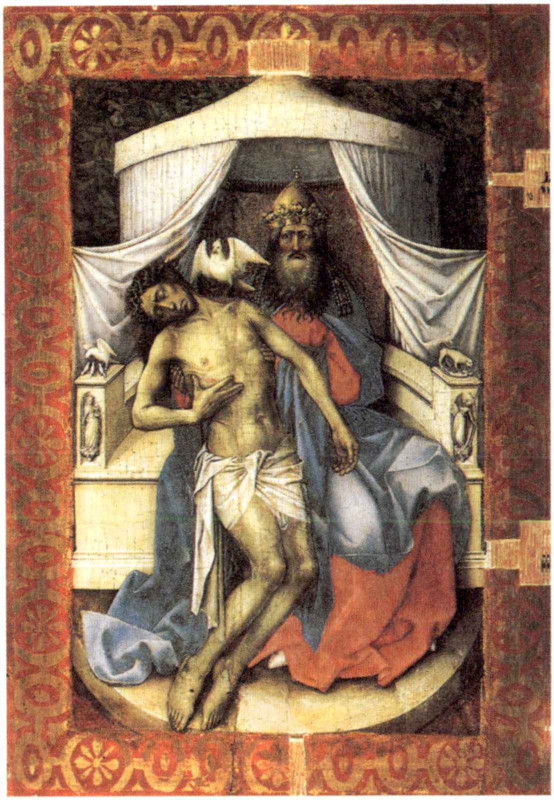

Der Thron Gottes („Die trauernde Trinität"), *vom Meister von Flémalle (1410–1440). Gott Vater auf dem Himmelsthron hält den Körper des gekeuzigten Sohnes; der Geist schwebt in Form einer Taube herab. Das Johannesevangelium stellt der irdischen Welt das himmliche Reich gegenüber, aus dem Jesus herabstieg (Joh 3,13), um den Gläubigen das ewige Leben zu bringen (Joh 3,36, 6,47). Seine Herrlichkeit hatte er schon vor der Menschwerdung (Joh 17,5), sie „hat unter uns gewohnt" (Joh 1,14). Sie wurde in seinen Wundern offenbar (Joh 2,11, 11,40) und zeigte sich noch deutlicher als in der Auferstehung bei der Kreuzigung (Joh 17,1).*

Jesus erklärt wiederholt, Gott bleibe den Menschen unbekannt (Joh 5,37; 6,46) und offenbare sich nur über seinen Sohn; dies sei der Sinn seines Wirkens. Für Johannes bedeutet Jesus zu sehen, seine Identität als Sohn Gottes zu erkennen und das Geschenk des ewigen Lebens zu erhalten (Joh 6,40) (siehe Kasten gegenüber). Die gleiche Belohnung wird jenen gewährt, die auf seine Worte hören (Joh 5,24). Jene, die den Sohn sehen, sehen auch den Vater (Joh 14,8–10); dem Vater kommt man nur durch den Sohn nahe (Joh 14,6), denn er und der Vater sind eine Einheit (Joh 10,30; 14,11). Der Sohn kann nichts von sich aus tun, er vollzieht nur den Willen des Vaters (Joh 5,19; 8,28–29). Einzig die väterliche Liebe zählt (Joh 5,30; 6,38). Der Vater liebt den Sohn und hat alles in dessen Hand gegeben (Joh 3,35). Die besondere Lehre des Johannes über Vater und Sohn könnte die Weiterentwicklung einer Überlieferung über Jesus sein, die sich über zwei der synoptischen Evangelien zurückverfolgen läßt (Mt 11,27; Lk 10,22).

Es überrascht nicht, daß der Titel „Sohn Gottes" im Johannesevangelium häufiger verwendet wird als bei Matthäus, Markus und Lukas. Johannes betont jedoch auch die Menschlichkeit Jesu. Der besondere Sinn des Ausdrucks „Menschensohn" kommt in folgender Passage zum Ausdruck: „Und niemand ist in den Himmel hinaufgestiegen außer dem, der vom Himmel herabgestiegen ist: der Menschensohn" (Joh 3,13).

ΘΕΟΡΡΥΤΩ ΑΙΜΑΤΙ ΚΕΝΩΘΕΝΤΙ ΔΕΣΠΟΤΑ ΧΡΙΣΤΕ

INTERPRETATIONEN

OBEN: Christus gibt Petrus die Schlüssel, *Mosaik (ca. 500 n. Chr.) in der Kirche Santa Costanza in Rom. Die Szene beruht auf der umstrittenen Passage Mt 16,18–19; die Frage, ob Jesus als Begründer der Kirche zu betrachten sei, wird nach wie vor diskutiert (siehe S. 178–179).*
GEGENÜBER: *Diese Kapelle in der Kirche der Hl. Grabstätte in Jerusalem soll am Ort der Kreuzigung stehen.*

Die Stufen, die zu dem ehemaligen Teich Schiloach in Jerusalem führen, zu dem Jesus einen Blinden sandte, damit er geheilt werde (Joh 9,7).

HEILUNGEN
- Blindheit (Mk 10,46–52 par.; Mk 8,22–26; Mt 9,27–31)
- Aussätzigkeit (Mk 1,40–45 par.; Lk 17,11–19)
- Fieber (Mk 1,29–31 par.)
- Blutung (Mk 5,25–34 par.)
- Verdorrte Hände (Mk 3,1–6 par.)
- Taubstummheit (Mk 7,31–37; Mt 15,29–31)
- Lähmung (Mt 8,5–13; Lk 7,1–10; Mk 2,1–12 par.)
- Verkrüppelte Frau (Lk 13,10–17)
- Wassersucht (Lk 14,1–6)
- Sohn des Hauptmanns (Joh 4,46–53)
- Verkrüppelter Mann (Joh 5,2–9)
- Blindheit (Joh 9,1–12)

DÄMONENAUSTREIBUNGEN
- Der Mann in Kafarnaum (Mk 1,24–28; Lk 4,31–37)
- Die Gerasener Dämonen (Mk 5,1–20 par.)
- Dämon des Stummen (Mt 9,32–34)
- Besessener, der blind und stumm war (Mt 12,22)
- Die Tochter der Syrophönizierin (Mk 7,24–30; Mt 15,21–28)
- Der besessene Junge (Mk 9,14–29 par.)

DER HEILER VON KÖRPER UND SEELE

Krankenheilungen und Dämonenaustreibungen (siehe S. 94–97) standen im Zentrum des Wirkens Jesu und hinterließen bei seiner Umgebung den größten Eindruck. In erster Linie wollte Jesus durch die Heilungen einzelne Menschen von ihrem Leiden befreien – die Evangelien erwähnen, daß er angesichts von Leidenden von Mitleid erfüllt war. Dies bezeugt sein Engagement für soziale Randgruppen. Menschen mit körperlichen Gebrechen, etwa Aussätzige, wurden von ihren Mitbürgern oft verstoßen.

Der strukturelle Aufbau der Heilungsgeschichten in den Evangelien (siehe S. 94) entspricht der Form, in der solche Berichte von der frühen Kirche überliefert wurden. Bis zu einem gewissen Ausmaß mögen sie von der Darstellungsweise beeinflußt gewesen sein, in denen die Taten anderer Heiler jener Zeit, Juden wie Heiden, beschrieben wurden. Jesus hätte sich zweifelsohne in vielerlei Hinsicht als einer von vielen charismatischen Heilern und Dämonenaustreibern in Palästina (siehe Kasten S. 96) verstehen können. Die Evangelien deuten an, daß manche seiner Gegner ihn auch so sahen. Es wird berichtet, daß er die Kräfte anderer Wunderheiler anerkannte (Mt 12,27; Mk 9,38–39; Lk 9,49–50; 11,19).

Doch Jesus unterschied sich deutlich von anderen Wunderheilern, da seinen Heilungen ein tieferer Sinn zugrunde lag. Als die Jünger von Johannes dem Täufer Jesus fragten, ob er der „Kommende“ – der Messias – sei, verwendete Jesus in der Erläuterung seiner Wunderheilungen Worte, die auf die messianischen Prophezeiungen der hebräischen Schriften zurückgehen: „Blinde sehen wieder, und Lahme gehen; Aussätzige werden rein, und Taube hören; Tote stehen auf, und den Armen wird das Evangelium verkündet" (Mt 11,2–6 und Lk 7,18–23, Zitat nach Jes 26,19; 35,5–6; 61,1). Viele der Handlungen Jesu sollten demnach beweisen, daß er tatsächlich der erwartete Messias war und sich vom Täufer unterschied, der keine Wunder vollbrachte (Jh 10,41).

Jesus betrachtete seine Heilungen – insbesondere die Dämonenaustreibungen – in eschatologischen Zusammenhängen: Sie zeigten an, daß sich die gegenwärtige Epoche ihrem Ende näherte und ein neues Zeitalter anbrach, in dem das Reich Gottes Wirklichkeit wird (Mt 10,7–8; 12,28; Lk 10,9; 11,20). Die Heilungen und Exorzismen waren nicht nur Heilungen von physischen Gebrechen, sondern brachten den Menschen durch die Person Jesu auch das Reich Gottes. Als Gegenleistung sollte sich ihre Existenz von Grund auf ändern und die Herrschaft Gottes Bestandteil ihres Lebens werden. Für Jesus waren der Glaube an seine Person als Offenbarung Gottes und die Akzeptanz der göttlichen Vergebung durch ihn die Voraussetzungen dafür, daß eine Person geheilt werden konnte.

Bemerkenswert ist, daß keinem der vielen Wunderheiler der Zeit so viele Wunder zugeschrieben werden wie Jesus. Matthäus, Markus und Lukas berichten von dreizehn Heilungen und sechs Dämonenaustreibungen. Diese umfassen ein weites Feld an physischen Gebrechen und Gemütserkrankungen. Matthäus beschreibt diese Leiden mit beachtlicher medizinischer Kenntnis (Mt 4,24). Die Erzählungen von der Auferstehung eines Toten sollten dieser Liste vielleicht hinzugefügt werden (Mk 5,35–43 par.; Lk 7,11–17; Joh 11,1–44, siehe Kasten S. 95). Johannes berichtet von drei Heilungen, aber von keinen Dämonenaustreibungen.

Verglichen mit den Berichten über die Wundertaten anderer Heiler legen die Evangelienerzählungen von den Heilungen Jesu eine große Bescheidenheit an den Tag. Die Evangelisten berichten, daß Jesus die Geheilten bat, das Geschehnis für sich zu behalten (Mt 9,30; 12,15–21; Mk 1,41; 5,43; 7,36; Lk 8,56). Mit dieser Bitte unterscheidet sich Jesus sehr deutlich von anderen Wunderheilern. Er wollte keinen persönlichen Nutzen aus seiner Wundertätigkeit ziehen.

HEILUNG, VERGEBUNG UND GLAUBE

Wenn Jesus in der Erzählung von der Heilung des Gelähmten sagt: „Deine Sünden sind dir vergeben" (Mk 2,5 par.), meint er damit: „Du bist geheilt." Die Evangelien berichten, die jüdischen Religionslehrer hätten diese Gleichsetzung von Vergebung und Heilung als Blasphemie betrachtet, denn nur Gott könne Sünden vergeben. Doch Jesus hat sich nicht unbedingt göttlichen Status angemaßt. Die Vorstellung von der Vergebung der Sünden als Voraussetzung für eine Heilung war im Judentum allgemein verbreitet. Der Qumran-Text *Das Gebet des Nabonidus* erzählt, wie ein jüdischer Dämonenaustreiber einen babylonischen Monarchen heilte, indem er ihm seine Sünden vergab.

Bemerkenswerter ist, daß an mehreren Stellen erwähnt wird, Glaube sei nicht unbedingt notwendig, um geheilt zu werden. Entweder mußte der Leidende glauben oder jene, die sich um ihn sorgten, wie der Hauptmann von Kafarnaum (Mt 8,13; Lk 7,9–10) und die Freunde des Gelähmten. Einerseits bedeutet „Glaube" Vertrauen in die Heilkunst Jesu, andererseits die Anerkennung der einzigartigen Stellung und der Natur Jesu. Der Hauptmann glaubte im Gegensatz zu vielen anderen Juden an die Vollmacht Jesu. Ähnlich kann fehlender Glaube eine Heilung vereiteln. Jesus konnte in seiner Heimatstadt Nazaret nur wenige heilen, weil die Einwohner so ungläubig waren (Mt 13,58; Mk 6,5–6). Diese Behauptung scheint authentisch zu sein, da die Christen kaum so negative Bilder erfunden hätten.

Jesus heilt den Gelähmten, *aus der* Bible Moralisée *(Frankreich ca. 1240). Jesus heilte einen Gelähmten mit den Worten: "Steh auf, nimm deine Tragbahre [Mt und Lk: Bett] und geh umher." (Mk 2,9. 11 par.; vgl. Joh 5,11–12).*

DER PROPHET

DIE JÜNGER UND JESUS DER PROPHET

Das Bekenntnis des Petrus in Caesarea Philippi (Mk 8,27–33 par.; siehe S. 106–107) stellt Jesus auf eine höhere Ebene als alle anderen Propheten. Es scheint jedoch, daß seine Jünger ihn, aufgrund seiner Wunder und seiner Lehren, hauptsächlich als Propheten verehrten. So beschrieben die zwei Jünger auf der Straße nach Emmaus nach der Kreuzigung Jesus als „Propheten, mächtig in Wort und Tat vor Gott und dem ganzen Volk" (Lk 24,19). Petrus nennt ihn in der Apostelgeschichte einen, den „Gott beglaubigt hat durch machtvolle Taten, Wunder und Zeichen" (Apg 2,22).

Die Evangelien bezeugen, daß Jesus von vielen als Prophet angesehen wurde. Bei seinem Einzug in Jerusalem galt der Jubel der Menge dem Propheten (Mt 21,11); vor allem seine wundersamen Heilungen veranlaßten die Menschen, an sein Prophetentum zu glauben (Lk 7,16; Joh 6,14; 9,17).

Seine Gegner waren sich bewußt, daß Jesus vom Volk als Prophet akzeptiert wurde (Mt 21,46). Sie versuchten seinen Anspruch auf diesen Status zu widerlegen, indem sie zeigten, daß ihm das höhere Wissen oder das „innere Auge" fehlte, das angeblich einen Propheten auszeichnete (Mt 26,68; Lk 7,39; 22,64). Viele biblische Propheten hatten diese Gabe besessen, der blinde Ahija etwa durchschaute die Verkleidung der Frau von König Jerobeam (1 Kön 14,1–18), als sie ihn bat, ihr die Zukunft vorherzusagen. Jesus zeigt in den Evangelien, daß er tatsächlich solche Fähigkeiten besaß. Als er der Frau aus Samaria Dinge über ihre Vergangenheit erzählt, die er nicht wissen konnte, erkannte sie ihn ohne zu zögern als Propheten an (Joh 4,16–19). Matthäus, Markus und Lukas berichten, wie Jesus, bevor er nach Jerusalem kam, seinen Jüngern versicherte, daß ein junger Esel am Ölberg für ihn bereitstünde (Mk 11,2–4).

Obwohl sich Jesus selbst nie als Prophet bezeichnete, scheint dieser Status wichtig für sein Selbstverständnis gewesen zu sein. Zweimal nimmt er

Die Verklärung *von Duccio di Buoninsegna (ca. 1260–1318). Jesus steht zwischen Elia und Moses, den größten Propheten Israels; er ist deren Nachfolger und übertrifft sie (siehe Kasten S. 106). Die Jünger Petrus, Johannes und Jakobus blicken ehrfürchtig zu ihnen auf (vgl. Abb. S. 167).*

FALSCHE PROPHETEN

Es gibt Hinweise, daß die jüdischen Religionsbehörden Jesus als „falschen Propheten" betrachteten, der das Volk verdarb. Er wurde von Pilatus beschuldigt, das Volk zu „verführen" und „aufzuwiegeln" (Lk 23,2; 5. 14) und ein „Betrüger" zu sein (Mt 27,62–64). Eine ähnliche Anklage wird im vierten Evangelium gegen ihn erhoben (Joh 7,12; 47). Derartige Beschuldigungen galten nach jüdischem Recht als formelle Anklagen. Man stützte sich auf die biblischen Beschreibungen von falschen Propheten, die das Volk zum Ungehorsam anstifteten und von Gott nicht autorisiert waren. Solchen Personen drohte die Todesstrafe (Dtn 13,1–5; 18,20).

Jesus selbst wird dargestellt, wie er so manchen falschen Messias und Propheten anprangerte, der die Menschen irreführte (Mt 24,24; Mk 13,22). Die Beunruhigung über solche Personen war zu jener Zeit groß, da zu Beginn des 1. Jahrhunderts n. Chr. viele derartige Propheten in Palästina auftraten. Sie hatten großen Anteil an den Unruhen in der Region: Der jüdische Geschichtsschreiber Josephus erwähnt, daß viele selbsternannte „Propheten" im Dienste jener standen, die die Aufstände gegen die Römer anführten. Sie nannten sich selbst „Propheten" und prophezeiten die Befreiung des jüdischen Volkes durch übernatürliche Mächte, und sie behaupteten, großartige Wunder vollbringen zu können. Josephus stempelt sie alle als „Betrüger" ab und nennt vor allem zwei Namen, die auch im Neuen Testament erwähnt werden: Theudas, der zwischen 44 und 46 n. Chr. (Apg 5,36) wirkte, und den sogenannten „Ägypter", der zwischen 51 und 60 n. Chr. auftrat und mit dem Paulus verwechselt wurde (Apg 21,38).

Diese beiden Männer hatten eine große Anhängerschaft, und es erstaunt nicht, daß die Popularität Jesu beim Volk die Bildungselite veranlaßte, ihn als einen weiteren prophetischen Unruhestifter zu betrachten, der Gesetz und Ordnung bedroht und daher beseitigt werden müsse.

Die Hohenpriester, Sadduzäer und Pharisäer waren alle mehr oder weniger an einem guten Übereinkommen mit den römischen Behörden interessiert. Man wollte eine nationale Katastrophe vermeiden, die ein Aufstand unzufriedener Volksgruppen unvermeidlich mit sich gebracht hätte – wie es der große jüdische Aufstand im Jahre 66 n. Chr. auch bewies, auf den die Zerstörung Jerusalems folgte.

deutlich Bezug auf sich selbst, als er über das Ansehen und das Schicksal eines Propheten spricht (Mk 6,4 par.; Lk 13,33). Als er Nazaret tadelt, zieht er Parallelen zu den Handlungen der großen Propheten Elia und Elischa (Lk 4,25–27), deren Wundermacht im Judentum in höchstem Ansehen stand (Sir 48,1–14). Mehrere der Wunder Jesu gleichen denen der beiden großen Propheten, vor allem die Auferweckung des Sohnes der Witwe in Naïn (1 Kön 17,17–24; 2 Kön 4,18–38; siehe S. 95) sowie die wunderbare Speisung einer Menge mit nur wenigen Vorräten (2 Kön 4,42–44; siehe S. 98–99).

Das Selbstverständnis Jesu als Prophet könnte durch seine Verbindung mit Johannes dem Täufer, einer weiteren prophetischen Figur mit Ähnlichkeit zu Elia (Mt 3,4; 2 Kön 1,8), initiiert und bestätigt worden sein. Auch Johannes wurde als Prophet gefeiert (Mt 11,7–9; 14,5; 21,26; Lk 7,25–26), wenngleich die Evangelien betonen, daß das Wirken des Täufers lediglich den Weg für das Erscheinen des endgültigen Richters und Retters Jesus bereitete. Diese Vorstellung geht vermutlich auf eine Passage im Buch Deuteronomium zurück, wo Gott verspricht, einen weiteren Propheten wie Moses zu senden, durch den die Gottheit sprechen werde (Dtn 18,17–19). Bei seiner Ansprache am Tempelberg zitiert Petrus diese Verse in Zusammenhang mit Jesus (Apg 3,22–23).

MEISTER, RABBI, HERR

In den Evangelien wird Jesus häufig mit dem hebräischen Ausdruck *rabbi* oder mit dem aramäischen Äquivalent *rabbouni* angesprochen (Mt 26,25; 26,49; Mk 9,5; 10,51; 11,21; 14,45; Joh 1,38. 49; 3,2; 4,31; 6,25; 9,2; 11,8; 20,16). Die Erwähnung dieser nicht griechischen Wörter in den Evangelien läßt vermuten, daß diese Texte eine von den Evangelisten getreu wiedergegebene Überlieferung darstellen. *Rabbi (rabbouni)* bedeutet wörtlich „mein Meister“, was zur Zeit Jesu ein ehrerbietiger Gruß für eine einflußreiche Persönlichkeit war – auch Johannes der Täufer wurde in dieser Form angesprochen (Jh 3,26). Das vierte Evangelium übersetzt *rabbi* und *rabbouni* eindeutig als „Lehrer“ (Jh 1,38; 20,16). Wenn Jesus an einer anderer Stelle in den Evangelien als „Lehrer“ (griechisch *didaskale*, *epistata*) angesprochen wird, geht diese Anrede vermutlich ebenfalls auf einen dieser semitischen Ausdrück zurück.

Wie andere Lehrer unterrichtete Jesus in den Synagogen, erläuterte umstrittene Punkte des jüdischen Gesetzes und versammelte um sich eine Gruppe von Studenten – dies ist die eigentliche Bedeutung des Wortes „Jünger“ (lateinisch *discipulus*, griechisch *mathetes*, „Schüler“). Kommentatoren wiesen oft darauf hin, daß Jesus, da seine Anhänger und andere ihn als *rabbi* ansprachen, ein „Schriftgelehrter“, ein ausgebildeter und anerkannter Interpret der Schrift (siehe S. 30) gewesen sein müsse.

Zur Zeit Jesu bezeichnete der Ausdruck *rabbi* jedoch noch nicht einen Religionslehrer oder Schriftgelehrten, der die Überlieferungen der Pharisäer studiert hatte (siehe Spalte links). Die großen pharisäischen Lehrer zur Zeit Jesu – Hillel, Shammai und andere – wurden niemals *rabbi* genannt. Die Behauptung der Evangelien, daß die Lehrmethoden Jesu sich von jenen

DAS JUDENTUM IM RABBINISCHEN ZEITALTER

Kurz nach der Zeit Jesu wurde das Wort *rabbi* zu einem Titel, mit dem ein ausgebildeter und offiziell anerkannter Interpret des Gesetzes bezeichnet wurde. Dies geht größtenteils auf die Zerstörung von Jerusalem im Jahre 70 n. Chr. zurück. Danach existierten der Tempel, die Priesterschaft und die meisten Gruppierungen der jüdischen Gemeinschaft (siehe S. 34–37) nicht mehr.

Nur die Pharisäer und die Schriftgelehrten (siehe S. 30) überdauerten, und sie bestimmten in der Folge das Wesen des Judentums. Sie wurden die alleinig autorisierten Religionsführer und erließen verbindliche Urteile zu einer Reihe von Fragen; ihre Autorität wurde aufgrund ihrer profunden Kenntnis der Schrift und ihrer anerkannten Interpretationen akzeptiert.

Die Pharisäer errichteten Akademien, in denen die Weisheit und die Kunde des Gesetzes von einer Generation von Gelehrten an die nächste weitergegeben wurde. Die interpretatorische Arbeit der Gelehrten wurde schließlich in der Mischna (ca. 200 n. Chr.) und im Talmud (ca. 400–500 n. Chr.) gesammelt. In dieser Periode, die meist das Zeitalter der Rabbiner oder jenes des Talmuds genannt wird, bezeichnete das Wort *rabbi* eine Person, die eine umfassende Ausbildung im jüdischen Gesetz hatte und als anerkannter Lehrer und geistiger Führer galt. Dieser Status wurde in einer formellen Weihe zuerkannt, in der sie zu unterrichten autorisiert wurden.

Die Synagoge von Masada aus dem 1. Jh. n. Chr., ein festungsartiger Palast von Herodes dem Großen, der 73 n. Chr. (siehe auch S. 183) zerstört wurde. Pharisäer und andere Religionslehrer lehrten hier, wie angeblich auch Jesus, häufig in den Synagogen. Vermutlich standen sie in der Raummitte, während die Zuhörer am Boden oder auf Steinbänken an den Wänden saß.

JESUS DER „HERR"

Den Evangelien zufolge wurde Jesus regelmäßig als „Herr" (griechisch *kurios*, auch transkribiert als *kyrios*) angesprochen. Dieses Wort ist, vor allem in Hinblick auf die Verwendung in der Apostelgeschichte und in den paulinischen Briefen, umstritten. Beeinflußt davon, daß der Titel „Herr" die Göttlichkeit Jesu anzeigen sollte, schlossen viele Gelehrte, daß die Verwendung des Wortes in den Evangelien auf die frühe Kirche zurückzuführen sei. Dieser Theorie zufolge stammt die Bezeichnung aus der Zeit nach Jesus: Er betrachtete sich selbst nie als „Herren" und wurde weder von seinen Jüngern noch von anderen so angesprochen.

Zur Zeit Jesu hatten der Ausdruck *kurios* und das aramäische Äquivalent *mar* ein weites Anwendungsfeld – der Satzteil *Marána tha* („Unser Herr, komm!"; 1 Kor 16,22) war vermutlich eine in der frühen Kirche verbreitete Anrufung. Wie *rabbi* und *rabbouni* bezeichneten sie einen Mann mit Autorität. *Kurios* war eine übliche Bezeichnung für Gott, die auch für das Familienoberhaupt (Mt 13,27) oder einen Großgrundbesitzer (Mt 27,63) verwendet werden konnte. Die direkte Anrede *kurie* (wie in der christlichen Anrufung *kyrie eleison*, „Herr, erbarme dich") ist eine höfliche Anrede für einen Mann und wird einfach mit „Herr" übersetzt (Joh 4,11, 5,7).

In den Erzählungen von den Wundern wird Jesus von seinen Jüngern, die ihrer Ehrfurcht vor seinen übernatürlichen Kräften bezeugen wollten, als „Herr" angesprochen (Mt 8,25; 14,28; Lk 5,8; Joh 21,7).

Der wunderbare Fischfang, *in der Kirche Sant' Angelo in Formis, Capua, Italien. Bei Johannes 21,7 anerkennen die Jünger die wundersamen Kräfte Jesu mit den Worten: „Es ist der Herr!"*

In den Evangelien spricht Jesus nur einmal von sich als „Herren" (Joh 13,13), es gibt aber keinen Hinweis, daß er andere davon abgehalten hätte, ihn mit diesem Titel anzusprechen; manche Passagen weisen darauf hin, daß „der Herr" sehr wohl Teil seines Selbstverständnisses war. Wie *rabbi* und *rabbouni* haben auch *kurios* und *mar* die Bedeutung eines „maßgeblichen Lehrers" (Lk 12,42; 18,6; Joh 6,68). Jesus tadelte nur jene, die ihn „Herr" nannten, aber seinen Lehren nicht gehorchten (7,21–23; Lk 6,46).

der Pharisäer grundlegend unterschieden, erscheint darüber hinaus glaubwürdig. Vor allem gibt es keinen Hinweis, daß er je die Ausbildung eines Schriftgelehrten erhalten hat; auch nach Ansicht seiner Zeitgenossen wich seine Lehre von jener der Schriftgelehrten ab (Mt 7,29; Mk 1,22), die ihrerseits den Status Jesu als anerkannter Lehrer in Frage stellten (Mk 11,27–28 par.) und seine mangelhafte Ausbildung kritisierten (Jh 7,15).

Zwar wurden meist Religionslehrer und Schriftgelehrte als *rabbi* angesprochen, doch hatte der Ausdruck zur Zeit Jesu ein weiteres Bedeutungsfeld als später. Auch Jesus konnte die Bezeichnung *rabbi* für sich beanspruchen (Mk 10,51). Jesus scheint diese Anrede gemocht zu haben. Die damit zum Ausdruck gebrachte Autorität nahm er ganz für sich in Anspruch. Seine Anhänger durften sich hingegen nicht *rabbi* nennen lassen, denn es gab nur einen Lehrer, und das war der Messias selbst. Alle seine Jünger seien daher als Schüler zu bezeichnen (Mt 23,8–10).

Die Ruinen des Ortes, an dem der Überlieferung nach das Verhör vor dem Hohenpriester stattfand. Jesus wurde beschuldigt, sich als Messias auszugeben.

GEGENÜBER: König David auf dem Thron, *französischer Gobelin aus dem 14. Jh. Im Laufe der Jahrhunderte wurden zahlreiche christliche Künstler von der dramatischen Geschichte des Hirtenknaben David inspiriert, der der große König Israels wurde (reg. ca. 1000–965 v .Chr.). Der Überlieferung nach war er der Autor der Psalmen. Seine Verehrung im Christentum beruht vor allem auf dem Glauben, daß er der Ahne und Vorläufer Christi sei (siehe Spalte gegenüber). Davids Sieg über den Riesen Goliath (1 Sam 17,48–51) sollte den Triumph Christi über den Satan vorzeichnen. Die Worte Davids über den Hirten, der seine Schafe beschützt (1 Sam 17,34–35), interpretierte man als Ankündigung Jesu.*

DER MESSIAS

Jesus ist der Messias, der Christus: Seit ihren Anfängen ist dies das zentrale Dogma der Kirche. Doch an keiner Stelle der Evangelien behauptet Jesus: „Ich bin der Messias". Auch in der Öffentlichkeit akzeptierte er die Anrede nicht. Die Kommentatoren stellten daher häufig die Frage, ob sein Anspruch, der Messias zu sein, zu seinem Selbstverständnis gehörte oder auf den Glauben der frühen Kriche zurückging.

Lukas zufolge verstand Jesus sich als ein vom Geist Gesalber, wie es in Jesaja 61,1–2 ausgedrückt wird. Diese Passage las Jesus in der Synagoge von Nazaret vor (Lk 4,16–21). Die Schriften aus Qumran belegen, daß diese Verse zur Zeit Jesu mit dem erwarteten Messias verbunden wurden; indem Jesus diese Passage auswählte, machte er den messianischen Anspruch für sich geltend. Auch bei Matthäus spielt Jesus auf Jesaja an (Mt 11,4–6), und das Evangelium stellt sein Wirken in einen expliziten Zusammenhang mit dem Handeln des Messias (Mt 11,2).

Jesus sprach jedoch nur über einen Aspekt der allgemeinen Messiaserwartung, über die Herrschaft der Gerechtigkeit und die Erneuerung, die der Messias bringen würde (Mt 19,28; Lk 22,30). Die Vorstellung vom Messias als König und Feldherr (siehe Seite gegenüber) fehlt in seinen Worten gänzlich, aber seine Anhänger scheinen von ihm in solchen Begriffen gedacht zu haben (Apg 1,6); auch seine Gegner nennen ihn, offenbar in dem Glauben, Jesus habe fälschlicherweise Anspruch auf diesen Status erhoben, sarkastisch einen „Messias"(Mt 26,68; Mk 15,32 par.).

Jesus scheint den Titel Messias nie ausdrücklich zurückgewiesen zu haben, vielleicht weil die Menschen sonst nicht geglaubt hätten, daß er der Erlöser war. Allzu große Erwartungen in sein Erlösertum versuchte er indessen einzudämmen. Jenen Dämonen, die Jesus als Messias anerkannten (Lk 4,41), verbot er darüber zu sprechen. Als jemand nach einem Ehrenplatz in seinem „Reich" fragte (Mt 20,20–23; Mk 10,35–40), wies Jesus die Rolle des Königs zurück (Mk 10,41–45 par.). Manche Menschen fragten ihn direkt, ob er der Messias sei. Jesus gab keine direkte Bestätigung, verwies aber auf das Zeugnis seiner Wunder (Joh 10,24–25). Als Petrus an Jesus als den Messias zu glauben bekennt (siehe S. 106–7), stimmt Jesus zögernd zu, gebietet aber seinen Anhängern zu schweigen. Der Grund dafür ist, daß Jesus als Messias, wie Lukas andeutet (Lk 9,21–22), nicht königlichen Triumph, sondern Leiden und Tod erwartete. Petrus kann dies nicht akzeptieren und wird streng getadelt.

Was Jesus dachte, geht vielleicht am besten aus den Berichten von den Verhören hervor (siehe S.118–121). Bei Matthäus und Lukas gibt er eine zweideutige Antwort auf die Frage, ob er der Messias sei (Mt 26,64; Lk 22,67–70). Dies erscheint authentischer als die Version von Markus, wo Jesus erwidert: „Ich bin es" (Mk 14,62). Wäre Jesus auf diese Frage in irgendeiner Form der Bejahung eingegangen, hätte er entweder den Zorn der Behörden oder die Ablehnung vieler Anhänger riskiert. Als Pilatus fragt, ob er der „König der Juden" sei – der messianische Anspruch war für einen heidnischen Regenten von größter Wichtigkeit –, gibt Jesus erneut eine doppelsinnige Antwort (Mk 15,2 par.).

Im vierten Evangelium erhebt Jesus an einer Stelle explizit Anspruch auf den Hoheitstitel Messias (Joh 4,25–26), wenngleich in einem privaten Gespräch. Im Bericht von der Verhandlung gibt Jesus ein weiteres Mal eine doppelsinnige Antwort auf die Frage, ob er die Bezeichnung „König" akzeptiere. Er bekennt, ein Königreich zu besitzen, dieses sei „aber nicht von dieser Welt". Es werde nicht durch Gewalt erobert, wie die meisten Juden erwarten und wie Pilatus befürchtet (Joh 18,33–37).

Am plausibelsten erscheint die Schlußfolgerung, daß Jesus sich als die Erfüllung der Hoffnung der Juden auf einen Erlöser sah, der ein neues Zeitalter verkünden werde (siehe Spalte rechts). Er war sich aber bewußt, daß sein Selbstverständnis keiner der damaligen Vorstellungen von einem Messias entsprach, und er vermied aufgrund der politischen und revolutionären Implikationen den Titel Messias in der Öffentlichkeit. Die Inschrift am Kreuz wird von allen Evangelien bestätigt. Sie zeigt deutlich, daß er als gefährlicher Revolutionär, der Anspruch erhob, der Messias zu sein, gekreuzigt wurde (siehe Spalte S. 183).

DER SOHN DAVIDS

Im 1. Jh. n. Chr. herrschte unter den Juden die Erwartung, Gott werde sehr bald das gegenwärtige Zeitalter beenden und eine neue Epoche vollkommener Gerechtigkeit einleiten. Manche glaubten, daß Gott selbst eingreifen, andere, daß er einen Mittler senden werde: den „Gesalbten" oder Messias (hebräisch *Mashiach*, griechisch *Christos*). Der Titel „Messias" wurde in der Hebräischen Bibel israelitischen Herrschern der Dynastie von König David zugesprochen. Der Erlöser wurde als König angesehen, als „Sohn" (Nachkomme) Davids, der Israel befreien werde. Die Genealogien Jesu in den Evangelien (siehe S. 62–63) gehen davon aus, daß Josef aus Betlehem, der Stadt Davids, kam und aus dem Hause David stammte. (Mt 1,20; Lk 1,27; 2,4; Röm 1,3). Jesus und seine Jünger verwenden den Titel „Sohn Davids" nicht, von anderen wird er aber als solcher begrüßt (wie in Mk 10,46–52 par.; Mt 21.9). Einmal verneint Jesus, daß der Messias ein Sohn Davids sei (Mk 12,35–37 par.). Er wollte keine falschen Hoffnungen auf einen Messias schüren, der die Römer im Kampf besiegen würde.

DER SOHN GOTTES

Daß Jesus der Sohn Gottes sei, war, wie das Neue Testament zeigt, von Beginn an ein zentraler Glaubenssatz der Christen. An keiner Stelle der Evangelien nimmt Jesus die Anrede selbst in den Mund. Oft aber spricht er Gott als seinen Vater an (siehe S. 146–147). Damit meint Jesus nicht, einer von vielen, sondern der einzige Sohn Gottes zu sein.

Zweimal spricht Jesus in den Evangelien von sich als „Sohn“ in bezug auf Gott als seinen Vater; die Gelehrten sind sich aber nicht einig, ob diese Beispiele authentische Aussprüche Jesu sind. In der ersten Passage behauptet Jesus, daß „nicht einmal die Engel, und nicht einmal der Sohn“ wissen, wann „das Ende“ kommen wird, sondern nur der Vater (Mk 13,32; Mt 24,36). Dies könnten authentische Worte Jesu sein, da die frühen Christen Jesus kaum Worte in den Mund gelegt hätten, in denen er eingestand, etwas nicht zu wissen und sich auf eine niedrigere Stufe stellte als Gott. Die Aussage „nicht einmal der Sohn“ fehlt in vielen frühen Schriften des Matthäus, was die These von ihrer Authentizität untermauert.

In der zweiten Passage, in der sich Jesus als „Sohn Gottes“ bezeichnet, sagt Jesus, niemand kenne den Sohn, nur der Vater, und niemand kenne den Vater, außer dem Sohn (Mt 11,27; Lk 10,22). Diese Worte stammen vermutlich von der frühen Kirche. Sie könnten allerdings eine authentischen Aussage Jesu überliefern, in der er seine besondere Verbundenheit mit dem himmlischen Vater formulierte.

DER WUNDERTÄTIGE „SOHN“

Die Bezeichnung „Sohn Gottes“ wird in den Evangelien auch verwendet, um Jesus als Wundertäter herauszustellen; es gibt Hinweise, daß der Titel auch anderen charismatischen Wundertätern im damaligen Galiläa verliehen wurde. Als Jesus Dämonen austrieb, sprechen diese ihn als Sohn Gottes an, womit sie seine Heilkräfte anerkennen (Mk 3,11; 5,7 par.). Auch der Satan erwartete, daß der Sohn Gottes Wunder vollbringen könne, wie sich in den Versuchungen zeigt (siehe S. 86–87).

Jesus wird nur ein einziges Mal, in Zusammenhang mit einem Wunder, von seinen Anhängern direkt mit diesem Titel angesprochen (Mt 14,33), und die Zuseher auf Golgota fordern ihn auf zu beweisen, daß er der Sohn Gottes sei, indem er sich vom Kreuz befreien solle (Mt 27,39–40. 42–43). Der Hauptmann ruft bei der Kreuzigung angesichts der Wunder rund um den Tod Jesu aus: „Wahrhaftig, das war Gottes Sohn!“ (Mt 27,51–54).

DER MESSIANISCHE SOHN

Der Ausdruck „Sohn Gottes“ ist dem Titel „Messias“ (Mt 16,16; 26,63; Mk 14,61; Lk 22,67–70) nahezu gleichzusetzen. In den hebräsichen Schriften wurde der regierende Monarch Sohn Gottes genannt (Ps 2,7; 2 Sam 7,14), doch zur Zeit Jesu wurden solche Anreden als Anspielung auf den zukünftigen Nachkommen von König David, den Messias, verstanden (siehe S. 164–165).

Gottes Erklärung im Psalm 2,7 („Mein Sohn bist du. Heute habe ich dich gezeugt.“) war vor allem für die ersten Christen bedeutsam (Apg 13,33); Markus und Lukas geben diese Worte in ihren Erzählungen von der Taufe Jesu wieder (Mk 1,11; Lk 3,22). Sie schwingen auch in der Geburtserzählung des Lukas mit: Das zukünftige Kind werde ein König sein, der „Sohn des Höchsten“ und „Sohn Gottes“ genannt und „den Thron seines Vaters David“ (Lk 1,32; 35) einnehmen wird.

Der Titel „Sohn Gottes“ ist vor allem für das vierte Evangelium charakteristisch, wo er mit dem Königtum Israels und anderen messianischen Vorstellungen verbunden ist (Joh 1,49; 11,27; 20,31). Der Evangelist entwickelt die Idee jedoch noch weiter. Der Sohn ist auf einzigartige Weise mit Gott verbunden (Joh 1,18). Er existiert seit jeher, wie sein Vater (Joh 13,3); dieser war der Welt unbekannt und wurde in seiner Menschwerdung offenbar (Joh 6,42).

Die Inkarnation ist vergleichbar mit damaligen jüdischen Glaubensvorstellungen, daß der Messias so lange im Himmel verborgen bleibe, bis er sich auf Erden zeigt (Joh 3,35–36; 17,10). Nach Johannes wird Jesus nicht nur als Gottes Sohn angenommen, sondern ist „Gott gleichgestellt“ (Joh 5,18). Jesus sagt unmißverständlich: „Ich und der Vater sind eins“ (Joh 10,30).

Die Verklärung, *russische Ikone aus dem 14. Jahrhundert (Novgorod-Schule). Östliche Darstellungen dieses Ereignisses (vgl. westliche Darstellungen S. 160) zeigen Jesus typischerweise mit einer* Mandorla *(mandelförmiger Heiligenschein). Sie stellt die „helle Wolke" himmlischen Glanzes dar, aus der die göttlich Stimme rief: „Dies ist mein geliebter Sohn!" Die drei Jünger wurden durch den Anblick zu Boden geschleudert. Das Dreieck, das die Gestalt umschreibt, verkörpert den Berggipfel; die drei Zacken symbolisieren auch die Dreifaltigkeit von Gott Vater, dem Sohn und dem Heiligen Geist.*

Im Gleichnis von den bösen Winzern (Mk 12,1–11 par.) schickt der abwesende Landbesitzer seinen Sohn aus, um seinen Anteil an der Ernte bei den Winzern einzutreiben. Alle Kommentatoren stimmen überein, daß das Gleichnis eine Allegorie darstellt: Der Landbesitzer verkörpert Gott, der Weingarten Israel, und der Sohn symbolisiert Jesus. Jesus spricht hier von sich selbst als Sohn Gottes in einem einzigartigen Zusammenhang: Die Anhänger Jesu werden zu Söhnen Gottes (Mt 5,45; Lk 6,35), weil sie dem Beispiel Jesu, dem ersten und wahren Sohn Gottes, folgen. Die hebräischen Schriften beschreiben das Volk Israel häufig als Söhne Gottes (Ex 4,22; Jer 31,20), in späteren Schriften wird der rechtschaffene Israelit Gottes Sohn genannt (Sir 4,10; Weish 2,17–18).

Am bedeutsamsten für das Selbstverständnis Jesu war wohl seine Taufe (siehe S. 84–85), bei der der Heilige Geist über ihn kam und eine himmlische Stimme rief: „Mein gelieber Sohn." Dieser Ausdruck verweist auf seine Einzigartigkeit als Sohn Gottes. Hier werden Jesus den Evangelien zufolge sein Wesen und seine Berufung offenbart.

DER GÖTTLICHE NACHKOMME

Es wurde oft festgestellt, daß die Bezeichnung „Sohn Gottes", mit der Jesus in den Evangelien angesprochen wird, nicht notwendigerweise die Göttlichkeit implizierte, wie sie die christliche Theologie später verstand – im Sinne einer Teilhaftigkeit an der göttlichen Natur. Im Judentum des 1. Jahrhunderts n. Chr. war die Vorstellung von Göttlichkeit weit gefaßt, jedes himmlische, übernatürliche Wesen wurde als „Sohn Gottes" angesehen. In den hebräischen und anderen jüdischen Schriften sind mit „Sohn Gottes" Engel oder andere himmlische Wesen gemeint (Gen 6,2, 4; Ps. 2,1; Ijob 1,6); es ist nicht unmöglich, daß Jesus in diesem Lichte gesehen wurde.

Als die Stimme Gottes Jesus bei seiner Verklärung „mein Sohn" nennt, wird er wie Moses und Elia in ein himmlisches Wesen verwandelt (siehe S. 106–107, 186–187). Bemerkenswert ist, daß es die Dämonen, selbst übernatürliche Wesen, und ihr Anführer Satan waren, die Jesus als Sohn Gottes erkannten (siehe Spalte gegenüber).

DER „MENSCHENSOHN" VOR JESUS
Es gibt die These, daß die Vorstellung von einer Messiasgestalt in der Bezeichnung „Menschensohn" im Judentum bereits vor der Zeit Jesu existierte. Bei Daniel 7,13–14 heißt es: „Da kam mit den Wolken des Himmels einer wie ein Menschsohn." Ihm werden Herrschaft und Königtum gegeben. Später setzen die Rabbiner diese Gestalt mit dem Messias gleich, es gibt aber keinen Hinweis, daß dies bereits zur Zeit Jesu geschah oder der Ausdruck „Menschensohn" als Bezeichnung für den Messias gebraucht wurde.

In Buch 2 Esra, einer apokryphen Schrift, kommt eine Passage vor, die an Daniel 7,13 angelehnt zu sein scheint: „Und ich sah, und siehe, der Wind führte aus dem Herzen des Meeres etwas wie eine Gestalt des Menschen herauf" (2 Esr 13,3). Dieses Wesen wird in der Folge mit dem Messias gleichgesetzt, was zweifelsohne den Beginn der rabbinischen Gleichsetzung der Gestalt mit Daniel anzeigt. „Etwas wie eine Gestalt des Menschen" ist aber keine konkrete Bezeichnung für den Messias.

Die sogenannten Henoch-Bücher erweckten größtes Interesse bei den Gelehrten. In 1 Henoch wird in dem Abschnitt „Bilderreden" etwa sechzehn Mal auf einen „Menschensohn" als göttliches messianisches Wesen Bezug genommen. Doch auch diese Passage dürfte sich an Daniel 7 anlehnen, denn es wird die gleiche Bildersprache benutzt. Neuere Beweise lassen vermuten, daß die Ähnlichkeiten lange Zeit nach Jesus entstanden sind.

DER MENSCHENSOHN

Der Ausdruck „Menschensohn" kommt in den Evangelien mehr als sechzig Mal vor, während er in anderen Schriften des Neuen Testaments nur drei Mal, und zwar ausschließlich in Aussprüchen, die Jesus zugeschrieben werden, Verwendung findet (Apg 7,56; Off 1,13; 14,14). Die Diskussionen über die Bedeutung diese Wortes waren und sind weitreichend. Der von den Evangelisten verwendete griechische Ausdruck scheint nicht idiomatisch zu sein, und heute stimmen fast alle Gelehrten überein, daß es sich um die wörtliche Übersetzung eines aramäischen Wortes handelt. Der semitische Hintergrund läßt keinen Zweifel offen, daß mit „Menschensohn" in erster Linie „der Mensch" oder „ein Mensch" gemeint ist.

Es gibt auch die These, der zufolge der Ausdruck „Menschensohn" einfach als Umschreibung für „ich" verwendet wurde. Diese These wirft komplizierte linguistische Probleme auf, setzt sich aber in der neueren Auslegung zunehmend durch. Aramäische Belege lassen vermuten, daß ein Spre-

Banias, das antike Caesarea Philippi, wo Petrus Jesus als den Messias anerkannte (siehe S. 106–107). Die Evangelienerzählungen von dieser Episode lassen vermuten, daß Jesus den aramäischen Ausdruck „Menschensohn" für sich verwendete. Bei Matthäus fragt Jesus: „Für wen halten die Leute den Menschensohn?" (Mt 16,13; Mk 8,27; Lk 9,18)

JESUS UND DER APOKALYPTISCHE „SOHN“

Fresko in der Kathedrale von Anagni, Italien. Das Wesen mit Flügeln in der Mitte beruht auf der Vision des Ezechiel (Ez 1,1–14; vgl. Offb 4,8), die das Selbstverständnis Jesu als Menschensohn beeinflußt haben könnte.

Selbst wenn der Ausdruck „Menschensohn“ lediglich eine umgangssprachliche Redewendung für „ich“ (siehe Haupttext) war, stellt sich doch die Frage, welche Bedeutung Jesus, wenn er sich selbst so bezeichnete, damit verband.

Es wurde vielfach nachgewiesen, daß die Vorstellung vom „Menschensohn“ als einer apokalyptischen Gestalt in manchen jüdischen Kreisen bereits existiert hatte (siehe Spalte gegenüber) und daß Jesus die Bezeichnung ausdrücklich als messianischen Titel verwendete. Jedenfalls ist die Wahrscheinlichkeit groß, daß Jesus für sich eine gegenwärtige und zukünftige Rolle ins Auge faßte und daß die Vorstellung seiner zukünftigen Rolle von der Figur des „Menschensohnes“ aus Daniel 7,13 beeinflußt war. Der tatsächliche Wortlaut, in dem Jesus auf diese Passage Bezug nahm – ob explizit (Mk 13,26; 14,62 par.) oder implizit (Mk 8,38 par.) – könnte von der frühen Kirche stammen, aber auf dem Selbstverständnis Jesu als kommender himmlischer Mittler beim Jüngsten Gericht beruhen. Dies entspricht seiner Lehre vom Reich Gottes (siehe S. 150–151) als gleichzeitig gegenwärtige und zukünftige Realität. Möglicherweise war Jesus sich auch bewußt, daß Gott den Propheten Ezechiel in den hebräischen Schriften wiederholt als „Menschensohn“ (hebräisch *ben adam*, wörtlich *„sterblich“*) angesprochen hatte. Es gibt vor allem im Johannesevangelium zahlreiche Hinweise darauf, daß das Buch Ezechiel das Neue Testament beeinflußt hat.

cher aus Demut statt „ich“ „der Menschensohn“ sagen könnte, was zu Jesus passen würde. Er war in seinen Äußerungen über sich selbst, wie sich im Umgang mit dem Titel „Messias“ zeigt, vorsichtig. „Menschensohn“ könnte auch verwendet worden sein, um schwer zu Akzeptierendes annehmbarer zu machen. Als Jesus den Jüngern seinen Tod vorhersagte, sprach er vom Schicksal des „Menschensohnes“ (Mk 8,31; 9,31; 10,33 par.; Lk 9,22).

Einer neuen These zufolge kommt „Menschensohn“ in drei verschiedenen Kontexten vor: in der Lehre zur Zeit seines Wirkens, in den Behauptungen, die Tod und Auferstehung betreffen, und in den Passagen, die sich mit der Himmelfahrt und der Wiederkehr befassen. Manche Gelehrte zweifeln jedoch nach wie vor, ob Jesus selbst je diesen Ausdruck verwendete, während andere nur die apokalyptischen Äußerungen als authentisch ansehen: Jesus verkündete die Ankunft des „Menschensohnes“, hat sich aber nicht unbedingt mit dieser Gestalt identifiziert; diese Gleichsetzung erfolgte später durch seine Anhänger. Es handelt sich dabei um ein von der frühen Kirche entwickeltes theologisches Konzept. Der Ausdruck „Menschensohn“ beschränkt sich auf die Evangelien und, nicht zuletzt, auf Selbstbezeichnungen Jesu. Er ist ein Ausdruck seiner Muttersprache. Der Begriff geriet auch in christlichen Kreisen rasch in Vergessenheit.

Kreuze, die von Gläubigen vor der Grabeskirche in Jerusalem aufgestellt wurden. Der Ort wird von Christen als Stätte der Kreuzigung verehrt.

DIE FRÜHE KIRCHE

Paulus sagt, der christliche Glaube und die Verkündigung wären ohne die Auferstehung Christi sinnlos (1 Kor 15,12–19). Zwar wurden alle Dokumente des Neuen Testaments in der festen Überzeugung verfaßt, Jesus sei auferstanden, doch bringen vor allem die Schriften, die nicht zu den Evangelien zählen, den Glauben der frühen Kirche an die Auferstehung am deutlichsten zum Ausdruck. Die Apostelgeschichte und die Briefe umfassen die ersten Abschnitte der sogenannten „Christologie", der Interpretation der Bedeutung von Jesus Christus für den Glauben der Kirche.

Die Autoren des Neuen Testaments versuchen auf verschiedenste Weise, die Bedeutung der Auferstehung zu interpretieren. Eine der grundlegenden Thesen ist, sie sei ein Akt göttlicher Erhöhung, durch den Gott Jesus bestätigt und ihm höchste Autorität in der Welt verliehen habe. Jesus ist auferstanden und in den Himmel aufgenommen worden bis zu den Zeiten, wenn alles wiederhergestellt sei (Apg 3,20–21; 1 Thess 1,10). Die Auferstehung schließlich offenbarte und verkündete Jesus endgültig als Messias und Sohn Gottes (Apg 2,36; Röm 1,4).

Für die Interpretation des auferstandenen Jesus griffen die frühen Christen auch auf die hebräischen Schriften zurück. Paulus vergleicht Jesus mit

DIE HEBRÄER UND DER GEKREUZIGTE CHRISTUS

Der Brief an die Hebräer enthält die ausführlichste Interpretation des Todes Jesu in einer Sprache, die durchwegs von den hebräischen Schriften übernommen ist. Er sühnte die Sünden des Volkes (Heb 2,17) und stellte die Erfüllung der Prophezeiung des Jeremia vom neuen Bund dar (Heb 8,6–13). Vor allem zeigt der Brief Jesus als den wahren Hohenpriester nach der Ordnung Melchisedeks (Heb 5,6–10).

Der Brief vergleicht das Rettungswerk Christi mit dem jährlichen Ritual am Sühnetag (Jom Kippur), als in früheren Zeiten der Hohepriester das Allerheiligste des Tempels mit dem Sühneblut der Opfer betrat (Lev 16,11–17). Die entsprechende Erhöhung Jesu ereignete sich, als er mit seinem eigenen Blut in das Heiligtum eingegangen war (Heb 9,12. 24; 10,12). Die Selbstopferung Jesu sei das vollkommenste Sühneopfer – ein Akt, der das Bedürfnis des alten Israels nach Opfern ein für allemal überflüssig mache (Heb 7,26–28).

„WEISHEITSTHEOLOGIE"

Die Autoren des Neuen Testaments identifzierten Jesus mit der biblischen Vorstellung von Weisheit (1 Kor 1,24, 30). In den hebräischen Schriften und späteren jüdischen Texten wird die Weisheit als Ausdruck des inneren Wesens Gottes und seines einzigartigen Wirkens in der Schöpfung gleichgesetzt. Die Weisheit ist auch die Offenbarung Gottes und die Rettung der Menschen (Weish 7,22–27). In mehreren Passagen des Neuen Testaments, vermutlich Zitate früher christlicher Hymnen, werden diese Vergleiche in bezug auf Jesus genannt. Er ist das sichtbare Bild des unsichtbaren Gottes, von dem alles stammt, durch den wir sind, und der durch seine triumphale Himmelfahrt die Welt mit dem Vater versöhnt (1 Kor 8,6; Col, 15–20; Heb 1,2–4).

Die Weisheitstheologie besagte auch, daß die frühe Kirche ihren Herrn als seit jeher existierendes göttliches Wesen anerkannte, das schon vor der Schöpfung „mit Gott" war. Dies kommt am deutlichesten im vierten Evangelium (Joh 1,1–18) zum Ausdruck, ist aber auch durch andere Stellen des Neuen Testaments belegt; vor allem durch eine von Paulus zitierte Hymne, die Jesus als ein Wesen beschreibt, das „Gott gleich" war, dann aber „wie ein Sklave und den Menschen gleich" wurde (Phil 2,6–11). Ähnlich wurde Jesus – der Abglanz Gottes, um soviel erhabener als die Engel (Heb 1,3–4) – für kurze Zeit zum Engel, als er ein Mensch aus Fleisch und Blut wurde (Heb 2,9. 14–17).

Adam: Während der Ungehorsam Adams den Tod über die Welt brachte, brachte der vollkommene Gehorsam Christi den Gläubigen das ewige Leben (Röm 5,12–21). Paulus beschreibt Jesus als den „Letzten Adam": Der erste Adam stamme „von der Erde", er sei ein irdisches Lebewesen, gemacht aus dem Staub der Erde. Der auferstandene Christus hingegen stamme „vom Himmel", er sei „ein lebendigmachender Geist", der das Himmlische auf seine Nachfahren überträgt. „So wie wir nach dem Bild des Irdischen gestaltet wurden, so werden wir auch nach dem Bild des Himmlischen gestaltet werden" (1 Kor 15,45–49).

Das Letzte Gericht: Christus auf dem Thron und die Auferstehung der Toten, *aus dem Ingeborg-Psalter (Frankreich, ca. 1210).*

Zwar sah die frühe Kirche Jesus als erhöhte himmlische Gestalt an, doch wußte man auch, daß er zuvor den schmachvollen Tod der Kreuzigung erlitten hatte. Trotz der Tatsache, daß solch ein Tod für Juden und Heiden gleichermaßen als demütigend galt (1 Kor 1,23), waren sich alle Autoren des Neuen Testaments deren zentraler Bedeutung bewußt – insbesondere Paulus, für den der Gekreuzigte das Wesen des Evangeliums bestimmte (1 Kor 2,1–2). In manchen Predigten der frühen Christen wird die Hinrichtung Jesu als Ablehnung des wahren Messias durch Israel dargestellt und die Auferstehung als die Umkehrung des Todesurteils durch Gott (Apg 2,23–24; 3,13–15; 10,39–40). Es gab jedoch auch bereits Ansätze zu einer weiterentwickelten christlichen Vorstellung: Der Tod Jesu habe den tieferen Sinn, alle Menschen zu erlösen. Dies geschah nach Gottes Willen (Apg 2,23) und wurde in der Schrift vorhergesagt (Apg 3,18).

Vereinfacht könnte man sagen, daß Christus starb, um die Sünden der Menschheit zu sühnen (Röm 3,25; 1 Kor 15,3; 2 Kor 5,14; Gal 1,4; 1 Petr 3,18). Das von Christus vergossene Blut wird mit dem Blutopfer des jährlichen jüdischen Sühneopfers verglichen, durch das Gott die Sünden vergibt (Röm 3,24–25; 1 Joh 2,2). Die Briefe des Neuen Testaments zeigen Jesus als das wahre Paschalamm (1 Kor 5,7; 1 Petr 1,19); sein Leiden wird in der gleichen Sprache beschrieben wie das des „leidenden Knechts" bei Jesaja 53, einer Gestalt, die die Sünden der Vielen trug und in seinen Tod mitnahm (1 Petr 2,21–25; Jes 53,5–12).

Vor allem Paulus entwickelte die Vorstellung vom Sühnetod Jesu weiter. Am Kreuz nahm Jesus den Fluch des alten Gesetzes auf sich (Gal 3,10–14). In einer paradoxen Aussage erklärt Paulus: „Der keine Sünde kannte, wurde für uns zur Sünde gemacht" (2 Kor 5,21). Das Kreuz hob nicht nur die himmlische Strafe für die Sünden der Menschheit auf, sondern war auch ein Sieg über die Mächte des Bösen (Kor 2,13–15). Dieser Triumph werde in der zweiten Wiederkehr Jesu vollkommen (1 Kor 15,23–25).

PAULUS UND DER HISTORISCHE JESUS

Manche behaupten, daß Paulus den frühesten christlichen Glauben von Grund auf transformierte, indem er den historischen Jesus nach Vorbild ähnlicher Gestalten in den Religionen der griechisch-römischen Welt durch den himmlischen Erlöser ersetzte. Zur Untermauerung dieser These wies man darauf hin, daß die Paulinischen Briefe wenig Wissen über das Leben und die Lehren Jesu vorweisen. Diese Behauptung ist jedoch übertrieben. Abgesehen davon, daß er die Kreuzigung hervorhebt, weiß Paulus über die Geburt Jesu (Gal 4,4), den Verrat und das Letzte Abendmahl zu berichten (1 Kor 11,23–26); er nennt auch Beispiele seiner Lehre (1 Kor 7,10; 9,14).

WIDERSTAND GEGEN PAULUS

In seinen Briefen an die Korinther, die Philipper und die Galater schreibt Paulus über verschiedene Gruppen, die sich seiner Mission widersetzten. Einige Kommentatoren meinten, daß dieser Widerstand ein gemeinsames Vorgehen der Judenchristen gegen die Lehre von Paulus war. Die Situation war aber komplexer, und es ist nicht erwiesen, daß seine Gegner Judenchristen waren. In Galatien scheint es tatsächlich so gewesen zu sein – wenngleich es sich auch dort vermutlich nur um eine kleine Gruppe von Judenchristen handelte.

Dieses französische Reliquiar aus dem 12. Jahrhundert aus versilbertem Holz, Halbedelsteinen und Glas zeigt Stephanus, ein bekanntes Mitglied der Hellenisten. Er wurde als der erste christliche Märtyrer verehrt.

JUDENCHRISTEN UND HEIDENCHRISTEN

Das Christentum war zu Beginn eine von vielen Strömungen innerhalb des Judentums des 1. Jahrhunderts (siehe S. 34–37). Die ersten Christen besuchten regelmäßig den Tempel (Apg 2,45), und manche Pharisäer, die sich der Kirche anschlossen, befolgten auch weiterhin die Gebote des jüdischen Gesetzes (Apg 15,5). Die ersten Predigten des Petrus richteten sich an Juden (Apg 2,14; 3,12). Was die Christen von anderen Juden unterschied, war die Überzeugung, daß Jesus der erwartete Messias war (Apg 2,36; 3,20), der die messianischen Prophezeiungen erfüllen werde, die Israel in den hebräischen Schriften verheißen wurden (Apg 3,22–26).

Innerhalb der christlichen Gemeinschaft wurde der Kirche von Jerusalem eine herausragende Rolle zuerkannt. Doch alsbald entstanden Spannungen um die Gruppe der „Hellenisten" (Apg 6,1), griechischsprechenden Christen, die sich vermutlich aus Mitgliedern einer Synagoge für Juden aus der Diaspora (Apg 6,9) zusammensetzte. Stephanus, eines ihrer Mitglieder, wurde zu Tode gesteinigt, weil er sich gegen den Tempel und das jüdische Gesetz geäußert hatte (Apg 6,1; 7,44–50); das veranlaßte die Tempelbehörden, gegen die Gruppe vorzugehen. Die Apostel und andere Aramäisch sprechende Christen blieben verschont, da man sie vermutlich als zum Judentum gehörend betrachtete (Apg 8,1).

Durch die Zerstreuung der Hellenisten gelangte die christliche Botschaft über die Grenzen Israels hinaus. Den Beginn machte Philippus mit seiner Predigt in Samaria (Apg 8,4). Eine ernsthafte Krise entstand durch die erfolgreiche Evangelisierung der Heiden durch Paulus, der als Pharisäer (Apg 23,6; 26,5) und eifriger Verfolger der Christen (Apg 8,1–3) begonnen hatte. Paulus glaubte, die Bekehrten müßten nicht das gesamte jüdische Gesetz befolgen und sich nicht beschneiden lassen; seine Lehre von der Rettung aller Völker durch den Tod und die Auferstehung Jesu bedeutete eine grundlegende Neuerung im christlichen Evangelium. Das Neue Testament zeigt, daß die von Paulus vertretene Trennung zwischen Juden- und Heidenchristen durch einen Pakt formalisiert wurde, in dem die Kirche von Jerusalem die Verantwortung für die Evangelisierung der Juden übernahm, während Paulus sich der Heiden annahm (Gal 2,9). Dem zufolge (Apg 15) mußten die bekehrten Heiden nur den „Gesetzen Noahs" – den sieben Gesetzen, die Noah von Gott nach der Flut erhalten hatte – gehorchen. Die Juden mußten die ganze Tora befolgen, doch jeder Nichtjude, der die Gesetze Noahs einhielt (z.B. jene, die in Apg 15,21. 25 zitiert werden), durfte sich zu den „rechtschaffenen Völkern der Welt" zählen.

JUDENCHRISTLICHE SEKTEN

Die Ruinen des antiken Pella im heutigen Jordanien, wohin die Judenchristen angeblich nach der Zerstörung Jerusalems durch die Römer 70 n. Chr. flohen.

Die Zerstörung Jerusalems durch die Römer im Jahre 70 n. Chr. war die Hauptursache für den Niedergang des Judenchristentums. Eine Quelle berichtet, daß die Christen von Jerusalem nach Pella in Transjordanien auswanderten und daß die jüdische Christenheit von diesem Zeitpunkt an zunehmend marginalisiert und zerstreut wurde. Diverse Sekten überlebten bis mindestens 300 n. Chr. an verschiedenen Orten des Nahen Ostens. Das wenige, das man über sie weiß, stammt von Hinweisen in den Werken der Kirchenväter (siehe S. 174). Sie zitieren manchmal aus judenchristlichen Evangelien, von denen viele auf Matthäus, dem „jüdischsten" der kanonischen Evangelisten, aufbauten. Die Kirchenväter betrachteten die meisten dieser Gruppen als Häretiker, weshalb ihren Berichten nicht immer zu trauen ist. Doch sie zeichnen ein glaubwürdiges Bild von drei Gruppen.

Dic Ebioniten lebten in Transjordanien. Ihr Name bedeutete vermutlich ursprünglich „die Armen". Ihr griechisches Evangelium ist eine Neubearbeitung des Matthäusevangeliums. Die Geschichten über Geburt und Kindheit wurden jedoch ausgelassen, da die Ebioniten die jungfräuliche Geburt verneinten. Sie glaubten, Jesus sei der Messias und Sohn Gottes geworden, als er bei der Taufe vom Heiligen Geist erfüllt wurde. Die Ebioniten hielten zwar viele jüdischen Riten ein, lehnten aber als Vegetarier die Opfer im Tempel ab.

Die Gruppe, die das Evangelium der Hebräer schrieb, scheint im frühen 2. Jahrhundert in Ägypten entstanden zu sein. Ihr Evangelium läßt gnostische Ideen anklingen (siehe S. 176–177). Im Zentrum steht der Heilige Geist – eine weibliche Gestalt, vergleichbar der gnostischen Sophia („Weisheit"). Die Nazarener, die in Aleppo in Syrien zu Hause waren, galten nicht als Herätiker. In das in aramäischer Sprache geschriebene Evangelium, das ebenfalls auf Matthäus basiert, sind volkstümliche Legenden eingebaut.

Die Gelehrten sind sich nicht einig, ob die christliche Missionarstätigkeit wirklich in Form eines Paktes gespalten wurde. Jedenfalls war damit die Streitfrage der Beziehung zwischen Juden- und Heidenchristen nicht geregelt. Innerhalb der Kirche von Jerusalem waren einige zu Kompromissen bereit, während andere darauf bestanden, daß Heiden „beschnitten werden und das Gesetz Mose einhalten müßten" (Apg 15,5). Die Dominanz des Heidenchristentums beruhte größtenteils auf externen Faktoren und nicht auf inneren Streitigkeiten (siehe Kasten oben). Das Christentum bewahrte in seinen Schriften mehrere Texte von judenchristlichem Charakter wie das Matthäusevangelium (siehe Kasten S. 53), den Brief des Jakobus und die Offenbarung des Johannes.

DIE PERIODE DER PATRISTIK

DIE KIRCHENVÄTER

Zu den sogenannten Kirchenvätern zählten Klemens von Rom, Ignatius von Antiochia und Polykarp von Smyrna im 1. Jahrhundert n. Chr., Justinus Martyr und Athenagoras von Athen im 2. Jahrhundert, Klemens von Alexandrien, Origenes und Cyprianus von Karthago im 3. Jahrhundert sowie Ambrosius, Athanasius, Augustinus von Hippo, Basilius, Gregor von Nyssa, Gregor von Nazianz, Hieronymus, Johannes Chrysostomos und Cyrill von Alexandrien im 4. und 5. Jahrhundert.

Die Kirchenväter bestimmten die christliche Orthodoxie und verwarfen andere Vorstellungen und Doktrinen als herätisch. Sie begründeten auch die Endfassung des Neuen Testaments, den maßgeblichen Kanon der christlichen Schrift (siehe S. 51).

Vom 1. Jahrhundert bis zur Mitte des 5. Jahrhunderts n. Chr. fand in der Kirche eine lebhafte Auseinandersetzung über das Wesen, den Charakter und die Bedeutung der Person Jesu statt. Die großen Denker dieser Zeit sind als „Kirchenväter" bekannt (lateinisch *Patres Ecclesiae*; siehe Spalte links), ihre Schaffenszeit wird die Periode der Patristik genannt.

Das Schlüsselthema in der Frühzeit der Patristik war die Beziehung Jesu zu Gott. Wie konnten Aussagen des Neuen Testaments, die Jesus Göttlichkeit zusprechen, mit dem Glauben der Juden an einen einzigen Gott ausgesöhnt werden? Die Apologeten, eine Gruppe einflußreicher Schriftsteller im 2. Jahrhundert, die das Christentum gegen heidnische und jüdische Angriffe verteidigten, betrachteten Jesus als die Weisheit und den Sohn Gottes, allem voran aber als das schöpferische Wort (griechisch *logos*), das als „mit Gott war" und „Gott war" (Joh 1,1) übersetzt wird (siehe Spalte gegenüber).

Die Leistung der Apologeten bestand darin, Jesus als wesensgleich und doch verschieden von dem einen Gott darzustellen, vergleichbar der Gestalt der Weisheit in Sprüche 8 und Sirach (Ecclesiasticus) 24. Diese Ansicht wurde von zwei Seiten angegriffen. Strikte Monotheisten behaupteten, Jesus sei ein menschliches Wesen gewesen, auf dem die Macht Gottes ruhte; auch könne sich in Jesus einer von mehreren vorübergehenden (nicht ewigen oder seit jeher existierenden) Erscheinungsformen des einzigen Gottes manifestiert haben. Arius von Alexandrien (ca. 250–336 n. Chr.) behauptete, Jesus könne nicht Gott genannt werden, da er, wie alles Existierende,

Ruinen der Stadtmauer von Nizäa in Kleinasien (dem heutigen Iznik, Türkei) aus dem 2. Jahrhundert. Im Jahre 325 n. Chr. wurde in Nizäa ein Konzil abgehalten, um der arianischen Häresie entgegenzutreten und um das Glaubensbekenntnis von Nizäa zu formulieren, das bis heute Teil der christlichen Liturgie ist.

JESUS ALS GOTT UND MENSCH

Christus [rechts] mit dem Abt Mena, koptische (christliche Nationalkirche in Ägypten) Ikone (ca. 600 n. Chr.) Die koptische Kirche lehnte die Lehre von den zwei Naturen Jesu ab. Man glaubte, daß Christus nur eine göttliche Natur habe.

Der zweite große Streitpunkt unter den Kirchenvätern waren die Probleme in Zusammenhang mit der Menschwerdung. Wie waren Göttlichkeit und Menschlichkeit in einer einzigen Person zu verstehen? Hat Gott im Menschen Jesus menschliche Natur angenommen? Arius (siehe Haupttext) argumentierte mit den zahlreichen Hinweisen in den Evangelien auf die menschlichen Schwächen Jesu; dieser könne nicht wirklich göttlich gewesen sein. Manche Denker schlossen sich den sogenannten Nestorianern an: Jesus habe eine göttliche und eine menschliche Natur gehabt. Die Wunder Jesu wurden der ersteren zugeschrieben, die menschlichen Schwächen der letzteren.

Jesus verfüge nur über eine einzige Persönlichkeit, wurde dagegen argumentiert. Seine menschliche Natur sei jedoch auf das „Fleisch“ beschränkt, während der göttliche Logos die menschliche Seele ersetzt habe. Man wendete ein, daß Jesus dann die wichtigsten Komponenten der menschlichen Natur fehlen würden, weshalb er kein wirklicher Mensch wäre; das wiederum würde den Zweck der Menschwerdung – die Wiederherstellung der wahren Natur der Menschheit, die durch den Sündenfall von Adam und Eva im Paradies verlorengegangen war – aufheben. Ein Schlüsselsatz der Patristik lautet: „Christus wurde, was wir sind, damit wir werden können, was er ist.“

Diese komplizierte und verwirrende Streitfrage fand beim Konzil von Chalkedon 451 n. Chr. ein Ende. Die Definition von Chalkedon erklärt nicht genau, wie die zwei Naturen in dem einem Wesen Jesu wirken; sie hebt aber hervor, daß ein Christ an den Christus, der untrennbar menschlich und göttlich sei, glauben müsse.

von Gott geschaffen wurde, wenngleich man Jesus als die erste und größte Schöpfung und als Mittler für alle folgenden Schöpfungen anzusehen habe. Arius verwies auf Passagen der Schrift, die tatsächlich zu sagen scheinen, daß der Logos eine Schöpfung und deshalb dem Vater unterzuordnen sei (z.B. Spr 8,22; Joh 14,28; Sir 24,8).

Die Lehre des Arius – der Arianismus – verursachte nicht zuletzt deshalb eine Kirchenkrise, weil seine Gegner ihre Standpunkte nicht schlüssig beweisen konnten: Die universelle Rettung sei nicht das Werk eines übernatürlichen Wesens, das sich vom Vater unterschied, sondern die Offenbarung Gottes im Leben Jesu (2 Kor 5,19). Jene Passagen der Schrift, die die Ansichten der traditionellen Logos-Christologen untermauern sollten, eigneten sich auch für eine arianische Auslegung.

Der Arianismus wurde schließlich auf einem Konzil in Nizäa in Kleinasien (325 n. Chr.) als ketzerisch verurteilt. Die Kirche einigte sich auf den Wortlaut, Jesus sei „wesensgleich mit dem Vater“. Diese Formulierung wurde in das Glaubensbekenntnis von Nizäa aufgenommen, das zur fundamentalen Lehre der Kirche wurde.

DER LOGOS

Das Konzept des göttlichen Logos als eine Art „Weltseele“, eine universell schöpferische Macht, war in der griechischen Philosophie bekannt und beeinflußte einige spekulative Strömungen des Judentums im 1. Jahrhundert n. Chr. Indem Jesus mit dem Logos gleichgesetzt wurde, konnten die Apologeten ihn als Ausdruck des innersten Wesens von Gott darstellen, als die in Sprache verwandelte Vernunft der Gottheit, als den Mittler der Schöpfung und der Offenbarung. Er war dem Herzen des Vaters nahe und Gottes Sohn, da er das einzige vom Vater „gezeugte“ Wesen war. So gesehen stellte der Vater die einzige Quelle von Jesus dar, dem Logos, der bereits vor der Schöpfung exisistierte und Lebensgrund für das Universum wurde.

JESUS UND DIE GNOSIS

„Gnosis“ ist der Überbegriff für eine Reihe religiöser Bewegungen im 1. Jahrhundert n. Chr., die die Enwicklung des Christentums zur Zeit der Kirchenväter nachhaltig beeinflußt haben (siehe S. 174–175). Vom 2. Jahrhundert an wurde die Gnosis von führenden christlichen Theologen als gefährliche Ketzerei eingeschätzt.

Das Wort Gnosis stammt vom griechischen *gnosis* („Erkenntnis“); ein Gnostiker ist dem zufolge jemand, der wahre Einsicht erworben hat. Diese Vorstellung war ein Kennzeichen aller gnostischen Systeme: Ein Eingeweihter mußte erst die Bedingung verstehen, unter der ein Mensch zu sich selbst finden konnte; dieses Verständnis war die Voraussetzung zur Befreiung aus der mißlichen Lage des Menschen.

Den Gnostikern zufolge ist die Menschheit dem Göttlichen verwandt. Jede Person ist ein „göttlicher Funke“, der in einem materiellen Körper gefangen ist. Die Erlösung besteht in der Befreiung des göttlichen Elements, woraufhin das Individuum seine göttliche Natur erkennen kann. Diese Vorstellung beruht auf einem radikalen Dualismus zwischen „Geist“ und „Materie“, wobei die materielle Welt ein Reich des Bösen ist, dem der einzelne entfliehen muß. Da die Welt schlecht ist, kann das Wesen, das sie erschuf, nicht der wahre Gott sein. Über diesem Schöpferwesen oder „Demiurgen“ muß es eine unbekannte transzendente Gottheit geben.

Die „Erkenntnis“, die der Gnostiker anstrebt, kommt in einem kunstvollen Schöpfungsmythos zum Ausdruck. Dieser wird von den diversen gnostischen Gruppen unterschiedlich dargestellt, allen gemeinsam ist aber

DIE GNOSIS UND DAS NEUE TESTAMENT

Auch im Neuen Testament, vor allem im Johannesevangelium und in den Paulinischen Briefen, finden sich Vorstellungen, die an die Gnosis erinnern. So verwendet Johannes häufig das Verb „erkennen“ und Paulus das Substantiv „Erkenntnis“. Auch die häufige Gegenüberstellung von Licht und Dunkel, Fleisch und Geist (Röm 8,1–13) erinnert an den gnostischen Dualismus.

Tatsächlich ist es höchst zweifelhaft, inwiefern solche Vorstellungen im Neuen Testament mit gnostischen Systemen vergleichbar sind, da derlei Ideen im allgemeinen religiösen und intellektuellen Klima zur Zeit Jesu üblich waren. Darüber hinaus gibt es im Neuen Testament Stellen, die darauf hinweisen, daß gnostische Glaubensvorstellungen bewußt bekämpft wurden. So werden beispielsweise die Realität der körperlichen Menschlichkeit Jesu bekräftigt (1 Joh 1,1–4; 1 Tim 3,16; 2 Tim 3,8) und die gnostische Ansicht widerlegt, nur die Erscheinung Jesu sei menschlich.

Die späteren Briefe widersprechen gnostischen Tendenzen vehement, was anzeigt, als wie groß die Gefahr der Gnosis für die christliche Orthodoxie angesehen wurde. Bestimmte religiöse Vorstellungen (1 Tim 4,7; 2 Tim 4,3–4; 2 Pet 1,16), asketische Weltflucht (1 Tim 4,1–5) und die Genealogie der „Äonen“ (1 Tim 1,4; Tit 3,9) werden angeprangert. Jesus sei einzigartig, allen anderen Geisteswesen überlegen und werde zu Recht „Gott“ genannt (Tit 2,13).

Christus überbringt den Aposteln Paulus [*links*] und Petrus das Wort Gottes, *Mosaik in der Kirche Santa Constanza in Rom (ca. 500 n. Chr.). Die Paulinischen Briefe scheinen in ihrer Unterscheidung zwischen Fleisch und Geist den Dualismus der Gnostiker widerzuspiegeln. Sie sind aber eher mit der Lehre der Rabbiner von den guten und bösen Neigungen innerhalb einer einzigen Person zu vergleichen. Die frühe Kirche bekämpfte die Gnostiker.*

Der Nil bei Nag Hammadi in Oberägypten. Die 1945 hier entdeckten Dokumente sind Beweise aus erster Hand für den Gnostizismus, und sie klären Hinweise in den Briefen des Neuen Testaments auf „klug ausgedachte Geschichten" (2 Pet 1,16) und andere Aspekte des gnostischen Denkens auf.

eine höchste göttliche Gestalt, der Vater, von dem geistige Wesen, die sogenannten „Äonen" abstammen, die gemeinsam das *pleroma*, die „Fülle" der Gottheit, darstellen. Die Äonen entfernen sich allmählich vom göttlichen Zentrum, bis einer von ihnen „fällt" und den Geist in das niedrigere Reich der Materie hinabzieht. Auf diese Weise entstehen gleichzeitig die sichtbare Welt (manchmal durch Eingreifen eines Demiurgen) und die bösen Mächte (die „Archonten"), die sie beherrschen.

Dieser Theorie zufolge sind die Menschenwesen so sehr mit der Materie verstrickt, daß sie ihre eigentliche spirituelle Natur nur durch eine übernatürliche Offenbarung erkennen können. Wenn Jesus in den Spekulationen der Gnostiker auftaucht, wird ihm diese Rolle zugewiesen. Er ist eine himmlische Gestalt, die herabsteigt, um der Menschheit die wahre und erlösende *gnosis* zu offenbaren. Er hat nicht wirkliche Menschengestalt, wie die christliche Orthodoxie lehrt (obwohl die gnostischen Texte in diesem Punkt divergieren), da er dadurch von der materiellen Welt verdorben würde. Die „gnostischen Evangelien" berichten nicht über das Wirken, den Tod oder die Auferstehung des menschlichen Jesus, sondern stellen eher Meditationen über seine Botschaft oder eine Sammlung seiner Aussprüche dar. Man nennt diese Lehre auch die „geheimen Worte".

Bis zum 20. Jahrhundert war das Wissen über die Gnosis größtenteils auf die kritischen Berichte der Kirchenväter beschränkt. Dies änderte sich 1945 mit der Entdecktung gnostischer Texte in Nag Hammadi in Ägypten. Die Gnosis wird heute nicht als Verzerrung des wahren Glaubens betrachtet, sondern als eigenständiges Glaubenssystem, das viele anzog, da sie die Hoffnung vermittelte, die Menschheit aus ihrer tristen Lage erlösen zu können. Die Dokumente von Nag Hammadi lassen vermuten, daß die Gnosis schon in vorchristlicher Zeit existierte.

CHRISTUS DER ERLÖSER

Im Zentrum der Auseinandersetzung zwischen der Kirche und der Gnosis standen die Einzigartigkeit von Christus und das Verständnis der Erlösung durch ihn. Der gnostische Jesus war nur einer in der Reihe göttlicher Emanationen, der sogenannten „Äonen"; da seine körperliche Menschlichkeit nicht anerkannt wurde, war im gnostischen Denken kein Platz für den Begriff der Erlösung durch den Tod und die Auferstehung Jesu. Für die Kirche hingegen wohnte das göttliche *pleroma* (siehe Haupttext) in seiner ganzen Fülle in Jesus (Kol 1,19; 2,9): Durch ihn ist alles geworden (Joh 1,3), er ist der einzige Mittler zwischen Gott und der Menschheit (1 Tim 2,5), der „wegen unserer Verfehlungen hingegeben wurde und wegen unserer Gerechtmachung auferweckt wurde" (Röm 4,25).

Die katholische Kirche des Primats des Hl. Petrus wurde 1934 auf den Grundmauern einer byzantinischen Kirche in der Nähe von Tabgha errichtet. An einem Felsen, der die „Tafel Christi" genannt wird, hat der auferstandene Jesus der Überlieferung nach mit den Jüngern ein Mahl eingenommen und Petrus zum Oberhaupt der Gläubigen berufen: „Weide meine Lämmer!", „Weide meine Schafe!" (Joh 21,9–17) Ob diese Szene historische Authentizität besitzt oder nicht, das Neue Testament zeigt jedenfalls, daß Petrus eine führende Rolle in der frühen Kirche eingenommen hat.

DER BEGRÜNDER DER KIRCHE?

Es wird oft behauptet, daß Jesus nicht beabsichtigte, eine Kirche im Sinne einer beständigen Anhängerschaft zu begründen. Jesus, so heißt es, erwartete das unmittelbar bevorstehende Ende des gegenwärtigen Zeitalters; diese Erwartung wurde jedoch mißverstanden, und die Kirche und ihre Mission wollten einer Situation entgegentreten, für die Jesus keine Anweisungen hinterlassen hatte. Die Gründung der Kirche läßt sich durch die sogenannte „kognitive Dissonanz" erklären, eine Theorie, der zufolge eine Gruppe, die mit dem Scheitern von Glaubensinhalten konfrontiert wird, ihre Formen bewahrt, aber den Inhalt neu interpretiert. So wurde die Endzeiterwartung durch die *parousia,* die Hoffnung auf die Wiederkehr Jesu, ersetzt.

Viele Gelehrte würden nach wie vor gerne daran festhalten, daß die Begründung der Kirche ein zentrales Anliegen Jesu war. Das griechische Wort für „Kirche", *ekklesia*, bedeutet ursprünglich „Versammlung" oder „Gemeinde". Die Verwendung des Ausdrucks im Neuen Testament scheint jedoch auf die Septuaginta zurückzugehen, wo *ekklesia* zwar öffentliche Versammlungen aller Art, aber auch das Volk Israel bezeichnet. Die ersten Christen sahen sich daher als das neue Israel, Gottes erwähltes Volk (Röm 9,6–8; Gal 6,16; Phil 3,3; 1 Pet 2,9).

Es scheint, als ob Jesus, indem er die zwölf Apostel erwählte, eine Gruppe bilden wollte, die die zwölf Stämme Israels stellvertretend für die Erneuerung aller Dinge darstellen sollte (Mt 19,28; Lk 22,28–9). In den Predigten Jesu ist das Reich Gottes gleichzeitig gegenwärtig und zukünftig; jene, die jetzt aufgenommen werden, bilden eine „kleine Herde" (Lk 12,32). Eine Gemeinschaft der Erlösten werde entstehen, wenn das Reich Gottes in seiner ganzen Fülle verwirklicht ist. Wenn Jesus sich in Daniel 7 (siehe Kasten S. 169) mit dem „Menschensohn" gleichsetzte, könnte er auch die Gründung einer neuen Gemeinschaft aus dem „Volk der Heiligen des Höchsten" gemeint haben (Dan 7,27). Die Begründung einer Gemeinschaft könnte auch in seinem Selbstverständnis als Messias impliziert sein (siehe S. 164–165).

Möglicherweise unterscheidet man zwischen den Ansichten Jesu vom bevorstehenden Ende der Welt und jenen der frühen Kirche zu streng. Wenn man der „synoptischen Apokalypse" (siehe S. 180–181) Glauben schenkt, kannte Jesus den Zeitpunkt des Endes nicht (Mt 24,36; Mk 13,32). Seiner Vorstellung nach muß sich die Gemeinschaft ständig vorsehen und wach bleiben, da sie nicht weiß, wann der Menschensohn zu erwarten ist (Mk 13,33–37 par.); auch trug er der Gemeinschaft auf, keine Schritte zu unternehmen, um die Katastrophe aufzuhalten, die das Ende herbeiführen würde (Mk 13,14–20 par.).

Die Mitglieder der frühen Kirche hatten ähnliche Vorstellungen und Erwartungen: Sie glaubten, daß Jesus zurückkehren werde, um sein Königreich zu errichten (1 Thess 4,15–18). Der genaue Zeitpunkt war ihnen aber unbekannt, weshalb sie nur warten und wachen konnten (Apg 1,7).

Vermutlich wollte Jesus, daß seine Anhänger eine eigene Gruppe innerhalb des Judentums begründeten, eine neue Synagoge, die allein das wahre Israel verkörperte. Die frühe Kirche kann als organische Weiterentwicklung dieser Idee betrachtet werden. Hier zeigen sich interessante Parallelen zur Qumran-Gemeinde (siehe S. 37). Auch sie hielt sich für den einzig wahren Vertreter des Judentums. Die Kirche des Neuen Testaments verstand sich vermutlich ähnlich wie diese als eine Gruppe, die in Übereinstimmung mit den Lehren Jesu die göttliche Vollendung aller Dinge erwartete.

EIN BEGRÜNDUNGSRITUS: DAS MAHL DES HERRN

Die Einsetzung des Abendmahls, der Eucharistie, durch Jesus kann als formelle Begründung der Kirche betrachtet werden. Markus und Matthäus erwähnen in ihren Berichten vom Letzten Abendmahl keine Fortsetzung des Ritus, und in der Version von Lukas ist es aufgrund diffiziler Textprobleme unsicher, ob Jesus diese Absicht verfolgte oder nicht. Paulus, ein früherer Zeuge als die Evangelisten, ist davon überzeugt, daß das Abendmahl das zentrale Sakrament der Kirche ist: Es vereint die Gläubigen zu einem einzigen Leib (1 Kor 10,16–17; 11,23–26).

Jedenfalls stimmen die Evangelien überein, daß Jesus mit dem Letzten Abendmahl einen Bund begründete, der sich auf den Bund Israels in den hebräischen Schriften bezog. Dieser Bund zeichnete Israel als das erwählte Volk Gottes aus. Der Bund mit dem Blut Jesu zeichnete die Kirche als das neue Israel aus. Das Mahl des Herrn nimmt ein großes messianisches Festmahl bei Gott zur Feier der Wiederkehr Jesu vorweg; es ist aber auch ein Sakrament, das von seinen Anhängern auf Erden zu seinem Gedenken eingehalten wird.

Das Letzte Abendmahl läßt sich zudem als Ersatz des Opferkults im Tempel von Jerusalem interpretieren – ein neuer Ritus für eine neue Gemeinschaft. Ein einfaches Mahl ersetzt das Tempelopfer, insbesondere das Paschamahl (Kor 5,7–8).

Das Letzte Abendmahl *von Andrea del Castagno (1421–1457), Fresko im Refektorium des Klosters Sant' Apollonia, Florenz, Italien. Die Szene ist ein beliebtes Motiv für die Speisesäle christlicher Religionsgemeinschaften (vgl. Abb. S. 113).*

DER APOKALYPTIKER

Der apokalyptische Charakter der Botschaft Jesu zeigt sich bei den Synoptikern am deutlichsten in der sogenannten „Rede über die Endzeit" (Mt 24,4–25,46; Mk 13,5–37; Lk 21,8–36). Alle drei Versionen beruhen auf der gleichen Überlieferung: Jesus prophezeite die Zerstörung des Tempels. Auf die Frage seiner Jünger, wann dieses Ereignis geschehen werde, anwortete er, dieses Ereignis werde seine zweite Wiederkehr und den Weltuntergang einleiten (Mt 24,3).

In Gesprächen mit seinen nächsten Jüngern (Mk 13,3) sprach Jesus von den Katastrophen, die das Ende der Zeit begleiten werden (Mk 13,7–8 par.); die Worte, in denen diese Qualen beschrieben werden, erinnern an apokalyptische Prophezeiungen in der Hebräischen Bibel und in den Apokryphen (Dan 2,2,8; Jes 19,2; 29,6; Ez 5,12; 2 Est 13,31–32; 16,18–19). Den Höhepunkt der Not werde die Zerstörung des Tempels darstellen, das Sichtbarwerden des „unheilvollen Greuel" (Mt 24,15; Mk 13,14) –

DIE OFFENBARUNG DES JOHANNES

Vor allem in der Offenbarung des Johannes wird Jesus als apokalyptische Gestalt dargestellt. Wie viele apokalyptische jüdische Schriften beansprucht das Werk, die Vision eines Sehers zu sein, dem himmlische Geheimnisse anvertraut wurden. Der Autor schöpft aus den hebräischen Schriften, den Evangelien und vielen weiteren Quellen wie den Henoch-Büchern, aus astrologischen Werken und Mythen, die in der griechisch-römischen Welt verbreitet waren. Der Ausgangspunkt seiner Darstellung ist die Rede von der Endzeit bei den Synoptikern.

Byzantinisches Mosaik aus Karthago, Tunesien. Alpha *und* Omega (AΩ), *der erste und der letzte Buchstabe des griechischen Alphabets, bezeichnen Christus als den ewigen Gott (vgl. Offb 1,8)*

Die Offenbarung ist nicht nur eine Zukunftsvision. Wie im Buch Daniel wird konkret die historische Zeit der Verfolgung angesprochen, die der Auftakt für das Ende der Welt und die Rehabilitation der Gläubigen sei. Der Text beginnt mit Botschaften des auferstandenen Christus an die Kirchen von Kleinasien (Offb 1,11, 2–3), in denen sie ermahnt werden, angesichts der Verfolgung standhaft zu bleiben (vgl. Mk 13,9–13 par.). Aufrufe zur Wachsamkeit ziehen sich durch das ganze Werk (Offb 13,9–10; 13,18; 14,12; 16,15).

Der Offenbarung zufolge wurde Jesus durch seinen Tod in den Himmel erhoben, wo er den Verlauf der Geschichte kontrolliert und wo nur er die Siegel der Buchrollen lösen kann (Offb 5,1–10). Die messianischen Wehen sind Kriege, Hungersnöte, Pest und das Auftreten falscher Propheten (Offb 12,13). Doch die Mächte des Bösen werden alsbald durch engelhafte Wesen besiegt, die die Wiederkehr Christi, das Jüngste Gericht, einen neuen Himmel und eine neue Erde sowie ein neues Jerusalem verkünden (Offb 14–21).

Die Anbetung des Lammes *aus einem spanischen Manuskript, dem* Kommentar über die Apokalypse *von Beatus von Liébana. Das Bild beschreibt die Vision in der Offenbarung des Johannes 5,6–14. Kirchenälteste, Engel und „vier lebende Kreaturen" beten das himmlische Lamm Christus an. Die Vorlage für die Darstellung der vier Kreaturen (Off 4,7) stammt aus den apokalyptischen Texten in den hebräischen Schriften (vgl. Ez 1,10).*

nämlich des heidnischen Altars des Zeus, den der hellenistische König Antiochus Epiphanes 163 v. Chr. im Tempel errichtet hatte. (Dan 9,27; 12,11; 1 Macc 1,54). Im jüdischen Denken stellte der Tempel das Universum dar, jeder Eingriff in die Rituale zog eine kosmische Katastrophe nach sich. Lukas ersetzt die Entweihung des Allerheiligsten durch die Belagerung Jerusalems (Lk 21,20). Dies wird als Bezugnahme auf die Ereignisse von 70 n. Chr. verstanden, wenngleich Lukas von ähnlichlautenden biblischen Prophezeiungen (Jes 29,1–3; Ez 4,1–8) beeinflußt gewesen sein mag.

Dieses Geschehen stellt den Auftakt für die endgültige Befreiung und das Kommen des Menschensohnes dar (Mk 13,26 par.), wie es im Buch Daniel vorhergesagt wird (Dan 7,13–14). Sein Erscheinen ist von weiteren kosmischen Umwälzungen begleitet (Mk 13,24 par.), die ebenfalls biblische Passagen anklingen lassen (Ps 65,7; Jes 13,10; 24,23; 27,13; 34,4; Sach 12,12–24). Durchgeführt wird das Erlösungswerk des Menschensohnes von den Engeln (Mt 24,31; Mk 13,27), die in den jüdischen Vorstellungen von der Apokalypse eine zentrale Rolle spielen (Mt 25,31–46).

DIE REDE VON DER ENDZEIT UND DIE LEHREN JESU

Die Rede von der Endzeit ist bei den Synoptikern eng mit der Eschatologie anderer Schriften des Neuen Testaments verbunden, vor allem mit der Offenbarung (siehe Kasten gegenüber). Sie unterscheidet sich in vielen Aspekten von den übrigen Evangelienberichten über die Lehre Jesu. Sie reflektiert zweifelsohne die Belange der Evangelisten und der Gemeinschaft, für die sie geschrieben wurde. Die Schlüsselfrage ist jedoch, ob das Denken des historischen Jesu völlig falsch dargestellt wird, wie viele behaupten.

Während der Text sprachlich anderen apokalyptischen Schriften gleicht, unterscheidet er sich im Inhalt stark. In typischen apokalyptischen Texten ermöglichen die „Zeichen" dem Leser, das Ende der Zeit vorherzusagen, hier bleiben Tag und Stunde unbekannt (Mt 24,36; 25,13; Mk 13,32). Jesus kommt zu einem unerwarteten Zeitpunkt (Mt 24,44); seine Anhänger sollen sich von jenen, die behaupten, er sei bereits da, nicht täuschen lassen (Mt 24,23–25; Mk 13,21–23).

Ähnliche Lehren vertritt Jesus auch an anderen Stellen des Evangeliums (Lk 17,20–23). Seine Botschaft gilt für die Gegenwart wie für die Zukunft, wie seine Ermahnungen zur Wachsamkeit zeigen (Mk 13,33–37; Lk 21,34–36), die Matthäus durch eine Reihe von Gleichnissen verdeutlicht (Mt 24,37–25,30) und die auch bei Lukas (in anderem Kontext) vorkommen (siehe S. 150–151).

BEFREIUNGSTHEOLOGIE

Die Vorstellung, Jesus sei im wesentlichen ein Revolutionär gewesen, ist für die sogenannte Befreiungstheologie in Lateinamerika sehr bedeutsam. Die Bewegung entstand in den 60er Jahren und gewann hohen Einfluß. Die Befreiungstheologie geht davon aus, daß Gott auf der Seite der Armen, Unterdrückten und von der herrschenden Gesellschaftsstruktur an den Rand Gedrängten stehe. Die Bibel wird als Bericht von Gottes Eintreten für diese Menschen betrachtet, wie an der Befreiung Israels von den Ägyptern und in den Protesten der Propheten gegen soziale Ungerechtigkeiten deutlich werde.

Gleiches gilt für das Leben und die Lehre Jesu. Jesus stellte sich freiwillig auf die Seite der Armen, an die seine Botschaft hauptsächlich gerichtet war. Die Befreiungstheologen betrachten Jesu Verkündigung vom Reich Gottes als eine Botschaft zur Befreiung für die Unterdrückten und als Versprechen einer freien und gerechten Gesellschaft. Heute müsse die Antwort auf Jesus in einer Weiterführung seines Kampfes bestehen, um dieses Reich durch politisches Handeln zu errichten, wobei auf Gewalt nicht immer verzichtet wird.

Gegner dieser Theologie wenden ein, daß diese sich auf Kosten der spirituellen Inhalte über Gebühr mit Politik, die oft eine deutlich marxistische Prägung aufweist, beschäftige. Jedenfalls ist zu kritisieren, daß die Bibelforschung vernachlässigt wird und der historische Jesus ausschließlich im Licht heutiger Bedürfnisse betrachtet wird.

DER REVOLUTIONÄR

Seit dem Ende des 8. Jahrhunderts wurde immer wieder einmal behauptet, Jesus habe den bewaffneten Widerstand befürwortet, um die Juden von der Herrschaft der Römer zu befreien, zudem habe er mit aktiven Gruppen in Verbindung gestanden. Auch das Neue Testament deutet mitunter an, daß Jesus direkt oder indirekt mit revolutionären Gruppen Kontakt hatte. So wurde beispielsweise der mysteriöse Beiname von Judas, „Iskariot", mit den Sikarii oder „Dolchträgern" in Verbindung gebracht – jüdischen Fanatikern, die Sympathisanten Roms oder Kollaborateure ermordeten.

Einer der Jünger wird Simon der Zelot genannt (Lk 6,15; Apg 1,13). Die Partei der Zeloten stand hinter dem großen jüdischen Aufstand von 66–70 n. Chr. und könnte auch schon zuvor existiert haben (zu den Anführern der Zeloten gehörten Söhne von Judas dem Galiläer, der 6 n. Chr. in Galiläa aus Protest gegen eine römische Volkszählung einen Aufstand angeführt hatte; siehe S. 61). Man wies darauf hin, daß manche Aussprüche von Jesus Ansichten der Zeloten widerspiegelten, etwa seine Behauptung, er sei nicht gekommen, um Frieden, sondern um das Schwert zu bringen (Lk 12,51), ebenso seine Anweisung an die Jünger beim Letzten Abendmahl, sie mögen sich ein Schwert kaufen (Lk 22,36). Die Zeloten glaubten jedoch, daß die Menschen Gott bei der Errichtung des messianischen Königreiches unterstützen müßten, während Jesus predigte, Gott allein werde das Königreich bringen. Der Beiname „Zelot" (griechisch: „Eiferer") könnte auch nur bedeuten, daß Simon der Zelot das jüdische Gesetz eifrig befolgte.

Der Judaskuß, *Mosaik in der Kirche Sant' Apollinare Nuovo, Ravenna (6. Jh. n. Chr.). Judas identifiziert Jesus für die Soldaten, (links), die ihn verhaften sollen. Petrus (Joh 18,19) zieht ein Schwert, mit dem er einem der Männer ein Ohr abhauen wird. Bei Matthäus weist Jesus diese Gewalttat mit den Worten zurück: „Steck dein Schwert in die Scheide; denn alle, die zum Schwert greifen, werden durch das Schwert umkommen" (Mt 26,52).*

Die Zeloten, mit denen Jesus in Verbindung stand, verschanzten sich nach Ende des ersten jüdischen Krieges (66–70 n. Chr.) drei Jahre lang in der Festung Masada. Die Römer drangen mittels einer riesigen Rampe in die Festung ein (unten links). Die meisten Verteidiger begingen Selbstmord.

Die Hinrichtung ist das stärkste Argument für die angeblichen revolutionären Tendenzen Jesu. Der römische Präfekt verurteilte ihn aus politischen Gründen, weil Jesus behauptet hatte, der „König der Juden" zu sein. Nach Lukas beschuldigte das Synedrium Jesus vor Pilatus, das „Volk davon abzuhalten, dem Kaiser Steuer zu zahlen und daß er behaupte, daß er der Messias und König sei" (Lk 23,2). Der Vorwurf, Jesus habe sich als König bezeichnet, ist, wie auch die Inschrift am Kreuz nahelegt (siehe Spalte rechts), zweifelsohne authentisch. Dies bedeutet jedoch nicht, daß die Anschuldigung gerechtfertigt war. Jesus hat auch sicher nicht verboten, die römischen Steuern zu zahlen (Mt 22,17–21). Die Inschrift könnte auch nur anzeigen, daß Pilatus der Behauptung des Synedriums Glauben schenkte, Jesus habe den Anspruch erhoben, ein König zu sein, was politische Unruhen befürchten ließ (siehe S. 120–121, 164–165). Ein umsichtiger römischer Präfekt tat gut daran, mit den jüdischen Mächtigen ein gutes Einvernehmen zu suchen.

Die Darstellung in den Evangelien könnte von späteren Auseinandersetzungen zwischen Christen und Juden beeinflußt sein, doch selbst unter dieser Voraussetzung war die Polemik Jesu mit großer Wahrscheinlichkeit nicht politisch, sondern religiös motiviert. Er sorgte sich nicht darum, wie und von wem die Juden regiert wurden. Seine Widersacher waren ihm gleichgestellte Juden, die ihn religiöser Nachlässigkeit bezichtigten und seine Festnahme unterstützten. Die Tempelreinigung (siehe S. 110-111) war kein Signal für einen politischen Aufstand, wie manche vermuteten, sondern ein symbolischer Akt gegen den Tempel als Institution.

DIE INSCHRIFT AM KREUZ

Den Evangelien zufolge besagt die Inschrift am Kreuz Jesu – der *Titulus* (siehe S. 158) –, Jesus habe sich ein politisches Vergehen zu Schulden kommen lassen, indem er behauptete, der „König der Juden" zu sein (Mk 15,26 par.). Man hält den einfachen Wortlaut der Inschrift nach Markus („Der König der Juden") allgemein für authentisch. Die Version des Matthäus: „Das ist Jesus, der König der Juden" (Mt 27,37) gleicht dem Wortlaut der Inschrift eines christlichen Märtyrers in Lyons, Frankreich, 177 n. Chr.: „Das ist Attalus, der Christ." Johannes betont den offiziellen Charakter der Inschrift; sie sei von Pilatus autorisiert, da sie das Opfer ausführlicher beschreibt: „Jesus von Nazaret, der König der Juden" (Joh 19,19).

DER MYSTIKER

Ein „Mystiker" erlebt religiöse Erfahrungen von besonderer Intensität, die anderen verwehrt bleiben. Er erlebt eine Union mit dem Göttlichen. Jesus war sich sicherlich seiner einzigartigen Verbindung zu Gott bewußt (siehe S. 146–147, 166–167), die er, wie die Evangelien berichten, in seinem Gebet ausdrückte und bekräftigte.

Die Gebete Jesu waren zumeist sehr persönlich gehalten. Zwar hat er vermutlich die regelmäßigen Gebetsstunden im Tempel (siehe Apg 3,1) oder in der Synagoge besucht, doch weisen die Evangelien nicht explizit darauf hin. Er zog sich gerne an einsame Plätze, vor allem auf Anhöhen, zum Gebet zurück (Mk 1,35; 6,46; Lk 4,42; 5,16; 6,12; 9,18; 9,28; 11,1). Die wiederholten Hinweise in den Evangelien auf diese private Andacht

JESUS UND DER HEILIGE GEIST

Das Neue Testament schildert Jesus als jemanden, der mit dem Geist Gottes erfüllt ist. Die Schriften der Synoptiker enthalten relativ wenige Hinweise auf den Geist im irdischen Leben Jesu, er wird aber immer an bedeutsamen Momenten seiner Laufbahn erwähnt; in anderen Schriften des Neuen Testaments ist Jesus jener, der den Heiligen Geist in die Herzen der Gläubigen sendet (Gal 4,6).

In den hebräischen Schriften ist der Geist in erster Linie eine übernatürliche Macht, die einzelne zu heroischen Taten oder prophetischer Rede befähigt. Diese Vorstellung ist auch in den Evangelien präsent. So kehrt Jesus erfüllt von der Kraft des Geistes nach Galiläa zurück (Lk 4,14). Nach seiner Taufe wird er vom Geist in die Wüste getrieben (Mk 1,12), was an die Art erinnert, in der der Geist Propheten wie Elia oder Ezechiel bewegte (1 Kön 18,12; 2 Kön 2,16; Ez 3,14; 11,1; 37,1; 43,5). Dieses vom Geist Ergriffensein war meist vorübergehend und partiell, während die Propheten in späteren Schriften zunehmend als permanent vom Geist erfüllte Gestalten geschildert werden (Jes 11,2, 61.1). Im jüdischen Denken wurde der zukünftige Messias häufig als jemand dargestellt, auf dem sich der Geist niedergelassen hatte.

Jesus wird als die Erfüllung der Vorhersagen der Propheten dargestellt (Mt 12,18–21; Lk 4,18–19). Bei der Taufe kam der Geist auf Jesus herab und „blieb auf ihm". Jesus war aufgrund seiner Beziehung zum Vater, der ihm den Geist „unbegrenzt" (Joh 3,34) und nicht teilweise, wie den Propheten, gegeben hatte, in einer einzigartigen und vollständigen Weise vom Geist erfüllt. Sein Erfülltsein vom Heiligen Geist geht mit seiner Rolle als Sohn Gottes einher (Joh 3,35).

Das Wirken Jesu war von der Macht des Geistes beglaubigt (Mt 12,28), und jene, die gegen den Geist lästern, riskieren die ewige Verdammnis (Mk 3,28–30 par.).

Die Wüste Juda, in die der Heilige Geist Jesus geführt hat (Mk 1,12). Sein vierzigtägiger Aufenthalt in der Wüste erinnert an die Reise Elias zum Berg Horeb (1 Kön 19,8).

Der Todeskampf im Garten *von Andrea Mantegna (ca. 1430–1506). Der Künstler zeigt das angsterfüllte einsame Gebet Jesu im Garten Getsemani kurz vor seiner Verhaftung (Mk 14,32–42 par.; siehe S. 114–115). Lukas zufolge „erschien ein Engel vom Himmel und gab ihm neue Kraft“. (Lk 22,43) Die Jünger Petrus, Jakobus und Johannes liegen etwas abseits schlafend auf dem Boden; im Hintergrund ist Judas zu sehen, der die Soldaten aus Jerusalem in den Garten führt.*

zeigen, daß sie als sehr wichtig für das Verständnis Jesu erachtet wurde. Nach christlicher Überlieferung zeichneten intensive Erfahrungen, wie sein Gebet in Getsemani, (das bei Lk 22,42 sehr anschaulich geschildert wird) immer wieder sein Leben auf Erden aus (Hebr 5,7).

Ein Merkmal mystischer Erfahrungen sind Visionen aus der Welt des Übernatürlichen – die Offenbarung göttlicher Geheimnisse. In den Evangelien berichtet Jesus von einer Vision, in der er den Satan wie einen Blitz vom Himmel herabfallen sah (Lk 10,18). Diese Passage könnte von jüdischen Vorstellungen beeinflußt sein, die wiederum Jesaja 14,12–15 zitieren.

In jüngerer Zeit wurde darauf hingewiesen, daß die spirituelle Erfahrung Jesu in Verbindung mit der Tradition der jüdischen Mystik zu betrachten sei. Manche jüdischen Lehrer seiner Zeit erlangten einen tranceähnlichen Zustand, in dem sie „in den Himmel, in die Gegenwart Gottes“, aufstiegen. Paulus machte wahrscheinlich eine solche Erfahrung (2 Kor 12,2–4); das deutlichste Bild einer mystischen Himmelfahrt findet sich jedoch in den apokryphen Schriften um die Gestalt des Henoch (siehe Spalte S. 168). Henoch steigt zum Thron Gottes auf, wo sein ganzes Wesen verwandelt wird. Er wird in Kleider von strahlendem Glanz gehüllt und kehrt als himmlischer Botschafter zurück.

Eine solche Überlieferung könnte der Beschreibung Jesu am Beginn der Offenbarung (Offb 1,1–16) zugrundeliegen; auch die Parallelen zur Verklärung sind auffällig (siehe Kasten S. 106). Eine Passage im vierten Evangelium (Joh 3,31-33) läßt sich als Zeugnis für die Wahrheit des Evangeliums Jesu interpretieren. Es wird berichtet, was er im Himmel gehört und gesehen habe. Andere Aussagen Jesu bei Johannes wurden als Hinweise auf eine mystische Himmelfahrt verstanden (Joh 3,13; 6,42; 8,32).

JESUS IM GEBET BEI LUKAS

Das Evangelium nach Lukas betont ganz besonders die Rolle des Gebetes im Leben Jesu. Zwei Hinweise sind besonders bedeutsam: Bei der Taufe Jesu öffnete sich der Himmel, während Jesus betete (Lk 3,21); bei der Verklärung verwandelt sich das Aussehen Jesu, während er betete (Lk 9,29). In beiden Fällen könnte der Evangelist andeuten wollen, daß die himmlische Stimme, die Jesus bei der Taufe und der Verklärung als Sohn Gottes ansprach, eine mystische Bestätigung seiner wahren Natur war; diese sei Jesus nach seiner Vereinigung mit dem Vater im Gebet offenbart worden.

Eine Kapelle am Ufer des Sees Gennesaret bei Migdal, dem antiken Magdala, dem Heimatort von Maria Magdalena; sie wird immer als die erste in seiner weiblichen Anhängerschaft genannt.

JESUS UND DER FEMINISMUS

Die feministische Theorie hat mit der Befreiungstheologie (siehe S. 184) das Interesse für benachteiligte Menschen gemein, insbesondere für Frauen. Die Frauen sind im Laufe der Geschichte von einer männlich dominierten Gesellschaft ignoriert und unterdrückt worden. Zwar teilen alle feministischen Autorinnen diese Ansicht, dennoch gibt es bedeutende Unterschiede in der Annäherung an das Neue Testament und an die Ideen und Intentionen Jesu.

Die Evangelien betonen die bedeutende Stellung der Frauen im Leben Jesu. Die Namen von Frauen, die ihn während seiner Mission in Galiläa begleiteten und für ihn sorgten (Mt 27,55–56; Mk 15,40–41; Lk 8,1–3), sind bekannt, auch wird hervorgehoben, daß Frauen die ersten Zeuginnen der Auferstehung waren (Mk 16,1–8 par.; siehe S. 128–129). Ebenso werden die Heilungen, die Jesus an Frauen vollbrachte, betont. Für sie empfand er besonderes Mitgefühl: Er heilte eine „Tochter Abrahams", die seit achtzehn Jahren nicht mehr aufrecht gehen konnte (Lk 13,10–17), die Tochter einer heidnischen Syrophönizierin (Mt 15,21–28; Mk 7,24–30) und eine Frau, die aufgrund ihrer Blutungen als unrein galt (Mk 5,25–34 par.). Verblüffenderweise akzeptierte Jesus auch Prostituierte, denen er das Reich Gottes öffnete (Mt 21,31–32) und deren Huldigung er entgegennahm (Lk 7,36–50). Auch verwendete er Bilder aus der Welt der Frauen

DER „ANDROGYNE JESUS"

„Wo Gott männlich ist, ist der Mann Gott", lautet ein feministisches Zitat. Manche radikalen Feministinnen sind der Meinung, daß Jesus aufgrund seiner Männlichkeit und der männlichen Sprache, in der er über Gott spricht, nicht als Retter der Frauen betrachtet werden könne. Sie behaupten, daß Frauen, wie seit jeher in der jüdisch-christlichen Tradition, von seiner Botschaft ausgeschlossen seien. Frauen müßten daher das Christentum ablehnen und sich einer Religion zuwenden, die unmittelbar eine weibliche religiöse Erfahrung ausdrückt.

Andere feministische Forscherinnen halten dagegen, Jesus könne, wie er im Neuen Testament dargestellt wird, als männlich und weiblich zugleich verstanden werden. Diese Ansicht ist vom neu erwachten Interesse an der Gnosis (siehe S. 176) beeinflußt; deren Bedeutung nahm in dem Maße ab, in dem die christliche Theologie patriarchalisch wurde. Viele Gnostiker dachten, das erste menschliche Wesen sei androgyn gewesen. Christus, der zweite Adam, habe in seiner Person die ursprüngliche geschlechtliche Einheit der Menschheit wiederhergestellt. Diese Lehre wird Jesus auch in apokryphen Evangelien mit gnostischem Hintergrund zugeschrieben, wie im Thomasevangelium und im Evangelium des Philippus.

Im Zentrum vieler gnostischer Systeme steht die Gestalt der Sophia – der Weisheit –, der weiblichen Erscheinungsform der Gottheit. Auch in der Hebräischen Bibel ist die personifizierte Weisheit weiblich. Sophia wird mit dem Heiligen Geist gleichgesetzt; das Thomasevangelium nennt sie die wahre Mutter Jesu, und auch der Bericht Lukas' über die Empfängnis Jesu durch den Heiligen Geist kann in diesem Sinn verstanden werden. Im Neuen Testament wird Jesus manchmal als die Weisheit Gottes beschrieben und könnte somit als die Verkörperung Sophias verstanden werden.

Noli me tangere *von Martin Schongauer (1440–1491) veranschaulicht die Erzählung des Johannesevangeliums über die Erscheinung des auferstandenen Christus vor Maria Magdalena (Joh 20,11–18). Der lateinische Titel dieser Szene ist eine Übersetzung der Worte Jesu zu Maria: „Berühre mich nicht." Ihre Vorrangstellung beruht vermutlich auf der Überlieferung, daß sie die erste war, die den Auferstanden sah (vgl. Mk 16,9).*

in seinen Gleichnissen (Mt 13,33; 24,41; Lk 13,20; 15,8–10; 17,35). Er sorgte sich auch um Witwen; diese waren in der Gesellschaft oft sehr schlecht gestellt (Mk 12,42–44; Lk 18,2–8; 21,2–4).

Diese Fakten werden von allen Gelehrten, ob feministisch oder nicht, anerkannt; Vorsicht ist jedoch in der Bewertung ihrer Bedeutung angebracht. Viele vermuten, daß die Haltung Jesu einen radikalen Bruch mit der untergeordneten Stellung der Frauen bedeutete. Jedoch ist relativ wenig über die Stellung der Frau zu jener Zeit bekannt. Frauen könnten im Judentum des 1. Jahrhunderts eine höhere Stellung gehabt haben als vermutet. Andererseits wurde darauf hingewiesen, daß alle Evangelien von Männern verfaßt wurden, und ihre Darstellung daher patiarchalisch geprägt ist. Es ist unwahrscheinlich, daß sie den Frauen eine bedeutende Rolle im Leben Jesu zugewiesen hätten, wäre dies für die Zeit nicht außergewöhnlich gewesen.

JESUS UND DIE JÜNGERINNEN

Feministische Wissenschaftlerinnen versuchen die Evangelien vom spezifischen Standpunkt der Frauen aus zu beleuchten – eine Annäherung, die neue aufschlußreiche Resultate brachte und bislang unentdeckte Aspekte der Evangelien freilegte. So wird zum Beispiel die Ehrerweisung Jesu – in Gegenwart der mißbilligenden Jünger – an eine Frau, die ihn salbte, als Bestätigung betrachtet, daß Frauen im Leben der zukünftigen Kirche eine zentrale Stellung zustehe (Mt 26,6–13; Mk 14,3–9).

In der Geschichte von Marta und Maria (Lk 10,38–42) hört Maria Jesus zu, während ihre Schwester Marta ihrer Arbeit nachgeht. Als sich Marta darüber bei Jesus beschwert, antwortet er, daß Maria das „Bessere gewählt" habe. Diese Episode könnte eine Streitfrage über die Rolle der Frauen in der christlichen Gemeinschaft widerspiegeln, wobei die Begünstigung Marias das Recht der Frauen auf eine uneingeschränkte Jüngerschaft bestätige.

Die Frauen sind in den Evangelien jene, die die Lehre Jesu demütig und gläubig aufnehmen, während die männlichen Jünger häufig zweifeln. Großes Interesse erweckte die Gestalt der Mutter Jesu – feministische Theologinnen zeigten, daß sie nicht nur als passive Empfängerin der göttlichen Absicht zu verstehen ist, sondern als aktive Verkünderin der Befreiung und als Vorbild der Jüngerschaft für die ganze Menschheit.

„JESUS, DER JUDE"
Jüdische und christlichen Autoren (siehe S. 178–179) haben in jüngerer Zeit den Weg für ein neues Klima des Verstehens zwischen Christen und Juden gebahnt. Seit dem 18. Jahrhundert anerkennt die neutestamentliche Forschung zunehmend das Judentum Jesu; auch werden sein Leben und seine Lehre immer mehr im Kontext des Judaismus seiner Zeit interpretiert.

Gleichzeitig wird Jesus von manchen Strömungen der jüdischen Forschung zunehmend in positiverem Licht gesehen, wenngleich der Glaube an die Göttlichkeit Jesu und die Auferstehung weiterhin abgelehnt wird. Manche jüdische Gelehrte – allerdings eine Minderheit – meinen, Jesus lege die zentrale Aussage des jüdischen Gesetzes frei, nämlich die existentielle Verbindung zwischen den Menschen und Gott. Seine Identifizierung mit den Unterdrückten und Ausgestoßenen sei eine Herausforderung für die ganze Menschheit.

JUDENTUM UND KIRCHE

Die frühe Kirche in Jerusalem sah es als ihre Aufgabe an, Israel zu missionieren, alles deutet jedoch darauf hin, daß sie bei den Juden, vor allem in Palästina, nur beschränkt Erfolg hatte. Als Judenchristen werden jene bezeichnet, die weiterhin die Tora befolgten, gleichzeitig aber an Jesus und seine Mission glaubten. Sie nahmen eine prekäre Stellung zwischen dem Judentum und der Hauptströmung des Christentums ein und wurden von keiner der beiden Gruppen akzeptiert. Nach der Zerstörung von Jerusalem im Jahr 70 n. Chr. zerstreuten sie sich, bis sie völlig verschwanden (siehe S. 172–173).

Juden und Christen trennte vor allem die Frage, ob Jesus der erwartete Messias sei. Das Judentum jener Zeit erwartete keinen leidenden, sterbenden und auferstehenden Retter, wie ihn das Christentum verkündete. Für die Christen war Jesus der in den hebräischen Schriften angekündigte Prophet; jeder, der seine Worte nicht hörte, würde von Gott zur Rechenschaft gezogen (Dtn 18,18–19).

In der Apostelgeschichte ist diese Warnung drastischer formuliert: „Jeder, der auf jenen Propheten nicht hört, wird aus dem Volk ausgemerzt werden" (Apg 3,23). Deshalb würden die Juden (und andere) durch ihre Weigerung, Jesus und seine Lehre zu akzeptieren, unweigerlich von Gott verurteilt werden. Der Messiasanspruch ist im Judentum jedoch an und für sich nicht unakzeptabel; die jüdische Geschichte brachte viele hervor, die sich Messias nannten (wie Simon bar Kokhba im 2. Jh. n. Chr. und Shabbetai Zvi im 7. Jh). Was das rabbinische Judentum am meisten störte, war der christliche Glaube an die Menschwerdung – die Vorstellung, Jesus verkörpere Gott in Fleisch und Blut. Das Judentum vertrat die entgegengesetzte Meinung, daß das Menschliche nicht göttlich sein könne und das Göttliche daher auch nicht menschlich.

Nachdem Paulus gelehrt hatte, daß Christus das jüdische Gesetz abgelöst habe (Röm 10,4), fühlten sich die Christen nicht länger an die Vorschriften der Tora gebunden. Dies war ein entscheidender Bruch mit dem Judentum, der zur Folge hatte, daß der neue Glaube auch Heiden gepredigt werden durfte. Die Kirche wurde und blieb eine vorwiegend an den Heiden orientierte Gemeinschaft. Der Bruch vertiefte sich

Die Synagoge, *allegorische Skulptur in der Kathedrale von Straßburg, Frankreich (ca. 1320). Die Augen sind verbunden, um die „Blindheit" der Juden gegenüber dem Evangelium zu zeigen. Sie trägt eine zerbrochene Lanze (eines der Folterinstrumente bei der Kreuzigung, die den Juden zugeschrieben wurde), und ein geschlossenes Buch, das jüdische Gesetz symbolisierend.*

während der Neuorganisation des Lebens nach der Katastrophe von 70 n. Chr., als die jüdischen Religionsführer – insbesondere die Pharisäer, da nun der Tempel und die Priesterschaft nicht mehr existierten – die strikte Einhaltung des Gesetzes verlangten. Der Pluralismus, der bis dahin im Judentum existiert hatte (siehe S. 34–37), war im Schwinden begriffen. Immer mehr Christen wurden vor die jüdischen Gerichte gestellt und aus den Synagogen vertrieben (Mt 10,17; Mk 13,9; Lk 12,11; 21,12).

Paulus glaubte noch, daß die Juden Jesus nur vorübergehend ablehnen würden (Röm 11,26). Diese Hoffnung sollte sich aber nicht erfüllen. Die Kluft wurde immer tiefer, und die frühe Kirche verstand ihren Erfolg in der Missionierung der Heiden als Zeichen, daß sie das Judentum tatsächlich gänzlich ersetzen werde (Apg 13,46–47; 18,6).

Je weiter sich das Christentum von seinen jüdischen Wurzeln entfernte, umso weniger wußten die Christen von dem jüdischen Umfeld, in dem Jesus gewirkt hatte. Immer stärker wurden Jesus und seine Jünger von „den Juden“ unterschieden. Die Christen machten für den Tod Jesu nicht Pilatus als Person verantwortlich, die Tempelbehören oder andere jüdische Gruppen, die sich der Lehre Jesu widersetzt hatten, sondern vereinfachend „die Juden“ – das jüdische Volk also.

Bei Petrus wurde noch behauptet, daß „die Juden“ und ihre Herrscher nur aus Unwissenheit gehandelt hätten (Apg 3,17), doch der anhaltende Starrsinn der Juden und ihre Weigerung, die Wahrheit über Jesus anzuerkennen, führte alsbald zu einer Verhärtung der Standpunkte. Dies kommt am stärksten im vierten Evangelium zum Ausdruck, wo „die Juden“ – wobei hier deutlich das ganze Volk gemeint ist – als jene dargestellt werden, die Jesus von Anfang an vernichten wollten. Die Zurückweisung Jesu zeige, daß die Juden nicht die Auserwählten Gottes, die Kinder Abrahams, sondern die Kinder des Teufels seien (Joh 8,31–44).

In den folgenden Jahrhunderten verbreitete sich die christliche Meinung, daß das ganze jüdische Volk die Schuld am Tode Jesu trage. Was für soziologische oder ökonomische Faktoren auch mitgespielt haben mögen, hier liegt die Wurzel des christlichen Antijudaismus und des Antisemitismus mit seinen rassistischen Folgeerscheinungen. Die jüdische Gemeinde tendierte in der Folge dazu, Jesus wiederum als die Ursache ihrer Verfolgung zu betrachten (siehe Spalte rechts). Das Verhältnis zwischen Juden und Christen wurde im weiteren Verlauf der Geschichte zunehmend verbittert. Verbindend war jedoch immer, daß die Kirche sich seit jeher auf die Autorität der hebräischen Schriften, das Alte Testament, berief.

Die Jungfrau und das Kind, *koptische Ikone eines zweiflügeligen Tafelbildes aus Äthiopien (frühes 18. Jh.). Das Jesuskind hält das Buch des neuen Gesetzes.*

JESUS IM TALMUD

Der Talmud enthält Hinweise auf die jüdische Haltung zu Jesus in den ersten Jahrhunderten. In einem Gebet aus dem 1. Jahrhundert n. Chr. wird um die Vernichtung der Häretiker gebeten, womit die Christen gemeint sein könnten. Es wird auch behauptet, Jesus sei als Verbrecher getötet worden, weil er Zauberei praktiziert und Israel auf Abwege geführt habe. Beide Vorwürfe, vor allem der der Zauberei (Mk 3,22–27 par.), werden in den Evangelien erwähnt.

Eine andere Passage im Talmud spricht von einem, der, obwohl von einer Frau geboren, sich zum Gott machen wollte – eine deutliche Attacke gegen den Glauben an die Göttlichkeit Christi.

JESUS IM ISLAM

Im Koran wird Jesus (arabisch: Isa) dem Personenkreis zugeordnet, dem das Wort Gottes offenbart worden sei. Zu diesen Personen zählen auch Adam, Noah und Abraham. Mohammed ist der letzte von allen Propheten. Das „Siegel der Propheten", wie Mohammed genannt wird, habe keinen Nachfolger. Zwischen Abraham und Mohammed habe es viele weitere Propheten (*nabis*) gegeben, von denen achtundzwanzig auserwählt wurden, um das Wort Gottes zu verkünden. Zu diesen auserwählten Propheten, den sogenannten *rasuls*, zählten auch Mose und Jesus, die das Wort zwei spezifischen Gemeinschaften, den Juden und den Christen, verkündeten. Als „Völker der Schrift" – jene, denen Gott (Allah) die Schrift gewährte – haben die Juden und die Christen einen besonderen Status im Islam.

Die Geburt Jesu, *persische Miniatur (ca. 1700). Dem Koran zufolge* (Sure 19, „Maria") *zog sich die schwangere Maria an einen „entlegenen Ort" zurück, wo sie Jesus unter einer Palme zur Welt brachte. Auf Verlangen des Neugeborenen (rechts) schüttelte Maria Datteln von dem Baum; dessen Wurzeln entströmte ein erfrischender Wind.*

Die besondere Rolle Jesu in der Reihe der Propheten zeigt sich auch in der Vielfalt an Titeln, die ihm im Koran zugewiesen werden, etwa „Messias" oder „Wort und Geist Gottes". Meist wird er als „Sohn Marias" beschrieben. Auch die jungfräuliche Geburt spielt eine bedeutende Rolle. Der Koran beinhaltet auch die Geburtsgeschichte von Johannes dem Täufer; dessen Wirken bestätigt Jesus als das Wort Gottes.

Jesus sei bei seiner Mission (siehe Kasten) durch den Heiligen Geist gestärkt und zu einem der angesehensten Propheten geworden. Durch die Kraft Allahs habe er Blinde und Aussätzige geheilt und Tote zum Leben auferweckt, wobei ihm die Apostel dabei halfen. Jesus habe das Evangelium von Gott erhalten und verkünde dessen Wahrheit. Alle „Völker der Schrift" würden letztendlich an die Wahrheit Jesu glauben, und er werde über ihre Irrtümer beim Jüngsten Gericht Zeugnis ablegen.

Die Vorstellung von der Göttlichkeit Jesu lehnt der Koran hingegen ab. Jesus sei nicht der Sohn Gottes, nur sein Diener und Prophet – ein „Bote Gottes", ein Wesen aus Staub wie Adam. Nur jene, denen der wahre Glaube fehlt, meinten, der Sohn Marias wäre Gottes Sohn. Der Koran verurteilt insbesondere die Lehre von der Dreifaltigkeit; viele Christen teilen vermutlich die Einstellung des Korans zu diesem Phänomen: „Ungläubig sind diejenigen, die sagen: ‚Gott ist der Dritte von dreien', wo es doch keinen Gott gibt außer einem einzigen Gott" (Sure 5 „Der Tisch").

Der Koran stellt auch die Kreuzigung in Abrede. Er sagt, daß „die Juden", obwohl sie behaupten, Jesus getötet zu haben, nicht ihn, sondern nur seinen Doppelganger kreuzigten, während Jesus von Gott in den Himmel aufgenommen worden sei. Spätere muslimische Überlieferungen sprechen von der zukünftigen Rückkehr Jesu auf die Erde, bei der er den Antichrist töten und ein Zeitalter der Harmonie und des Glücks eröffnen werde.

Komponenten dieses Jesusbildes finden sich in den kanonischen und auch in manchen apokryphen Evangelien sowie in Debatten, die Mohammed mit Christen führte. Christliche Gelehrte stimmen überein, daß Mohammed die vier Evangelien des Neuen Testaments vermutlich nicht aus erster Hand kannte. Sein Kontakt mit Christen beschränkte sich vermutlich auf wandernde Mönche und Asketen, die meist aus dem angrenzenden Syrien in das südliche Arabien gekommen waren. Sie verbreiteten eine populare Variante des Christentums, das legendenhafte und volkstümliche Züge angenommen hatte und von der kirchlichen Orthodoxie abwich.

DAS LEBEN JESU UND DER KORAN

Die Passagen über Jesus im Koran spiegeln das Neue Testament und Überlieferungen apokrypher Evangelien wider, die im Süden Arabiens anscheinend gut bekannt waren. Es gibt viele frühe arabische Übersetzungen.

Im Koran wird Maria die Geburt Jesu von einem engelhaften Wesen in Menschengestalt verkündigt, dem Maria wie bei Lukas antwortet. Jesu Geburt findet unter einer Palme statt (siehe Abb. gegenüber). Ein ähnlicher Bericht findet sich in einer apokryphen Schrift, dem „Pseudevangelium des Matthäus".

Der Koran erwähnt auch die Wunderheilungen Jesu. Weiters wird beschrieben, daß er Vögel aus Ton herstellte und sie zu Leben erweckte, eine Episode, die sich in vielen apokryphen Quellen findet (siehe Abb. S. 207). In einem anderen Wunder bewirkt Jesus auf Bitte der Apostel, daß ein festlich gedeckter Tisch vom Himmel herabgesandt wird. Dies könnte eine Anspielung auf die christliche Eucharistie oder auf das Wunder der Speisung in den Evangelien sein.

Es gibt auch viele Verweise auf die Lehre Jesu. Jesu bestätigte angeblich die Tora, relativierte aber einige ihrer Verbote. Das erinnert an die Haltung Jesu gegenüber dem Gesetz, wie sie im Neuen Testament geschildert wird (siehe S. 142–143). Auch die Gleichnisse Jesu, etwa jenes vom Sämann und jenes von den zehn Jungfrauen werden erwähnt; viele Redewendungen des Korans erinnern darüber hinaus an die kanonischen Evangelien.

Mehrere Aussprüche und Wunder Mohammeds, die im Hadith (muslimische Überlieferung vom Leben des Propheten) aufscheinen, erinnern an Worte und Taten, die das Neue Testament Jesus zuschreibt. Muslimische Historiker und Theologen zeigen eine gute Kenntnis der Evangelien. Die Schriften muslimischer Mystiker (Sufis) enthalten viele Aussprüche, die Jesus zugeordnet werden.

DIE EVANGELIEN IM KORAN

Dem Koran zufolge ist das Evangelium ein Buch, das Gott Jesus gab, so wie er die Tora Mose gab. Muslimische Gelehrte, die die vier kanonischen Evangelien kannten, nannten diese eine Verfälschung des ursprünglichen Evangeliums. Das verlorene Original enthalte eine Prophezeiung Jesu, daß Mohammed kommen werde, wie im Koran geschrieben steht:

> „Und als Jesus, der Sohn Marias, sagte: O Kinder Israels, ich bin der Gesandte Gottes an euch, um zu bestätigen, was von der Tora vor mir vorhanden war, und einen Gesandten zu verkünden, der nach mir kommt: Sein Name ist Ahmad [Mohammed]."

(*Sure* 61,6 „Die Reihe", Der Koran, Übersetzung Adel Theodor Khoury, Gütersloher Verlagshaus, Gütersloh 1992.)

DIE SUCHE NACH DEM HISTORISCHEN JESUS

In Zeitalter der Kirchenväter (siehe S. 174–175) wurde die Kirchenlehre weitgehend vereinheitlicht. Man erkannte das Menschsein Jesu an und betrachtete ihn als reale historische Person. Seine in den Evangelien beschriebenen Taten und Lehren wurden als authentisch und maßgeblich für die Theologie angesehen und den Menschen gepredigt. Sowohl in der Ost- als auch der Westkirche glaubte man, daß die Evangelien von Gott inspiriert sind, weshalb ihre Wahrheit nicht hinterfragt werden durfte: Ihre Widersprüche und Abweichungen wurden angeglichen oder einfach ignoriert. Aufgrund des Glaubens, daß Jesus die vollkommene Union von Göttlichkeit und Menschlichkeit verkörpere, konnte man die Wunder, die ihm im Neuen Testament zugeschrieben werden, ohne Probleme akzeptieren. Er wurde als einzigartig angesehen, als jemand, der sich vom Judentum und der Welt seiner Zeit, über die wenig bekannt war, abhob.

Eingang zu einem antiken Grab in Bethanien bei Jerusalem; der Überlieferung nach ist es jenes von Lazarus, den Jesus von den Toten auferweckt hat (Joh 11). Das vierte Evangelium steht in dem Ruf, wenig verläßliche historische Information über Jesus zu bieten. Diese Ansicht wird heute, auch aufgrund archäologischer Entdeckungen von bislang unbekannten Stätten, die Johannes erwähnte, revidiert.

Diese Situation änderte sich im 17. Jahrhundert mit dem Aufkommen des Rationalismus und der modernen Wissenschaften. Die Naturwissenschaften beschrieben eine Welt, die durch autonome Gesetze zu funktionieren schien. Davon ausgehend, daß Gott diese Gesetze bei der Schöpfung verfügt hatte, stellte sich die Frage nach dem Bedürfnis nach weiteren göttlichen Eingriffen. Wunder wurden nun als ein Verstoß gegen die Naturgesetze angesehen. Die Wunderberichte in den Evangelien veranlaßten etwa die englischen Deisten (die nach einem Glauben suchten, der auf rationalem Denken basierte), grundlegende Fragen über Wesen und Ursprung der Evangelien zu stellen.

Die Arbeiten des deutschen Gelehrten Reimarus (1694–1768) sind allgemein als die ersten modernen Forschungen über den historischen Jesus anerkannt. Zwar konnte er auf die Arbeiten der Deisten zurückgreifen, seine Leistung zeichnet sich jedoch durch zwei grundlegend neue Denkanstöße aus. Erstens unterschied er im Gegensatz zum orthodoxen Christentum zwischen dem, was Jesus wirklich sagte und lehrte, und dem, was seine späteren Anhäger von ihm glaubten. Er unterschied also zwischen dem „historischen Jesus" und dem „Christus des Glaubens". Zweitens vertrat er die Meinung, daß Jesus nur im Kontext des Judentums seiner Zeit zu verstehen sei. Jesus war seiner Ansicht nach ein typischer israelitischer Prophet, der das Bevorstehen des messianischen und politischen Gottesreiches, wie es die Juden seit langem erhofften, verkündete.

Ein weiterer Gelehrter, David Friedrich Strauß (1808–1874) unterschied ebenfalls zwischen dem realen Jesus und dem Erlöser der Kirche, glaubte diese Unterscheidung aber in den Evangelientexen selbst zu erkennen. Viele der Geschichten über Jesus seien mythische Interpretationen, die die Bedeutung Jesu für seine Anhänger aufzeigten. In mancher Hinsicht nahm Strauß die spätere Formkritik vorweg.

Unterstützt wurden diese Ideen durch das gleichzeitige Aufkommen der geschichtswissenschaftlichen Kritik an den Evangelientexten, die sich vor allem mit deren Datierung und der chronologischen Ordnung auseinandersetzte. Man kam übereinstimmend zu dem Ergebnis, daß Markus und nicht Matthäus das älteste Evangelium ist. Das Johannesevangelium sei relativ spät entstanden und habe daher wenig historischen Wert (siehe S. 57). In der Folge wurde das Markusevangelium als der authentischste Bericht über das Leben Jesu angesehen. Es stellt Jesus sehr menschlich dar, und im Gegensatz zu dem dogmatischen Glauben der Kirche vemittelt es eine einfache ethische Botschaft. Davon ausgehend entstanden im späten 19. Jahrhundert viele Versionen vom „Leben Jesu“, die seine wahre Persönlichkeit rekonstruieren wollten und die die liberale protestantische Theologie jener Zeit reflektierten.

Die Verklärung, *aus dem Ingeborg-Psalter (Frankreich, ca. 1210). Die dramatischen Schilderungen von der Verklärung Jesu (Mk 9,2–8 par.) sind in ihrer vorliegenden Form größtenteils als Kompositionen der Evangelisten zu verstehen; kürzlich wurde die These geäußert, daß dieses Ereignis auf einer mystischen Erfahrung Jesu beruhen könnte (siehe S. 185).*

Neue Forschungsergebnisse des frühen 20. Jahrhunderts schienen alle bisherigen Erkenntnisse über den historischen Jesus ins Wanken zu bringen. Die einflußreiche Arbeit von Albert Schweitzer (1875–1965), Autor der *Geschichte der Leben-Jesu-Forschung* (1906), zeigte auf, daß die verschiedenen Versionen vom Leben Jesu größtenteils Projektionen der eigenen ethischen Ideale der Autoren waren. Der wirkliche Jesus sei ein apokalyptischer Prophet gewesen. Seine ethische Lehre sollte nur für die kurze Zeit Gültigkeit besitzen, bevor das Reich Gottes anbrach. Das Markusevangelium wurde zudem nicht mehr als ein rein objektiver Bericht über das Leben und Wirken Jesu angesehen, sondern als eine theologische Arbeit, die die Glaubensvorstellungen der frühen Kirche widerspiegelt.

Vor allem die Formkritik (siehe S. 50–51) überzeugte viele Forscher davon, daß die Autoren der Evangelien nicht beabsichtigt hatten, das Leben Jesu darzustellen und daß ihre Arbeiten auch kein Material für ein solches Unterfangen bereitstellten. Rudolf Bultmann (1884–1976), der führende Formkritiker, wies jegliche Versuche, das Leben und die Persönlichkeit Jesu zu rekonstruieren, als „phantastisch und romantisch“ zurück.

Das Interesse am historischen Jesus ließ durch das Aufkommen der Formkritik jedoch nicht wirklich nach. Sogar manche Schüler Bultmanns

DAS AUFFINDEN DES „WAHREN" JESUS

Drei Kriterien erlangten in der neutestamentlichen Bibelforschung große Bedeutung. Das erste Kriterium betrifft die sogenannte „kirchliche Verlegenheit": Aussprüche, die Jesus zugeschrieben werden und die den frühen Christen peinlich waren, etwa sein Eingeständnis, das Ende des jetzigen Zeitalters nicht zu kennen (Mt 24,36; Mk 13,32), wurden kaum erfunden. Daß die frühe Kirche sich zur Überlieferung solcher Aussagen verpflichtet fühlte, spricht für deren Authentizität.

Das zweite Kriterium ist jenes des „mehrfachen Zeugnisses"; es mißt Aussprüchen, die Jesus in verschiedenen Passagen der Evangelien zugeschrieben werden, große Bedeutung bei. Die verschiedenen Evangelien überliefern jeweils das, was die verschiedenen christlichen Gemeinden von Jesus und seinem Wirken im Gedächtnis bewahrt haben. Es ist schwer vorstellbar, daß die einzelnen Evangelisten unabhängig voneinander dieselben Überlieferungen erfunden hätten.

Der Sämann, *Fenster in der Kathedrale von Canterbury, England. Das Gleichnis Jesu vom Sämann ist nach dem Kriterium des mehrfachen Zeugnisses vermutlich authentisch: Es kommt in allen drei synoptischen Evangelien vor.*

Das dritte Kriterium ist jenes der Unähnlichkeit. Dieses Verfahren ist am meisten umstritten. Wenn sich ein Ausspruch oder eine Handlung Jesu von den Lehren und Bräuchen des Judentums seiner Zeit oder von den Glaubensvorstellungen der frühen Kirche stark unterscheidet, wird dies als Beweis für seine historische Authentizität angesehen.

Dieses Vorgehen kann zwar die Authentizität gewisser Aussprüche Jesu aufzeigen, birgt aber das Risiko in sich, Jesus von seinem jüdischen Hintergrund zu lösen, so daß alle Inhalte seiner Lehre, die dem Judentum entsprechen, tendenziell als nicht authentisch betrachtet werden. Auch ist unser Wissen über das Judentum des 1. Jahrhunderts und über die frühe Kirche nach wie vor beschränkt und umstritten. Bevor wir keine umfassenderen Kenntnisse über die Glaubensvorstellungen seiner jüdischen Anhänger oder der ersten Christen haben, ist das Kriterium der Unähnlichkeit nur sehr beschränkt von Nutzen.

begaben sich auf die „neue Suche" nach dem historischen Jesus. Dabei suchte man Belege für eine Kontinuität zwischen dem realen Jesus und dem Christus des kirchlichen Glaubens. Man hob hervor, daß alle Autoren des Neuen Testaments von einer Identität des irdischen Jesus mit dem Christus des Glaubens ausgegangen seien. Die Verkündigung Christi durch die frühe Kirche basierte ihrer Meinung nach auf dem Wirken und der Lehre des historischen Jesus gemäß der Darstellung in den Evangelien.

Das Problem war immer das gleiche: Inwieweit war es möglich, das Grundgerüst der Lehre zu entdecken, das als authentische Auffassung Jesu akzeptiert werden konnte? Man schlug diverse Kriterien vor, um das Authentische herauszuarbeiten (siehe Kasten oben). Die neuere Forschung zog es vor, sich auf den allgemeinen Maßstab „historischer Plausibilität" zu stützen, den der Historiker gegenüber alten Texten anzuwenden habe. Daraus ergab es sich, Jesus im Kontext der jüdischen Geschichte zu betrachten. Überlieferungen über ihn galten als historisch, wenn sie sich in den bekannten jüdischen Hintergrund seines Wirkens einfügen (siehe S. 168–169). Moderne soziologische Studien zeigen, daß vieles von dem, was die Evangelien über die Aktivität Jesu berichten, Konflikte und Spannungen im Judentum des 1. Jahrhunderts widerspiegelt. Durch das verstärkte Augenmerk auf historische Plausibilität rückte auch die frühe „Jesusbewegung" wieder mehr in den Mittelpunkt des Forschungsinteresses. Die Gruppe, die Jesus zu Lebzeiten begleitet hatte, überlieferte seine Lehre. Sie schuf die Basis für die Mission und für jede weitere Kirchenlehre.

Historische Plausibilität allein ist kein Beweis für ein historisches Faktum. Selbst wenn eine Skizze des historischen Jesu enstehen könnte, die für die meisten Gelehrten akzeptabel wäre, würde die wahre Bedeutung der Details weiter umstritten bleiben. Manche Autoren stellen die Suche nach dem „authentischen" Jesus überhaupt in Frage und plädieren für eine Konzentration auf den religiösen Wert der Evangelien. Aus allen Forschungsansätzen läßt sich eine positive Bilanz ziehen: Jede neue Frage kann unser Verständnis über Jesus von Nazaret nur vergrößern. Die Faszination seiner Person bleibt für viele Männer und Frauen ungebrochen bestehen.

Die Darbringung im Tempel, *vom Meister von St. Severin (Frankreich, ca. 1485–1515). Lukas 2,22–24 berichtet, daß die Eltern Jesu das jüdische Ritual der Darbringung einhielten, wenngleich der Evangelist das Ereignis mit christlicher Bildersprache unterlegte (siehe S. 77). Heutige Gelehrte müssen auf der Suche nach dem historischen Jesus hinter diese theologischen Schichten sehen, um Jesus in seinem jüdischen Kontext verstehen zu können.*

DER „MYTHISCHE" JESUS

Spätestens seit dem 19. Jahrhundert wird die Existenz Jesu angezweifelt. Das Bild, das die Evangelien von ihm zeichnen, sei fiktiv und mythisch. Die Vertreter dieser These halten den von der frühen Kirche verehrten Jesus im wesentlichen für eine Schöpfung von Paulus: eine himmlische Gestalt, die Paulus und seinen Apostelfreunden in ekstatischen Visionen erschien.

Die große Akzeptanz der Predigten des Paulus erklärte man damit, daß seine Versammlungen von Essenern (siehe Spalte S. 37) besucht wurden, die bereits einen „Lehrer der Gerechtigkeit", den Begründer der Qumran-Gemeinde, verehrten. Paulus, so wird behauptet, setzte den Jesus seiner Visionen mit diesem Lehrer gleich.

Solche Behauptungen werden von der neutestamentlichen Forschung verworfen: Die Anzweiflung der Existenz Jesu beruhe größtenteils auf spekulativen und hypothetischen Argumenten; Gegenbeweise würden ignoriert. Beispielsweise gibt es in den Paulusbriefen keinen Hinweis, daß seine Versammlungen vorwiegend von Essenern besucht worden wären.

Vor allem ist es schwer nachzuvollziehen, warum die Evangelien dann überhaupt entstanden sind oder warum die frühen Christen eine so kunstvolle Fiktion um einen Menschen, mit genauen Angaben über Zeit, Ort und Namen von Zeitgenossen hätten erfinden sollen.

JESUS IN DER KUNST

OBEN: Der Erlöser, *russische Ikone aus dem 15. Jahrhundert. Die ernste Majestät des Antlitzes Christi gibt die Sicht der orthodoxen Kirche von Jesus als Pantokrator, als Herrscher und Erlöser der Welt, wieder.*
GEGENÜBER: Pietà: Toter Christus von Engeln gestützt, *von Antonello da Messina (ca. 1430–1479). Abbildungen des „Schmerzensmannes“, der mit seinen Leiden die Menschheit erlöste, wurden im Mittelalter verehrt.*

GEGENÜBER: Der gute Hirte, *Fresko aus dem frühen 3. Jahrhundert n. Chr. aus der Krypta von Lucina am Friedhof von Callixtus in Rom.*

UNTEN: *Elfenbeinstatuette, ebenfalls aus Rom, ca. 300 n. Chr. Eines der populärsten frühen christlichen Motive war jenes von Jesus als Hirte, der seine Herde versorgt; ein häufiges Bild im Neuen Testament (z. B. Joh 10,14–17; Hebr 13,20). Die Ikonographie des guten Hirten wurde praktisch unverändert von den griechisch-römischen Bildern des Gottes Hermes (des römischen Merkur) übernommen, der als Beschützer der Herden einen Widder trägt, oder von der mythischen Gestalt des die Tiere beschwörenden Orpheus.*

FRÜHCHRISTLICHE KUNST

Als die früheste Periode christlicher Kunst wird meist die Zeit von der Mitte des 1. Jahrhunderts bis zum Toleranzedikt von Kaiser Konstantin 313 n. Chr. definiert; mit diesem Jahr fand die Verfolgung der Christen im römischen Reich ein Ende. Die bedeutendsten noch erhaltenen Beispiele aus dieser Periode stammen größtenteils aus dem 3. Jahrhundert. Die Kunstwerke wurden in den Katakomben (unterirdischen Begräbnisstätten) Roms und in den Überresten einer christlichen „Hauskirche" in der griechisch-römischen Stadt Dura-Europos im heutigen Syrien gefunden. Die Bilder von den beiden Fundorten zeigen eine auffällige Ähnlichkeit, was vermuten läßt, daß zu jener Zeit bereits im ganzen Reich eine christliche Kunsttradition bestanden hat.

Vor dem Toleranzedikt bestand die künstlerische Ausdrucksform des Christentums hauptsächlich in der Bearbeitung vorhandener Vorlagen. Man lehnte sich in der Darstellung Jesu an Motive der griechisch-römischen Kunst an; dies zeigt sich etwa in einer Abbildung von Jona und dem Fisch. Die Begebenheit wurde als Metapher für den auferstandenen Christus interpretiert. Viele frühe christliche Kunstwerke zeigen deutlich heidnische Motive. Mosaike aus dem 3. Jahrhundert in einem kleinen Mausoleum unter der Peterskirche in Rom zeigen unverkennbar die Gestalt des Sonnengottes Helios (oder Apollon), der auf seinem Wagen über den Himmel fährt. Die Darstellung Jesu als Sonnengott könnte biblische Prophezeiungen vom kommenden Messias aufnehmen: „Für euch aber, die ihr meinen Namen fürchtet, wird die Sonne der Gerechtigkeit aufgehen, und ihre Flügel bringen Heilung" (Mal 3,20).

Großen Einfluß auf die christliche Kunst jener Zeit hatte vermutlich auch die jüdische Kunst in den Synogogen. In der frühchristlichen Raumgestaltung dominieren Motive aus der Hebräischen Bibel: Die Darstellung von Jona und dem Fisch in der jüdischen Kunst betrachtete man etwa als Vorwegnahme der Gestalt Jesu. Die christlichen Künstler begannen damit, Vorfälle aus dem Leben Jesu darzustellen. Einige Bilder wurden erst kürzlich in den frühesten Katakomben entdeckt: der Besuch der Heiligen Drei Könige, die Taufe durch Johannes, die Heilung des Aussätzigen, die Frau, die an Blutungen litt, und die Samariterin sowie die Auferstehung des Lazaraus. Daneben finden sich in der Kirche von Dura-Europos Szenen von Christus, der über das Wasser schreitet oder der Besuch der drei Frauen am Grab.

Die frühesten Darstellungen Jesu in den Katakomben von Priscilla stammen aus der Mitte des 2. Jahrhunderts. Die Kunstwerke von Dura-Europos stammen aus der ersten Hälfte des 3. Jahrhunderts. Jesus wird hier als einfacher Mensch dargestellt: jung, bartlos, kurzhaarig, in der damals üblichen Kleidung. Auffällig ist, daß in den erhaltenen Zeugnissen früher christlicher Kunst Darstellungen der Geburt oder der Kreuzigung Jesu, die für die Kunst aller späterer Jahrhunderte so zentral waren, fehlen (siehe S. 200–201, 212–217).

DIE GEBURT JESU

Die uns heute so vertrauten Motive von der Geburtsszene entstanden erst allmählich in den Jahrhunderten nach dem Toleranzedikt. Eine frühe Darstellung des in Windeln gewickelten Kindes in der Krippe zwischen Maria und Josef fand sich auf dem Buchdeckel eines Evangeliars (402 n. Chr.) aus der Kathedrale von Mailand. Der Ochse und der Esel tauchen von Beginn an in den Darstellungen auf; sie erfüllten die Worte Jesajas: „Der Ochse kennt seinen Besitzer und der Esel die Krippe seines Herrn“ (Jes 1,3). Sie bezeugen, daß das Kind kein gewöhnliches Baby ist, sondern Gott in menschlicher Gestalt.

Abgesehen von Ochse und Esel stammen die Motive der Abbildungen von der Geburt in der Ost- und in der Westkirche hauptsächlich aus den Evangelien nach Matthäus und Lukas (siehe S. 64–75). Die drei Könige

Auf dieser russischen Ikone aus dem 16. Jahrhundert sind alle klassischen Motive, die in der Darstellung der Geburtsszene in der Ostkirche vorkommen, vertreten. So findet die Szene in einer Höhle und nicht in einem Stall statt. Im Vordergrund zwei Motive, die in den kanonischen Evangelien nicht vorkommen: Der Teufel versucht in Josef (links) Zweifel an der jungfräulichen Geburt zu erwecken, während zwei Geburtshelferinnen ein Bad für das Kind vorbereiten.

(Mt 2,1–12) waren in der frühchristlichen Kunst ein eigenständiges Motiv; etwa 600 n. Chr. tauchen die drei Könige zusammen mit Engeln und Hirten (Lk 2,8–20) auf den *ampullae* auf, das sind Fläschchen für das heilige Öl, die im Heiligen Land als Souvenir für Pilger hergestellt wurden. Könige, Engel und Hirten wurden ein regulärer Bestandteil der Geburtsszene.

Die Ostkirche entnahm ihre Motive nicht nur den kanonischen, sondern auch den apokryphen Evangelien und anderen Schriften. Nach dem Protevangelium des Jakobus (siehe S. 58) wurde die Geburt auf orthodoxen Ikonen in einer Höhle dargestellt. Die dunkle Höhle symbolisierte die Dunkelheit der Welt, in die Gott kam; sie verweist auch auf das Grab Christi, und die Windeln deuten sein Leichentuch an.

Im Mittelalter inspirierten die Texte über das Mysterium der Menschwerdung Gottes zu einer naturalistischen Abbildung des Kindes. Die Offenbarungen der Hl. Brigitte von Schweden, einer Seherin, beeinflußten die Darstellung des Jesukindes im Spätmittelalter und in der Renaissance.

Die Anbetung der Hirten *von Georges de la Tour (1593–1652). Maria, Josef und ihre bäuerlichen Besucher, die von der Kerze Josefs dramatisch beleuchtet werden, sind etwas derb dargestellt. Die Szene erinnert an die Worte der Hl. Brigitte von Schweden, die in einer Vision das Christuskind „umgeben von einem Licht“ sah, das so hell war, „daß es Josefs Kerze überstrahlte“. Die Hirten haben als Geschenk ein Lamm mitgebracht, eine Anspielung auf die Opferung Jesu und das Paschalamm.*

MADONNA MIT KIND

Die gemeinsame Darstellung vom Jesuskind und seiner Mutter, der Jungfrau Maria, ist eines der beliebtesten Motive christlicher Ikonographie. Die zentrale Bedeutung der Jungfrau für die christliche Theologie wurde beim Konzil von Ephesus 431 n. Chr. begründet, bei dem Maria offiziell der Titel *Theotokos* (griechisch „Gottesgebärerin") verliehen wurde – ein Beiname, den die griechisch-orthodoxe Kirche nach wie vor für Maria verwendet. Die künstlerische Tradition mußte nach dem Konzil neu überdacht werden, um die Mutter Jesu zukünftig auf eine Weise abbilden zu können, die ihrer ehrfurchtgebietenden Rolle als Mittlerin der Menschwerdung Gottes auf Erden gerecht wurde.

Die kaiserliche Kunst am byzantinischen Hof in Konstantinopel brachte Bilder von Maria hervor, die in Art einer Kaiserin auf einem juwelengeschmückten Thron saß und Jesus auf ihrem Schoß hielt. Obwohl Jesus im Verhältnis zu seiner Mutter die Größe eines Kleinkindes hat, trägt

Die Entstehungszeit dieser russischen Ikone von der Jungfrau mit Kind ist ungewiß. Die aufrechte En-face-Ansicht des Kindes und der geneigte Kopf der Jungfrau sind Merkmale eines russischen Ikonentypus, der „die Muttergottes von Kasan" genannt wird (siehe S. 204).

GEGENÜBER: Madonna und Kind *von William Dyce (1806–64), einem schottischen Künstler, dessen Liebe zur religiösen Kunst Italiens des 14. und 15. Jahrhunderts die Präraffaeliten Englands vorwegnahm. Auf diesem einfachen, schönen Porträt deuten nur das Buch der Jungfrau – ein traditionelles Symbol der Weisheit – und der konzentrierte Blick, den das Kind darauf wirft, an, daß es sich hier nicht um eine gewöhnliche Frau und ihr Kind handelt.*

GEGENÜBER: Madonna im Rosenhag *von Martin Schongauer (1440–1491). Das im Bild vorherrschende Rot verweist auf das Opfer Christi und – als königliche Farbe – auf Marias Rolle als Himmelskönigin. Die Rosen symbolisieren Maria als die sündenlose „Rose ohne Dornen".*

UNTEN: Jungfrau und Kind, *eine versilberte französische Statuette (12. Jh.); Jesus hält in der linken Hand das neue Gesetz, auf dem die griechische Abkürzung seines Namens steht (IHS XRS, richtig IHC XPC).*

er die Züge eines älteren Kindes, und seine zukünftige Rolle als Gesetzgeber wird durch eine Schriftrolle in seiner linken Hand angedeutet. Diese Tradition setzte sich im Westen bis zur Kunst der Romanik und des frühen Mittelalters fort. Die Ostkirche entwickelte mehrere Darstellungsformen für das Sujet „Jungfrau mit Kind". Manche Ikonen zeigen Maria in voller Größe, meist sind es aber Brustbilder, die nur Kopf und Schultern und das Kind in unterschiedlichen hieratischen (priesterlichen) Posen darstellen. Meist hat Jesus die Kopfform eines Kleinkindes, aber Gesicht und Körperhaltung sind die eines Erwachsenen.

Bestimmte Ikonenmalereien verliehen einem ganzen Bildertypus ihren Namen. Die berühmteste Ikone ist wohl die „Hodegetria" oder „Wegführerin", die nach der Hodegetrion-Kirche in Istanbul benannt ist, wo sie aufbewahrt wird. Bei diesem Bildertypus hält die Jungfrau das Kind auf ihrem linken Arm, mit der rechten Hand zeigt sie auf das Kind; Jesus sitzt aufrecht und hält eine Schriftrolle in seiner Linken, während er mit der Rechten den Segen erteilt. Ein anderer, ebenfalls weitverbreiteter Bildertypus nennt sich „Die Muttergottes von Kasan" (siehe Abb. S. 202) und beruht auf einem russischen Original aus dem 16. Jahrhundert aus Kasan an der Wolga. Dem Bild werden wundertätige Eigenschaften nachgesagt.

Im Westen werden die Abbildungen von Jesus und Maria meist als „Madonna (italienisch: ‚Meine Herrin') mit Kind" bezeichnet. Die Mutter und ihr Kind werden alleine oder zusammen mit Heiligen gezeigt – ein Bildertypus, der *Sacra conversazione,* „heiliges Gespräch", genannt wird. Madonnen aus dem frühen Mittelalter zeigen noch die Formensprache ihrer byzantinischen Entsprechungen, doch vom 14. Jahrhundert an wurde das natürliche menschliche Band zunehmend betont. Jesus und seine Mutter wurden miteinander verschmolzen dargestellt, das Kind ist nicht länger durch eine priesterliche Geste des Segnens von der Welt getrennt.

Ein weiterer traditioneller Bildertypus nennt sich „Virgo Lactans" (Stillende Jungfrau) und zeigt das Motiv des Jesukindes, das von seiner Mutter Maria gestillt wird. Dieses Motiv geht angeblich auf den griechisch-römischen Isis-Kult zurück. Die in der Antike hoch verehrte Göttin stillt in vielen Darstellungen ihren Sohn Horus. Die Virgo Lactans wurde im Spätmittelalter wieder ein beliebtes Motiv, nicht zuletzt aufgrund der vielen christlichen Pilgerorte, die behaupteten, eine Phiole mit Milch aus der Brust der Jungfrau zu besitzen.

Die Künstler zeigten den heiligen Charakter der Jungfrau und des Kindes, indem sie symbolhafte Gegenstände abbildeten, etwa die Schriftrolle in den Händen Jesu. Auch die Umgebung ist symbolisch. Im Spätmittelalter war die Jungfrau im Rosengarten ein beliebtes Motiv; der *hortus conclusus* (lateinisch: „verschlossener Garten"; siehe Das Hohelied 4,12) symbolisiert die Jungfräulichkeit Marias.

SZENEN AUS DER KINDHEIT

Christus, seinen Eltern untertan, *von John Rogers Herbert (1810–1890). Lukas berichtet, daß Jesus bei einem Besuch in Jerusalem verloren ging. Nachdem er im Tempel gefunden wurde, kehrte er mit seinen Eltern nach Hause zurück „und war ihnen gehorsam" (Lk 2,51). Er geht ruhig seiner Arbeit nach; der aufmerksame Blick Marias erinnert an den Vers bei Lukas: „Seine Mutter bewahrte alles, was geschehen war, in ihrem Herzen." Das auf dem Boden liegende Holz gemahnt an die Form des Kreuzes.*

„Das Kind wuchs heran und wurde kräftig" (Lk 2,40). Außer dieser einfachen Feststellung berichten die Evangelien kaum etwas über die Kindheit und Jugend Jesu in Nazaret. Der einzige Vorfall, von dem erzählt wird, ist der Besuch im Tempel von Jerusalem im Alter von zwölf Jahren (Lk 2,42– 50; siehe Kasten S. 76). Künstler, die Jesus in seinen frühen Jahren darstellen wollten, stützten sich daher auf jede verfügbare Information, etwa auf den Hinweis, daß Jesus ein Zimmermann war (Mk 6,3), was zu der Darstellung Jesu als Lehrling in der Werkstatt von Josef inspirierte.

Apokryphe Schriften versuchten das Schweigen der kanonischen Evangelien zu kompensieren; die Kindheitsevangelien berichten über mehrere Wunder, die Jesus als Knabe vollbrachte. Vieles davon ist Legende, und nur weniges kann überzeugen. So etwa habe Jesus Kinder tot umfallen las-

Der Illuminator dieses spanischen Manuskripts aus dem späten 15. Jahrhundert zeigt die Heilige Familie in der häuslichen Werkstatt. Die Werkzeuge Josefs und die Handarbeit von Maria sind detailliert ausgearbeitet. Der Vogel könnte auf die apokryphe Erzählung des Kindheitsevangeliums von Thomas anspielen, in der der fünf Jahre alte Jesus Sperlinge aus Ton formte und ihnen Leben einhauchte.

sen, nachdem sie ihn geärgert hatten. Die Renaissance entwickelte den Bildertypus der „Heiligen Verwandtschaft". Dargestellt wurden etwa Elisabet und Johannes der Täufer als Kind sowie Anna und Joachim – nach der Legende die Eltern Marias.

Die Nazarener des frühen 19. Jahrhunderts, eine Gruppe deutscher Maler in Rom, stellten die Heilige Familie und andere religiöse Themen in naturalistischer Weise dar. Dieses Stilmittel beeinflußte in der Folge die englischen Präraffaeliten. Die Darstellung von Jesus und seinen Eltern als einfache Arbeiterfamilie empörte vielfach. Kunsthistoriker und Kirchenvolk waren der Meinung, daß religiöse Themen in verherrlichender Weise und in entsprechend abgehobenem Stil dargestellt werden sollten.

DAS WIRKEN JESU

Das Wirken Jesu war von Anfang an ein beliebtes Motiv in der christlichen Kunst. Die Wunderheilungen zählten zu den frühesten Themen der Katakombenkunst, die sich, neben Episoden wie der Hochzeit zu Kana und der wunderbaren Vermehrung der Brotlaibe und Fische, auf Sarkophagen aus dem 4. Jahrhundert fanden.

In der Spätzeit des römischen Reiches wurde die Ausschmückung der Kirchen mehr oder weniger standardisiert; bestimmte Bilder wurden an gewissen Orten des Gebäudes angebracht. Szenenfolgen aus dem Wirken Jesu finden sich als Mosaik oder Fresko an den Wänden des Kirchenschiffes oder des Narthex (Vorhalle), wie etwa die dreizehn kleinen Mosaike über den Fenstern der Nordwand der Kirche Sant' Apollinare Nuovo in Ravenna in Italien, die zwischen 500 und 520 n. Chr. entstanden sind. Jesus ist mit einem Heiligenschein mit integriertem Kreuz dargestellt, ein

Die Heilung des Mannes, der seit seiner Geburt blind war *(Joh 9,1–7), Ausschnitt aus dem romanischen Fresko in der Basilika Sant' Angelo in Formis in Capua, Süditalien. Jesus streicht mit Speichel vermischten Ton auf die Augen des blinden Bettlers. Aufgrund der Worte Jesu: „Geh und wasch dich in dem Teich Schiloach" wurde das Wunder als eine Allegorie der Taufe interpretiert.*

Bildelement, das erstmals etwa ein Jahrhundert zuvor auftauchte; es überdauerte in der byzantinischen, der romanischen und der gotischen Kunst als der für Christus typische Heiligenschein. Im 5. Jahrhundert wurde Jesus erstmals mit schulterlangem Haar und Bart abgebildet, eine Darstellungsform, die allmählich den glattrasierten Jesus römischen Stils ablöste.

Die Wunderheilungen übten über Jahrhunderte eine große Anziehungskraft aus, aber auch andere Ereignisse aus der Zeit seines Wirkens, die voll symbolischer Bedeutung waren, wurden häufig dargestellt. Die Verwandlung von Wasser in Wein bei der Hochzeit zu Kana und die wunderbare Speisung könnten als Anspielungen auf die christliche Eucharistie interpretiert werden. Die beiden Szenen werden, um diese Verbindung deutlich zu machen, manchmal nebeneinandergestellt. In den Mosaiken aus dem 14. Jahrhundert in der Kirche des Hl. Erlösers in Chora (Kariye Camii-Moschee) in Istanbul befinden sich beide Szenen oberhalb des Kircheneingangs einander gegenüber.

Die Berufung von Petrus und Andreas, *Mosaik in der Kirche Sant' Apollinare Nuovo in Ravenna (frühes 6. Jh.) Jesus ruft die Brüder beim Fischen dazu auf, seine Jünger und zukünftig „Menschenfischer" zu werden (Mt 4,18–20). Zu jener Zeit wurde Jesus noch häufig bartlos dargestellt. Seine förmliche Haltung und Gestik erinnern an traditionelle Posen von Lehrern und Rednern in der griechisch-römischen Kunst.*

Die Auferweckung des Lazarus, *Ikone aus Nordgriechenland (ca. 1611). Jesus, der ausschreitet, während er das Wunder vollbringt, beherrscht die gedrängte Szenerie. Das vertikale Felsengrab des Lazarus ist ebenso wie die Darstellung der flehenden Schwestern Marta und Maria ein übliches Bildelement orthodoxer Ikonen. Hinter Jesus sind – angeführt von Petrus – die Jünger zu sehen, die wie die Menge im Hintergrund ihr Erstaunen zeigen. Einer bedeckt sein Gesicht, als ob er sich von dem aus dem Grab aufsteigenden Leichengeruch schützen wollte.*

GEGENÜBER: Die Auferweckung des Lazarus *von Juan de Flandes (ca. 1465–1519), Ausschnitt eines Altarbildes in der Kirche San Lazaro in Palencia, Spanien. In dieser sehr emotionalen Komposition sind die Jünger, Zuseher und Maria, die Schwester des Lazarus, zu sehen. Der erstaunte Blick des Lazarus lenkt die Aufmerksamkeit des Betrachters auf den eigentlichen Mittelpunkt des Bildes, die in sich ruhende Gestalt Jesu.*

Der Mönch Dionysius von Fourna aus dem frühen 18. Jahrhundert gab in einem Handbuch genaue Anweisungen, wie die Episoden aus der Zeit des Wirkens Jesu darzustellen seien. Tatsächlich wurden in der Ost- und in der Westkirche aber nur wenige dieser Szenen gleich dargestellt. Neben den Wundern werden jene Episoden bevorzugt, die ein starkes erzählerisches Moment und symbolischen Gehalt haben, wie etwa die Berufung der Apostel, die Samariterin am Brunnen, Jesus, der über das Wasser geht und den Sturm beruhigt oder Jesus mit der Ehebrecherin.

Die Auferweckung des Lazarus (Joh 11,1–44), das letzte Wunder, das Jesus vor der Passion vollbrachte, kombiniert das erzählerische Element mit einem starken Symbolgehalt. Das Motiv ist voll emotionaler Kraft und verweist auf die Auferstehung Jesu. Es kommt in der orthodoxen Ikonographie sehr häufig vor, da man dem Wunder an einem der zwölf großen Festtage der orthodoxen Kirche gedenkt. Dabei wird die Ikone auf der Ikonostase gezeigt, der „Bilderwand", die in orthodoxen Kirchen den Gemeinderaum vom Altarraum trennt.

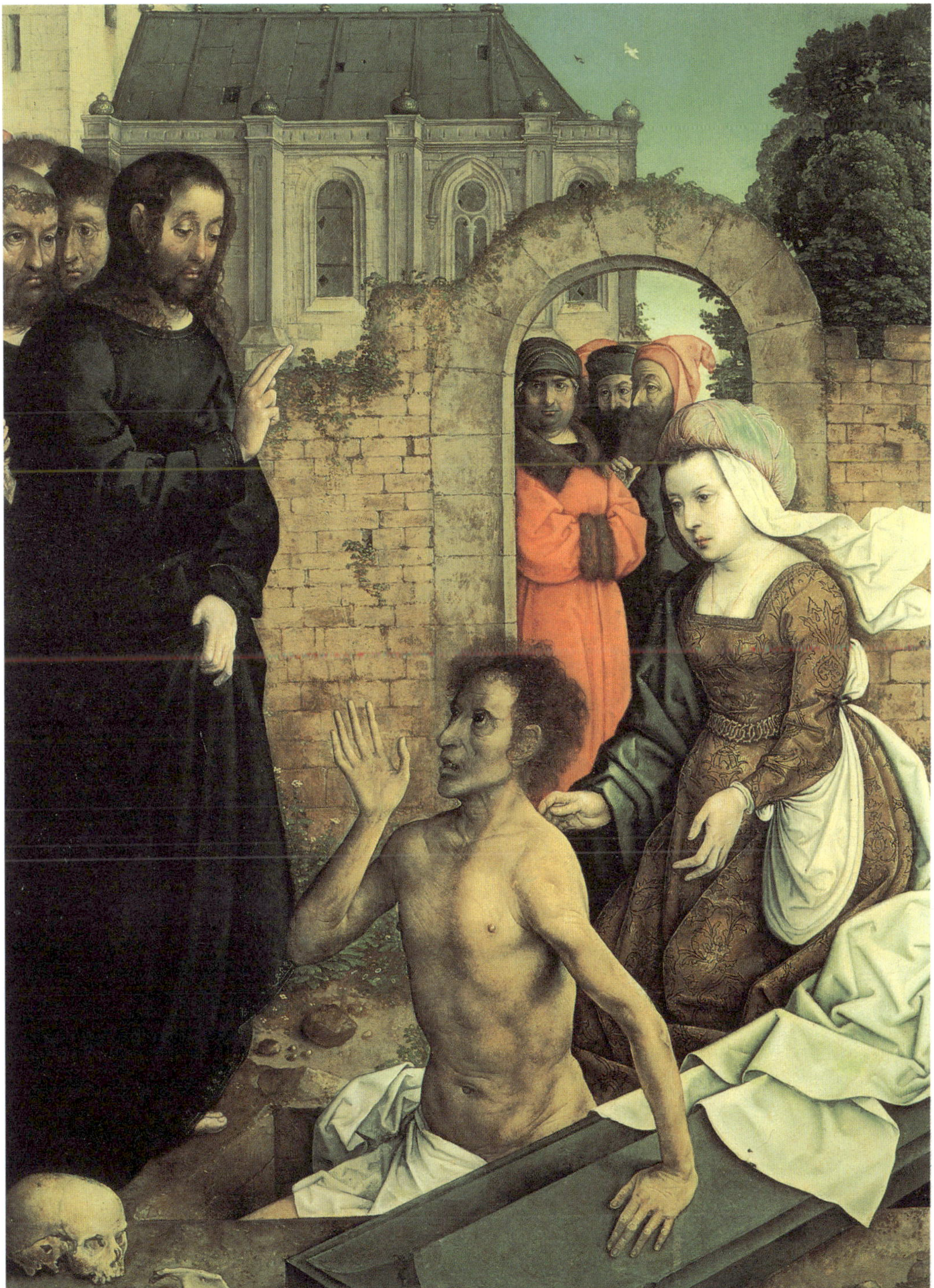

DIE PASSION

Die Erzählungen vom Ende des Erdenlebens Jesu werden als Passion (lateinisch *passio* „leiden") bezeichnet. Die Bedeutung der Passion für die christliche Lehre zeigt sich darin, wie viele Darstellungen von den Ereignissen nach dem Letzten Abendmahl, von der Verhaftung Jesu bis zum Begräbnis existieren. Der Höhepunkt der Passion ist die Kreuzigung. Diese Szene, die in späteren Jahrhunderten sehr verbreitet war, fehlt in der frühesten christlichen Kunst. Die Gründe dafür sind vielfältig: Einerseits wurden Motive bevorzugt, die sich auf das künftige Leben im Paradies bezogen

Der Verrat Christi, *Fresko von Giotto in der Arenakapelle in Padua, Italien (1366–1337). Das heiter und gelassen wirkende, würdevolle Profil Jesu sticht aus dem aufgebrachten Tumult heraus, in dessen Verlauf Petrus (links) einem der Soldaten ein Ohr abschlägt.*

LINKS: Die Verspottung und die Dornenkrönung *von Hans Holbein dem Älteren (ca. 1460–1534), aus dem zwischen 1500 und 1501 für die dominikanische Kirche in Frankfurt am Main, Deutschland, gemalten Altarbild. Die Soldaten sind Karikaturen roher Gewalt; Jesus blickt den Betrachter direkt an, in dem Mitgefühl für sein Leiden erweckt werden soll.*

UNTEN: Kreuztragung, *von Simone Martini (ca. 1284–1344); Jesus blickt vor den Toren Jerusalems kummervoll zu seiner Mutter zurück, die von einer Wache bedroht wird. Dahinter folgt in wehklagender Haltung Maria Magdalena (an ihrem langen roten Haar erkennbar)*

(und die häufig ikonographische Vorläufer in der griechisch-römischen Kunst hatten); ein weiterer Grund war die schändliche Weise, in der Jesus hingerichtet wurde. Die ersten bekannten Versuche, die Kreuzigung darzustellen, stammen aus dem 5. und 6. Jahrhundert n. Chr. und spiegeln die Unsicherheit des Künstlers wieder, wie sich diese Szene darstellen ließe. Weitere frühe Passionsszenen finden sich auf einer Elfenbeinschatulle aus Brescia, Italien, (spätes 4. Jahrhundert) und auf Miniaturen in Evangelienbüchern des 6. und 7. Jahrhunderts. Das Letzte Abendmahl ist in der Miniaturmalerei eines Manuskriptes aus dem 6. Jahrhundert und, im Rahmen eines Passionszyklus, auf Mosaiken in Sant' Apollinare Nuovo, Ravenna, zu sehen.

Die Passionsgeschichte beginnt mit dem Verrat durch Judas in Getsemani. Vom Mittelalter an wurde diese Szene entweder als Nachtstück dargestellt, bei dem die ganze versammelte Menschenmenge abgebildet war – mitten darin Petrus, der dem Diener des Hohenpriesters das Ohr abschlägt; oder es wurden nur die zwei Hauptfiguren in der verräterischen Umarmung gezeigt. An das folgende Verhör Jesu ging man ähnlich heran. Pilatus, der Jesus der Menge mit den Worten zeigte: „Sehet der Mensch!" (Joh 19,5) – bekannt unter den lateinischen Worten *Ecce Homo* – wurde von Renaissance-Künstlern meist von einer Menschenmenge umgeben dargestellt; es gab auch Darstellungen, bei denen nur der in Purpur gewandete Jesus mit Dornenkrone abgebildet wurde (Mk 15,17 par.).

Kreuzigung *aus Rußland (19. Jh.), aus Messing und Email, gekrönt von einem Mandylion. Einer alten Überlieferung nach erzeugte Jesus selbst das ursprüngliche Mandylion, indem er sein Gesicht in ein Tuch drückte und es König Abgar von Edessa (heute Urfa, Türkei) sandte.*

Die Evangelien berichten wenig darüber, wie das Kreuz zum Kalvarienberg (lateinisch Calvaria = Golgota) getragen wurde, außer daß Simon von Zyrene gezwungen wurde, das Kreuz für Jesus zu tragen, und daß Jesus mit einer Gruppe klagender Frauen sprach.

Diese Details wurden durch weitere Ausschmückungen ergänzt, etwa durch die mittelalterliche Überlieferung von einer Frau, die Jesus ein Schweißtuch reicht. Der Abdruck seines Antlitzes im Tuch wird *vera icon* („wahres Bild") genannt und scheint der Frau ihren Namen Veronica verliehen zu haben. Zu den berühmten Reliquien, die angeblich die wahren Gesichtszüge Christi tragen, zählen das umstrittene Grabtuch von Turin (s. S. 126) und das Heilige Mandylion von Edessa, deren Ikonographie das heute verbreitete Bild von Jesus als bärtigem Mann förderten.

Die Überlieferungen vom Weg Jesu nach Golgota und von den Vorfällen auf seinem Weg wurden im Spätmittelalter vor allem von den Franziskanern zum „Kreuzweg" ausgearbeitet. Dieser besteht heute meist aus vierzehn Stationen, wobei die erste die Verurteilung Jesu zeigt und die letzte sein Begräbnis. Die einzelnen Stationen sind auf Gemälden, Skulpturen oder Tafelbildern dargestellt, die den Weg zu einer Kirche säumen oder auch im Inneren der Kirche, rund um das Kirchenschiff, angebracht sind. Der berühmteste Kreuzweg befindet sich auf der Via Dolorosa („Schmerzensweg") in Jerusalem, der Straße, die der Überlieferung nach zum Ort seiner Hinrichtung führte.

Die Bearbeitung der Kreuzigung selbst variiert stark, wenngleich gewisse Komponenten fast immer gezeigt werden. Die Art der Darstellung von Jesus am Kreuz war in den ersten Jahrhunderten der byzantinischen Kunst sehr umstritten. Der Streitpunkt war, wie man eine Balance zwischen dem leidenden Menschen und der göttlichen Gelassenheit vermitteln könnte, die in der Person Christi vereint waren. Eine Tradition der Darstellung, die in der romanischen Kunst lange vorherrschte, zeigt Jesus mit offenen Augen und erhobenem Kopf, in eine Tunika (*colobium*) gehüllt. Etwa im 9. Jahrhundert wurde diese Darstellung in Konstantinopel durch die Konvention abgelöst, ihn mit gebeugtem Körper und gesenktem Kopf und bis auf ein Leinentuch nackt darzustellen.

Um das 11. Jahrhundert erwählte die Ostkirche die Kreuzigung zum Motiv der Ikone für den Karfreitag. Meist werden auf der Ikone die Jungfrau und der Apostel Johannes dargestellt, die manchmal von einer weiteren Frau und dem Hauptmann (Mt 27,54) begleitet werden. Wie auch auf westlichen Bearbeitungen liegt zu Füßen des Kreuzes ein Schädel, eine Anspielung auf den Namen Golgota („Schädelstätte"), zugleich ein Symbol des Triumphes Jesu über den Tod.

GEGENÜBER: Die Kreuzigung, *Hubert van Eyck (gest. 1426) zugeschrieben; das T-förmige Kreuz überragt ein imaginäres Stadtbild von Jerusalem. Jesus hat den Todeskampf bereits überstanden. Im Vordergrund sieht man die trauernde Maria, den Hl. Johannes, verängstigte Frauen sowie Männer, die ungerührt in die Stadt zurückreiten.*

Pieta, *von Michelangelo (1485–1564), die naturalistische Darstellung des toten Christus und die schmerzlich anrührende Jugendlichkeit seiner Mutter vereinen sich in dieser Marmorskuptur, wie der Biograph des Künstlers, Condivi (1533), beschreibt, „zu einer so großen und seltenen Schönheit, daß jeder der sie sieht, Pietät verspürt."*

Die Künstler des byzantinischen Reiches betonten in ihrer Darstellung des gekreuzigten Jesus das physische Leiden weniger, als es im Westen im Mittelalter üblich war. Auf orthodoxen Ikonen sind die Füße Jesu mit zwei separaten Nägeln auf ein Fußbrett genagelt und nicht mit einem einzelnen Nagel an den vertikalen Kreuzpfosten geschlagen, wodurch der Körper weniger gekrümmt ist. Der Gesamteindruck spiegelt die Sprache der liturgischen Texte der orthodoxen Kirche wider, in denen nicht davon die Rede ist, daß Jesus am Kreuz stirbt, sondern „in Schlaf versinkt".

Im Westen konzentrierte man sich nach der Romanik auf die physischen Qualen der Passion, um im Betrachter starke Emotionen, Entsetzen und Sympathie für Jesus zu erwecken. Vom 5. Jahrhundert an wurde durch das wachsende Verständnis von der Anatomie der fast nackte Körper Jesu am Kreuz in einem verstörenden Realismus dargestellt, der in den stilisierten Torsen der Ikonen der Ostkirche völlig fehlt.

Ein ähnlicher Realismus spricht aus den im Westen üblichen Abbildungen von der Kreuzabnahme und der Wehklage. Obwohl die Art und Weise, wie die Kreuzabnahme darzustellen sei, von Dionysius von Fourna (siehe S. 210) beschrieben wird, wurde die Szene in Anlehnung an westliche Vorbilder aus dem 16. Jahrhundert erst relativ spät in die orthodoxe Ikonographie aufgenommen. Im Osten war die Zahl der Trauernden in früheren Versionen auf Josef von Arimathäa, Nikodemus, den Apostel

Johannes und die Mutter Maria beschränkt, und die Szene hatte eher den Charakter einer Wehklage. Seit dem 14. Jahrhundert werden diese Szenen mit dem Leichnam Jesu, der auf einem Tuch oder einer Platte liegt, auf *epitaphios* (Leichentücher) gestickt, die beim Karsamstagsritual in der orthodoxen Kirche in Verwendung sind.

Die Wehklage und das Begräbnis, die beiden letzten Stationen der Passionserzählung, werden oft kombiniert, wobei die Trauernden in beiden Szenen meist die gleichen sind. Die Wehklage ist mit einem der meist verbreiteten christlichen Andachtsbilder, der Pietà (italienisch „Pietät“), verwandt, das im 13. Jahrhundert entstanden ist. Die Jungfrau hält, in einer tragischen Parallele zur Darstellung der Madonna mit Kind, den toten Körper ihres Sohnes in den Armen.

Pietà von Avignon, *von Enguerrand Quarton oder Charonton (*Hauptwerke: *1444–1466). Die von Trauer erfüllte Mutter Maria betet, während Maria Magdalena weint und Johannes behutsam die Dornenkrone entfernt. Der bleiche, unnatürlich gekrümmte Körper Jesu und die feinen, ausdrucksstarken Gesichter der Trauernden heben sich auffällig von dem stilisierten, goldenen Hintergrund und den schweren Faltenwürfen ab. Links im Vordergrund ist der Mann abgebildet, der das Werk in Auftrag gab.*

DIE AUFERSTEHUNG

Das Gastmahl in Emmaus, *von Caravaggio (1570–1610) zeigt die Überraschung der Jünger in dem Augenblick, da sie Jesus erkannten (Lk 24,31). Der Schatten vom Kopf des stehenden Mannes wirft einen Heiligenschein an die Wand hinter dem jugendlichen Christus, der in dramatischer Geste seinen Segen erteilt.*

Die Auferstehung Christi wird in den Evangelien nicht beschrieben, und die Traditionen der Darstellung dieses Ereignisses sind in der Ost- und in der Westkirche sehr unterschiedlich. In der frühen Kunst wurde die Auferstehung symbolisch durch ein Kreuz mit dem Monogramm Christi, das seinen Triumph über den Tod darstellte, angedeutett. Erstmals im 11. Jahrhundert tauchte die Darstellung Jesu auf, der aus dem Grab heraustritt und das Tuch der Auferstehung (rotes Kreuz auf weißem Hintergrund) hochhält. In der östlichen Variante von der Auferstehung (griechisch: *Anastasis*) wird eine Szene gezeigt, die in der westlichen Kunst als die „Höllenfahrt Christi“ be-

kannt ist; hier nimmt sich Jesus der Toten an. Die Szene ist von Passagen des Neuen Testaments (Mt 27,52–3; Eph 4,9; 5,14; 1 Petr 3,18–19) und der Psalmen (Ps 24,7–9; 107,16) beeinflußt, wenngleich die Details auf apokryphe Schriften zurückgehen. Sie tauchte erstmals im 8. Jahrhundert auf, erreichte jedoch erst im 11. Jahrhundert ihre klassische Ausgestaltung: Der auferstandene Christus, der in den Händen das Kreuz als Symbol seines Triumphes über den Tod hält, tritt mit den Füßen auf die Tore der Hölle und reicht den „Heiligen, die geschlafen hatten", die Hand. Zuvorderst stehen Adam und Eva, meist gefolgt von David und Solomon. Auch Johannes der Täufer wird manchmal gezeigt, und in detaillierteren Kompositionen sind auch biblische Patriarchen und Propheten zu sehen.

Die Ereignisse der vierzig Tage von der Auferstehung bis zur Himmelfahrt lieferten den Künstlern weitere Motive. Zwei Episoden, die davon handeln, wie die Jünger anfangs ihren Meister nicht erkennen, wurden in der Renaissance populär: die Begegnung von Maria Magdalena und dem Auferstandenen im Garten in der Nähe des Grabes (Joh 20,11–18) und das Zusammentreffen mit seinen Jüngern auf dem Weg nach Emmaus (Lk 24,13–35).

Die Auferstehung (Anastasis), *unter den Mosaiken im Kloster Hosios Loukas in Griechenland befindet sich eine frühe Version der* Anastasis *(ca. 1020). Christus, der auf den verstreuten Toren, Riegeln und Bolzen der Hölle steht, reicht Adam die Hand; dieser steigt aus seinem Sarkophag. Dahinter warten Eva (deren Hände dem kaiserlichen byzantinischen Protokoll gemäß respektvoll verschleiert sind) und die Könige David und Solomon (beide nach Art der byzantinischen Prinzen gekrönt).*

DER TRIUMPHIERENDE CHRISTUS

Christus Pantokrator, *Mosaik in der Apsis der Kathedrale von Cefalù in Sizilien (1148). Handwerker schufen dieses Mosaik in byzantinischem Stil, das Christus als Richter und Herrscher der Welt darstellt. Seine Miene ist streng, doch hebt er seine rechte Hand zum Segen und zeigt Worte des Trostes und der Hoffnung aus dem Johannesevangelium: „Ich bin das Licht der Welt. Wer mir nachfolgt, wird nicht in der Finsternis umhergehen, sondern wird das Licht des Lebens haben“ (Joh 8,12).*

Nach der Himmelfahrt nimmt der Sohn Gottes seinen Platz im Himmel ein. Für die Kunst stellte sich die Frage, wie sich die Trinität darstellen ließe. Die orthodoxe Ikonographie bildet die drei Erscheinungsformen Gottes meist indirekt durch die drei Engel ab, die dem Patriarchen Abraham in Mamre erschienen sind (Gen 18,1–8).

Die mit dem triumphierenden Christus verbunden Symbole tauchten früh auf: Ein geschnitztes Relief (ca. 430 n. Chr.) auf einer Tür in Santa Sabina in Rom zeigt Christus stehend mit einem Siegeskranz und eine Schriftrolle haltend; neben ihm sind die griechischen Buchstaben Alpha und Omega (AΩ; siehe Offb 1,8) abgebildet. Die Schriftrolle (später ein Buch) ist ein konstantes Attribut, das Christus als Logos, das ewige himmlische Wort (Joh 1,1 ff.), den Überbringer des neuen Gesetzes, symbolisiert. Der griechische Ehrentitel Pantokrator („Allherrscher“) wurde ab dem 12. Jahr-

hundert für Brustbilder von Christus als Herrscher und Richter der Welt verwendet. Der Pantokrator verkörpert sowohl die Attribute des Vaters als auch jene des Sohnes – Macht, Gerechtigkeit, Gnade und Liebe. Mosaike oder Fresken mit diesem Motiv befinden sich an exponierten Stellen der Kirche, in der Apsis oder über dem Haupteingang.

Die Westkirche entwickelte nach biblischen Vorgaben die Darstellung von Gottvater als alter Mann mit weißem Bart und wallendem Gewand („ein Hochbetagter", Dan 7,9) und vom Heiligen Geist in Gestalt einer Taube (Mt 3,16). Was die räumliche Anordnung anbelangt, so wird der Vater, wie etwa in Raffaels Disputa (siehe oben), an höchster Stelle positioniert. In der nordeuropäischen Gotik war eine Darstellungsform der Trinität verbreitet, bei der der auf dem Thron sitzende, gekrönte Vater eine Figur, die Christus am Kreuz darstellte, in der Hand hält; über seinem Haupt schwebt die Taube.

Die Offenbarung des Johannes (4,2–10) gab den Anstoß zu einem beliebten Thema der romanischen Skulptur der Westkirche: Der gekrönte Christus sitzt auf dem Thron zwischen den vier Symbolen der Evangelisten und ist umgeben von den vierundzwanzig Ältesten (Offb 4,4). Ein Beispiel dafür ist das Tympanum in der Abtei von Moissac in Südfrankreich (1115).

Disputa *von Raffael (1483–1520). Dieses Fresko für die Camera della Segnatura im Vatikan in Rom (1508–1511) ist ein riesiges Rundgemälde, das die im Himmel und auf Erden triumphierende Kirche zeigt. Gottvater (oben) steht über dem in seiner Herrlichkeit auf dem Thron sitzenden Christus, der seine Wunden zeigt. Neben ihm sind Maria und Johannes der Täufer zu sehen. Rund um seinen Thron sitzen Petrus (außen links), Paulus (außen rechts) und die übrigen Apostel. Der Heilige Geist – in Gestalt einer weißen Taube – wird im heiligen Sakrament der Eucharistie gegenwärtig. Die Monstranz befindet sich auf dem zentralen Altar, umgeben von Gestalten aus der Kirchengeschichte.*

ABKÜRZUNGEN

Die folgenden Abkürzungen werden in diesem Buch verwendet:

Allgemeine Abkürzungen:

ca.	circa
f. (ff.)	folgende Seite(n)
par.	Parallelen bei den Synoptikern
n. Chr.	nach Christi Geburt
v. Chr.	vor Christi Geburt
S.	Seite
vgl.	vergleiche

Zitate aus der Bibel und anderen Schriften:
Die Bücher der hebräischen Schriften, des Neuen Testaments, der Apokryphen und der deuterokanonischen Schriften werden gemäß folgender Liste von Kurzformen und Abkürzungen zitiert. Die Abkürzungen werden in Klammern angegeben.

Kapitel und Verse werden durch einen Beistrich getrennt (,), eine Folge wird durch einen Bindestrich angegeben (–). Mt 9,24 bedeutet daher: Kapitel 9, Vers 24 des Evangeliums nach Matthäus; Mt 3,7–10 bedeutet: Kapitel 3, Vers 7 bis 10 bei Matthäus.

Biblisches Buch	Abkürzung
Apostelgeschichte	Apg
Amos	Am
Baruch	Bar
Bel und der Drache	Bel
1 Chronik	1 Chr
2 Chronik	2 Chr
Der Brief an die Kolosser	Kol
Der 1. Brief an die Korinther	1 Kor
Der 2. Brief an die Korinther	2 Kor
Daniel	Dan
Deuteronomium	Dtn
Kohelet	Koh
Der Brief an die Epheser	Eph
1 Esra	1 Esr
Das Buch Nehemia	Neh
Ester	Est
Exodus	Ex
Ezechiel	Ez
3 Esra	3 Esra
Der Brief an die Galater	Gal
Habakuk	Hab
Haggai	Hag
Hebräer	Hebr
Hosea	Hos
Jesaja	Jes
Jakobus	Jak
Jeremia	Jer
Ijob	Ijob
Joel	Joel
Johannes *oder* 4. Evangelium	Joh
1 Johannes	1 Joh
2 Johannes	2 Joh
3 Johannes	3 Joh
Jona	Jon
Josua	Jos
Judas	Jud
Richter	Ri
Judit	Jdt
1 Könige	1 Kön
2 Könige	2 Kön
Klagelieder	Klgl
Levitikus	Lev
Lukas	Lk
1 Makkabäer	1 Makk
2 Makkabäer	2 Makk
3 Makkabäer	3 Makk
4 Makkabäer	4 Makk
Maleachi	Mal
Markus	Mk
Matthäus	Mt
Micha	Mi
Nahum	Nah
Nehemia	Neh
Numeri	Num
Obadja	Obd
1 Petrus	1 Petr
2 Petrus	2 Petr
Philipper	Phil
Philemon	Phlm
Gebet von Manasse	Geb.Man
Sprüche	Spr
Psalmen	Ps
Offenbarung des Johannes	Offb
Römer	Röm
Rut	Rut
Sacharja	Sach
1 Samuel	1 Sam
2 Samuel	2 Sam
Sirach	Sir
Hohelied	Hld
Susanna	Sus
1 Thessalonicher	1 Thess
2 Thessalonicher	2 Thess
1 Timotheus	1 Tim
2 Timotheus	2 Tim
Titus	Tit
Tobit	Tob
Weisheit Salomons	Weish. Sal.
Zefanja	Zef

GLOSSAR

apokryph: zu den Apokryphen gehörend, sie betreffend.

Apokryphen: Sakrale Schriften, die nicht allgemein zum Kanon der Schriften gehörten und größtenteils ursprünglich in Griechisch verfaßt wurden. Dazu zählen jüdische Apokryphen wie die Bücher Judit und Tobit sowie die Bücher der Makkabäer, die im Judentum und in einigen christlichen Kirchen nicht Teil des Kanons sind. In der römisch-katholischen Kirche werden viele dieser Werke als „deuterokanonisch" bezeichnet. Das bedeutet, daß sie sich zwar vom Kanon unterscheiden, aber von spirituellem Wert sind. Christliche Apokryphen beinhalten frühe christliche Schriften, die nicht Teil des Neuen Testaments sind, etwa apokryphe Evangelien und Briefe.

Christologie: die Lehre der christlichen Kirche zu der Person Jesu, speziell die Einheit von göttlicher und menschlicher Natur betreffend.

Eschatologie: die Lehre von den „letzten Dingen", die Apokalypse, die Endzeit, die Welterneuerung, das Jüngste Gericht; griechisch: eskhatos, "letzte/r".

eschatologisch: die „letzten Dinge", die Eschatologie betreffend.

Gesetz: Im vorliegenden Buch bezieht sich der Ausdruck „Gesetz" auf das jüdische (mosaische) Gesetz oder die Tora.

Hebräische Bibel, hebräische Schriften: Die hebräischen Schriften bilden die jüdische Bibel. Das Alte Testament, der erste Teil der christlichen Bibel, besteht aus den hebräischen Schriften mit oder ohne Apokryphen – je nach Konfession.

Josephus: Flavius Josephus (37–ca. 100 n. Chr.), jüdischer Geschichtsschreiber und eine der wichtigsten Quellen unseres Wissens über das Judentum zur Zeit Jesu. Seine Hauptwerke sind: *Der jüdische Krieg, Jüdische Altertümer, Gegen Apion* (eine Entgegnung auf ein antijüdisches Traktat) sowie seine Autobiographie.

Mischna: Sammlung der jüdischen Gesetzesüberlieferungen, die nicht in der Bibel zu finden sind. Die Mischna, die etwa 200 n. Chr. niedergeschrieben wurde, ist die Grundlage des Talmuds (siehe unten).

mosaisch: Moses betreffend, vor allem in bezug auf das jüdische Gesetz oder die Tora (siehe unten).

nachexilisch: die Periode nach dem sechzig Jahre dauernden Exil der Juden in Babylon betreffend (597–539 n. Chr.).

Pentateuch: Die ersten fünf Bücher der Hebräischen Bibel: Genesis, Exodus, Levitikus, Numeri, Deuteronomium; auch Tora, die Bücher Mose und die Bücher des Gesetzes genannt.

Philo: Philo von Alexandrien (ca. 15 v. Chr.–50 n. Chr.), jüdischer Philosoph, dessen Schriften, vor allem jene über den Logos (siehe S. 174–175), großen Einfluß auf die frühe Kirche hatten.

Pseudepigraphen: Schriften, die nicht zum jüdischen und christlichen Kanon, den Aprokryphen oder den rabbinischen Schriften gehören. Sie werden häufig der biblischen Gestalt des Henoch zugeschrieben.

rabbinisch: von den Rabbinern (jüdische Lehrer und Schriftgelehrte), oder zu den Rabbinern und ihren Lehren gehörend.

Rabbinisches Zeitalter: Bezeichnung der Epoche (meist vom späten 1. Jahrhundert n. Chr. bis zum frühen 7. Jahrhundert n. Chr.), in der die großen Rabbis (Religionslehrer) der Juden wie Yohanan ben Zakkai, Akiva und Juda der Prinz wirkten. Im rabbinischen Zeitalter entstanden die Mischna (siehe oben) und der Talmud (siehe unten).

Septuaginta: Die im 2. Jahrhundert in Alexandria, Ägypten, hergestellte griechische Übersetzung der Hebräischen Bibel. Die Septuaginta, die auch Schriften enthält, die von den Juden als nicht kanonisch und von einigen christlichen Traditionen als apokryph oder deuterokanonisch angesehen werden, stellt das Alte Testament der griechisch-orthodoxen Kirche dar.

Synoptiker: die Autoren der synoptischen Evangelien.

Synoptische Evangelien: Die Evangelien nach Matthäus, Markus und Lukas. „Synoptisch" (griechisch *sunoptikos*) bedeutet wörtlich „Zusammenschau". Diese drei Evangelien weisen so viele textliche Gemeinsamkeiten auf, daß eine vergleichende Nebeneinanderstellung sehr aussagekräftig ist.

Talmud: Die um die rabbinischen Kommentare erweiterte Mischna. Es gibt zwei Versionen; eine entstand in Palästina um etwa 400 n. Chr. (Talmud von Jerusalem), eine in Mesopotamien etwa 500 n. Chr. (Talmud von Babylonien).

Tempel: Der Tempel von Jerusalem war das Zentrum des religiösen Lebens der Juden bis 70 n. Chr. Der erste Tempel wurde von König Solomo erbaut und ca. 587 n. Chr. durch die Babylonier zerstört; er wurde nach dem babylonischen Exil neu erbaut und von König Herodes dem Großen luxuriös ausgestattet. Der zweite Tempel, den Jesus kannte, wurde von den Römern 70 n. Chr. zerstört und nicht mehr aufgebaut.

Tora: hebräisch: „Gesetz"; die ersten fünf Bücher der Bibel, die die 633 Gesetze (*mitzvot*) enthalten, die die Grundlage des von Gott an Israel durch Mose übertragenen Gesetzes darstellen. Sie wird durch die „mündliche Tora" ergänzt.

Viertes Evangelium: Das Evangelium nach Johannes, im Unterschied zu den drei synoptischen Evangelien (siehe oben).

REGISTER

F

G

H

I

J

K

L

M

N

O

P

Q

R

S

T

U

V

W

Z

BILDNACHWEISE

Für die freundliche Erlaubnis der Bildabdrucke möchten die Verleger folgenden Einrichtungen danken:

ABKÜRZUNGEN:
* = Eigens für dieses Buch hergestellte Photographien

u unten; Mi Mitte, o oben

li links; re rechts

Axiom: Axiom Photographic Agency, London

BAL: Bridgeman Art Library, London/New York

ES: Eitan Simanor, Jerusalem

ET: e.t. archive, London

RHPL: Robert Harding Picture Library, London

PW: Peter Willi

ZR: Zev Radovan, Jerusalem

1 Sant' Apollinare in Classe, Ravenna, Italien/ET
2 Hagia Sophia, Istanbul/ET
3 ES/Axiom*
6 Sant' Apollinare Nuovo, Ravenna, Italien/ET
7 Tom Ang/RHPL
9 Museo de Zaragoza, Spanien/ET
10 AF Kersting, London
11 ES/Axiom
12 ES/Axiom
14 ES/Axiom
15 ES/Axiom
16 ES/Axiom*
17 Chris Bradley/Axiom
18 ZR
19 ES/Axiom
21 AF Kersting, London
22 Museo Nazionale, Rom/ET
23 ES/Axiom
24 ES/Axiom*
26o/li ES/Axiom
26u/li Erich Lessing/AKG London
27 Bobrinskoy Collection/Michael Holford, London
29 Superstock, London
31o/li Erich Lessing/AKG London
31u/li Sant' Apollinare Nuovo, Ravenna, Italien/ET
32 ES/Axiom
33 Superstock, London
34 Basilica Sant' Angelo in Formis, Capua, Italien/ET
35 ZR
36 Caylus Anticuario, Madrid/BAL
37 Sonia Halliday Photographs, Weston Turville, Bucks, England
38 ZR
40 ZR
41 ES/Axiom*
42tl ES/Axiom*
42tr ES/Axiom
43 Musée d'Art et d'Histoire, Genf/BAL
44 Musée du Louvre, Paris/ET
45Erich Lessing/AKG London
46 Erich Lessing/AKG London
47 Musée du Louvre, Paris/BAL
48 Kariye Camii, Istanbul/ET
50 Bibliothèque Nationale, Paris/BAL
51 Basilica Sant' Angelo in Formis, Capua, Italien/ET
52 James Morris/Axiom
53 British Library, London/BAL
54 Lambeth Palace Library, London/BAL
55 F.H.C. Birch/Sonia Halliday Photographs
56 ZR
57 Bibliothèque Nationale, Paris/BAL
58 Ashmolean Museum, Oxford/BAL
59 Museo de Santa Cruz, Toledo, Spanien/BAL
61 Museo di San Marco dell'Angelico, Florenz/BAL
62 Richardson and Kailas Icons, London/BAL
63 ES/Axiom
64 ES/Axiom*
65 Museo Nacional del Prado, Madrid/BAL
66 ES/Axiom
67 National Gallery, London/ET
69 Noortman (London) Ltd/BAL
70 Victoria and Albert Museum, London/BAL
71 Sant' Apollinare Nuovo, Ravenna, Italy/ET
72 ES/Axiom*
73 Museo di San Marco dell'Angelico, Florenz/BAL
74 ES/Axiom*
75 Chris Bradley/Axiom
76 Scrovegni Chapel, Padua, Italien/Superstock, London
77 Galleria Querini-Stampalia, Venice/BAL
78 ZR
79 ES/Axiom*
80 British Museum, London
81 Museo Nacional del Prado, Madrid/ET
82 ES/Axiom
83 Musée du Louvre, Paris/PW/BAL
84 Sonia Halliday Photographs, Weston Turville, Bucks, England
85 Taufkapelle der Arianer, Ravenna, Italien/ET
86 ES/Axiom*
87 Fitzwilliam Museum, University of Cambridge/BAL
88-89 ES/Axiom
90 Museo de Arte de Catalunya, Barcelona/BAL
91 ES/Axiom*
92 Keble College, Oxford/BAL
93 ES/Axiom*
94 Musée du Louvre, Paris/Giraudon/BAL
95 ES/Axiom*
96 ES/Axiom*
97 Sant' Apollinare Nuovo, Ravenna, Italien/ET
99 ES/Axiom
100 Roudnice Lobkowicz Collection, Nelahozeves Castle, Tschechien/BAL
101 ES/Axiom*
102 Musée Condé, Chantilly, Frankreich/Giraudon/BAL
103 ES/Axiom*
104 Museo Nacional del Prado, Madrid/BAL
105o ZR
105u Kunsthistorisches Museum, Wien/BAL
106 ES/Axiom*
107 ES/Axiom*
108 ES/Axiom
109 Eremitage, St. Petersburg/BAL
110 Arenakapelle, Padua, Italien/ET

111 ES/Axiom*
113 Museo di San Marco dell' Angelico, Florenz/BAL
114 Museo Nacional del Prado, Madrid/Index/BAL
115 ES/Axiom
116 Duomo, Siena, Italien/BAL
117 ZR
118 Museum of Art, Novgorod/BAL
119 ES/Axiom*
120 ZR
121 Galleria d'Arte Moderna, Florenz/Scala
122 ES/Axiom
123 The Fine Art Society, London/BAL
124 ZR
125 Koninklijk Museum voor Schone Kunsten, Antwerp/BAL
126 Schatzkammer der Kathedrale, Turin/ET
127 Eremitage, St. Petersburg/BAL
128 Michael Holford, London
129 Museo di San Marco dell' Angelico, Florenz/BAL
130 Musée du Petit Palais, Avignon/PW/BAL
131 ES/Axiom*
132 ES/Axiom*
133 Musée des Beaux-Arts, Lyons/PW/BAL
134 Christie's Images, London/BAL
135 Sant' Apollinare Nuovo, Ravenna, Italien/ET
136 Christie's Images, London/BAL
137 Santa Maria Capua Vetere, Italien/ET
138 Christie's Images, London/BAL
139 Courtauld Institute Gallery, London/BAL
140 Sonia Halliday Photographs, Weston Turville, Bucks, England
141 ES/Axiom*
142 Chris Bradley/Axiom
143 Musée des Beaux-Arts, Rouen, Frankreich/ET
144 Musée des Beaux-Arts, Caen, Frankreich/PW/BAL
145 ES/Axiom*
146 Lambeth Palace Library, London/BAL
147 ES/Axiom*
148 Galleria degli Uffizi, Florenz/ET
149 ES/Axiom*
150 Michael Holford, London
151 ES/RHPL
152 Johnny van Haeften Gallery, London/BAL
154 ES/Axiom*
155Eremitage, St. Petersburg/BAL
156 ES/Axiom
157 Santa Costanza, Rom/ET
158 ES/Axiom*
159 British Library, London/BAL
160 National Gallery, London/ET
162 Chris Bradley/Axiom
163 Basilica Sant' Angelo in Formis, Capua, Italien/ET
164 ES/Axiom*
165 Musée National de la Renaissance, Ecouen, Frankreich/PW/BAL
167 Superstock, London
168 ES/Axiom*
169 Kathedrale Anagni, Italien/ET
170 Erin Moroney/Axiom
171 Musée Condé, Chantilly, Frankreich/Giraudon/BAL
172 Eremitage, St. Petersburg/BAL
173 Ken Gillham/RHPL
174 Sonia Halliday Photographs, Weston
Turville, Bucks, England
175 Musée du Louvre, Paris/BAL
176 Santa Costanza, Rom/ET
177 Sonia Halliday Photographs, Weston
Turville, Bucks, England
178 ES/Axiom*
179 Cenacolo Santa Apollonia, Florenz/ET
180 Bardo Museum, Tunis/Michael Holford, London
181 Pierpont Morgan Library, New York/BAL
182 Sant' Apollinare Nuovo, Ravenna, Italien/ET
183 Baron Wolman/Tony Stone Images, London
184 ES/Axiom
185 National Gallery, London/ET
186 ES/Axiom*
187 Musée d'Unterlinden, Colmar, Frankreich/BAL
188 Musée de l'Oeuvre de Notre Dame, Strasburg, Frankreich/PW/BAL
189 Richardson and Kailas Icons, London/BAL
190 Chester Beatty Library and Gallery of Oriental Art, Dublin/BAL
192 ES/Axiom*
193 Musée Condé, Chantilly, Frankreich/Giraudon/BAL
194 Canterbury Cathedral, England/BAL
195 Musée du Louvre, Paris/PW/BAL
196 Museo Correr, Venedig/BAL
197 Kathedrale der Verkündigung, Moskau/BAL
198 Musée du Louvre, Paris/PW/BAL
199 André Held/Sonia Halliday Photographs, Weston Turville, Bucks, England
200 Eremitage, St. Petersburg/BAL
201 Musée du Louvre, Paris/Giraudon/BAL
202 Bobrinskoy Collection/Michael Holford, London
203 Castle Museum and Art Gallery, Nottingham, England/BAL
204 Abbey Church, Beaulieu-sur-Dordogne, Frankreich/PW/BAL
205 St. Martin, Colmar, Frankreich/BAL
206 FORBES Magazine Collection, New York/BAL
207 British Library, London/BAL
208 Basilica Sant' Angelo in Formis, Capua, Italien/ET
209 Sant' Apollinare Nuovo, Ravenna, Italien/ET
210 Richardson and Kailas Icons, London/BAL
211 Museo Nacional del Prado, Madrid/BAL
212 Arenakapelle, Padua, Italien/BAL
213o Städelsches Kunstinstitut, Frankfurt am Main/PW/BAL
213u Musée du Louvre, Paris/BAL
214 Richardson and Kailas Icons, London/BAL
215 Ca' d'Oro, Venedig/BAL
216 Peterskirche Vatikanstadt/BAL
217 Musée du Louvre, Paris/PW/BAL
218 National Gallery, London/ET
219 Sonia Halliday Photographs, Weston Turville, Bucks, England
220 Kathedrale, Cefalù, Sizilien/Giraudon/BAL
221 Museum und Galerien des Vatikans/BAL

Abbildungen auf Seite 1–3:

Seite 1: *Mosaik aus dem 6. Jahrhundert in der Apsis der Kirche Sant' Apollinare in Classe, Ravenna, Italien.*
Seite 2: Christus Pantokrator, *Mosaik aus dem 12. Jahrhundert in der Kirche Hagia Sophia, Istanbul (ehemals Konstantinopel).*
Seite 3: *Mosaik aus dem 5. Jahrhundert in der Kirche der Brot- und Fischvermehrung in Tabgha in Galiläa (siehe auch S. 99).*